MEIN
ENGEL-BUCH

MEIN ENGEL-BUCH

Hazel Raven

HEEL

Impressum

HEEL Verlag GmbH
Gut Pottscheidt
53639 Königswinter
Tel.: 02223 9230-0
Fax: 02223 923026
E-Mail: info@heel-verlag.de
Internet: www.heel-verlag.de

Englischer Originaltitel:
The Angel Bible –
Everything You Ever Wanted To Know About Angels

Deutsche Übersetzung: Sabine Elbers
Lektorat: Juliane Waltke, Antje Schönhofen
Satz: Ralf Kolmsee

Printed and bound in China

ISBN: 978-3-89880-736-4

Hinweis:

Die Übungen und Ratschläge in diesem Buch sind von Autor und Verlag nach bestem Wissen und Gewissen sorgfältig erwogen und geprüft, doch Autor und Verlag übernehmen keinerlei Haftung für etwaige Personen- und Sachschäden.

Inhalt

Teil I

EINLEITUNG

Was sind Engel?

Engel sind geflügelte Boten: Das Wort „Engel" leitet sich vom altgriechischen Wort *angelos* ab, welches so viel wie „Bote" oder „Gesandter" bedeutet. Engel schlagen eine Brücke zwischen Himmel und Erde. Dabei dienen sie als Kanal zwischen Gott und der physikalischen materiellen Welt. Engel sind unsterbliche Gestalten, bestehend aus reinem Bewusstsein und unberührt von Zeit und Raum. Sie sind auf ewig an die immerwährende, glückselige Energie gebunden, die von Gott ausgesendet wird. Jeder einzelne Engel ist ein Produkt göttlicher Liebe, welche er in purer Form weiterleitet.

Viele Menschen glauben, dass alle Engel von Gott am zweiten Tag der Schöpfung im selben Moment erschaffen wurden, jeder von ihnen perfekt, intelligent, unsterblich und im Besitz eines freien Willens. Die meisten Engel entschieden sich sogleich dafür, ihren freien Willen aufzugeben und sich auf ewig mit ihrem Schöpfer zu verbinden. Dagegen bestanden andere Engel auf eigene Macht und Ruhm – diese sind die „gefallenen Engel". Diejenigen Engel, die ihren freien Willen aufgegeben haben, dienen Gott und schützen die Menschen vor den „gefallenen Engeln".

Menschen nehmen Engel auf verschiedene Weisen wahr: Die eindrucksvollsten Begegnungen sind dabei körperliche Manifestationen, bei denen Engel das Aussehen geflügelter Wesen annehmen können. Engel sind geschlechtsneutrale Wesen, bestehend aus purem Geist; ihre männlichen und weiblichen Qualitäten sind perfekt und vollständig – demnach sind sie androgyn.

Haben Engel Flügel? Die meisten Menschen haben sich ihre Vorstellung von der äußeren Erscheinung eines Engels nach dem Vorbild religiöser Kunst entworfen, in deren Rahmen Engel als perfekte Wesen mit fließenden Gewändern, langen Haaren, einem Heiligenschein und Flügeln dargestellt werden. Jedoch sind Engel purer Geist und haben somit keine einheitliche physische Form. Woher kommt also die Vorstellung, dass Engel Flügel haben?

Verschiedene religiöse Quellen berichten von Engeln mit Flügeln. Der Erzengel Gabriel (Jibril im islamischen Glauben), der Mohammed den Koran diktierte, wird als Wesen mit „140 Paar Flügeln" beschrieben. In den mystischen Schriften des Judentums finden sich in den ersten beiden Büchern Henoch ebenfalls Beschreibungen von geflügelten Engeln. Viele Kulturen stellten geflügelte Wesen bildlich dar und es existieren noch viele Mythen, Legenden, Statuen und sogar Höhlenmalereien dieser wunderbaren Gestalten. Die Visionsliteratur beschreibt die himmlischen Boten normalerweise als geflügelte oder von einem himmlischen Licht umgebene Wesen.

Das Licht, welches die Engel umgibt, kann als Astralleib oder Aura bezeichnet werden. Mystiker und Heiler beschreiben diese als Energiefeld, das den Menschen umgibt. Die menschliche Aura besteht aus verschiedenen Schichten, die bei näherer Betrachtung wiederum aus Milliarden einzelner Energielinien bestehen. Diese strahlen von den Chakren ausgehend nach außen und oben und sorgen somit für den Anschein von Federn. Das Energiefeld von Engeln müsste dem menschlichen Mystiker als sehr gewaltig erscheinen und so versucht das menschliche Gehirn, die himmlische Vision in eine menschliche Form zu kleiden.

Diese Szene in Buntglas zeigt den Erzengel Gabriel bei der Mariä-Verkündigung.

Wie dieses Buch zu benutzen ist!
Dieses Buch ist in zwei Abschnitte unterteilt: Teil I ist eine Einführung in das Thema Engel und zeigt auf, wie du Engel in dein Leben einladen kannst, während Teil II eine umfangreiche Übersicht der Engeltradition bietet. In insgesamt elf Kapiteln erfährst du alles über Engelhierarchien, Farben, Heilung, Kristalle, die Kabbala und vieles mehr. Außerdem enthält dieses Buch eine Anzahl praktischer Übungen, Meditationen und Bekräftigungen.

Ursprünge der Engelforschung

Man kann nicht mit Sicherheit sagen, in welchem Teil der Erde die Engelstradition begann, jedoch berichten die frühesten Aufzeichnungen der Sumerer, Ägypter, Perser und Inder von geflugelten Wesen oder Boten der Götter. Auf einer sumerischen Stele (Steintafel) ist ein geflügeltes Wesen abgebildet, das die sieben Himmel bewohnt und den Kelch des Königs mit dem „Wasser des Lebens" füllt.

Das Studium der Engel wird als *Angelologie* bezeichnet. Im Laufe der Jahrhunderte sind neben zahlreichen Manuskripten viele umfangreiche Arbeiten über Engelhierarchien verfasst worden. Ferner existiert eine große Anzahl wissenschaftlicher Abhandlungen, bei denen es sich oft um Abschriften oder Übersetzungen früherer Manuskripte handelt.

Bei der Betrachtung der Ursprünge der Engelforschung müssen wir uns im Klaren darüber sein, dass ein großer Teil des überlieferten Materials von Mystikern, Propheten, Gesetzgebern, Poeten und Chronisten aufgezeichnet worden ist. In den Anfängen der Christenheit gab es beispielsweise zahlreiche Quellen der Engelforschung, denen zu jener Zeit die gleiche Anerkennung zukam wie den damaligen Büchern der Bibel. Jedoch sind diese Informationen in Vergessenheit geraten, als die Texte aus dem Alten Testament entfernt wurden.

In der Bibel werden Engel häufig erwähnt, allerdings wurden dabei nur wenige Details oder Hintergrundinformationen gegeben. Im Alten Testament werden Gabriel und Michael namentlich genannt und Raphael tritt im Buch des Tobias auf (das Buch des Tobias ist Teil des Alten Testaments der römisch-katholischen und orthodoxen Bibel, jedoch ist es nicht in der hebräischen Bibel enthalten und wird in den protestantischen Ausgaben durch die Apokryphen ersetzt). Einige Engel werden im Alten Testament als „Männer in Weiß" beschrieben, weil sie stets in Gewänder aus weißem Leinen gekleidet sind (weißes Leinen galt für die alten Völker als Symbol der Unsterblichkeit).

Ein Engel verhilft dem heiligen Petrus zu seiner wundersamen Flucht aus dem Gefängnis.

Andere Quellen In den drei Büchern Henoch (siehe auch S. 66) finden sich aus dem Bibelkanon ausgesonderte Schriften, die sich ausgiebig mit Engeln beschäftigen. Die Henoch-Bücher bestehen aus dem 1. Buch Henoch, das nur noch in äthiopischer Sprache vollständig überliefert ist. Das 2. Buch Henoch, auch unter dem Titel „Das Testament des Levi" bekannt, ist nur in altslavischer Sprache erhalten und das 3. Buch Henoch ausschließlich in Hebräisch. Die drei Bücher Henoch sind zwar aus der Bibel ausgesondert worden, allerdings wurden sie noch Jahrhunderte später von hohen Vertretern der Kirche zitiert.

Im Laufe der Jahre sind noch weitere Fragmente des 1. Henochbuchs gefunden worden, hauptsächlich in den Schriftrollen vom Toten Meer (oder Schriftrollen von Qumran). Es wird angenommen, dass die aramäischen Fragmente die älteste existierende Liste von Engelnamen enthalten.

Auszug aus der berühmten Jesajarolle, *einer der Schriftrollen vom Toten Meer, die bei Qumran gefunden wurden. Der Auszug zeigt Jesaja 30:20 bis 31:4.*

Eine himmlische Hierarchie Dionysius Areopagita, auch Pseudo-Dionysius genannt, ist ein anonymer Theologe und Philosoph des 5. Jahrhunderts, der den *Corpus Areopagiticum* verfasst hat. Dieser wurde irrtümlich dem in Apostelgeschichte 17,34 erwähnten Dionysios zugeschrieben. Eines der Bücher aus dem *Corpus Areopagiticum* trägt den Titel *Die himmlische Hierarchie* und wurde schon bald zum Standardwerk der Engelforschung in der westlichen Welt. Selbst Thomas von Aquin bezog sich in seinem Werk *Summa Theologica*, das noch immer einer der Eckpfeiler des katholischen Glaubens ist, auf *Die himmlische Hierarchie*.

Auch der Islam hat seit seiner Entstehung eine bedeutende Engeltradition. Er verfügt über eine große Anzahl von Engeln und lässt sich dabei von Aufzeichnungen des Zarathustrismus, der Babylonier, der Assyrer und der Chaldäer inspirieren.

Eine der umfangreichsten Quellen der Engelforschung ist die Kabbala, die mystische Tradition des Judentums (siehe auch S. 70-71). Hinter dem Begriff steht nicht nur ein einziges Werk, sondern eher eine Sammlung verschiedener Lehren. Jedoch gibt es zwei wichtige Gruppen von Originaltexten in der Kabbala: den *Sohar*, das „Buch des Glanzes" und den *Sepher Jesirah*, das „Buch der Schöpfung".

Freunde der Engel Emanuel Swedenborg (1688-1772), ein schwedischer Wissenschaftler, Philosoph und Mystiker, vertrat die Meinung, dass es sich bei Engeln um perfekte Menschen handelt, ähnlich den buddhistischen Bodhisattvas. Ferner glaubte er daran, dass Engel unsere Seelenfreunde sind, deren Pflicht es ist, uns bei der spirituellen Weiterentwicklung zu helfen. Swedenborg behauptete, täglich mit Engeln zu kommunizieren und er schrieb detaillierte Berichte dieser mentalen Dialoge in seinen Tagebüchern nieder. Seine Bücher über Engel wurden in lateinischer Sprache veröffentlicht und enthielten sein über viele Jahre angehäuftes Wissen über die wundersame Welt des Himmels.

Die New-Age-Bewegung hat ein Revival des Engelglaubens ausgelöst. Der Kontakt mit Engeln wird Tag für Tag von vielen Anhängern der Bewegung erlebt. In der Vergangenheit hatten hohe Vertreter des christlichen Glaubens einige Probleme mit Engeln: Aufgrund komplizierter theologischer Fragen, ausgelöst durch Unstimmigkeiten zwischen frühen christlichen Religionsgemeinschaften, wurde ein gesteigertes Interesse an Engeln abgelehnt. Jesus hatte kein Problem mit Engeln, aber der heilige Petrus warnte vor dem Kontakt mit ihnen. Nichtsdestoweniger hat die römisch-katholische Kirche ihre Gläubigen stets ermutigt, mit ihren Schutzengeln in Kontakt zu treten.

Wieso du Engel in dein Leben einladen sollst

Unsere Faszination für Engel nimmt täglich zu. Gewöhnliche Menschen reden offen darüber, wie Engel ihnen geholfen haben, Geschichten über himmlische Einflussnahme sind reichlich vorhanden und inspirative Kunst ist allgegenwärtig. Das Interesse an Engeln überwindet Sprachbarrieren, kulturelle Unterschiede und Grenzen.

Engel kommen in allen Gestalten, allen Formen und Größen und allen Farben vor. Einige von ihnen sind vielschichtige und mächtige Wesen, die jene mystischen Geschicke lenken, die das Universum zusammenhalten. Unsere fünf Sinne genügen nicht, um diese wundersamen Geschöpfe des Lichts und Gottes ewiger Liebe zu begreifen und zu beschreiben.

Andere Engel bringen Trost in Momenten tiefer Verzweiflung. Diese „Botenengel" besitzen die Fähigkeit, genau zur richtigen Zeit aufzutauchen. Unser Schutzengel ist, obwohl er mit der großen Anzahl planetarischer Engel stets verbunden ist, immer bei uns und wird niemals von unserer Seite weichen. Verschiedene Engel inspirieren uns, indem sie uns kosmische Werte lehren, wie Ehrlichkeit, Güte, Demut, Reinheit, Schönheit und Freude. Wiederum andere sind wahre Cheerleader, die unsere Herzen mit Glück erfüllen und uns durch freudige Anteilnahme leiten.

Wieso also laden so viele Menschen Engel in ihr alltägliches Leben ein? Vielleicht, weil sie Klarheit bringen, indem sie die Menschen aus dem Bann von Materialismus und Gier befreien. Sie helfen uns dabei, unser gieriges Streben nach Macht und unsere Überheblichkeit zu überwinden und Gott wieder näher zu kommen. Vielleicht sendet Gott auch vermehrt Engel zur Erde, um bei der spirituellen Weiterentwicklung des Planeten zu helfen, da das „Ende aller Tage", welches in der Bibel und von vielen alten Kulturen prophezeit wird, stetig näher rückt. Unzählige Seher und Mystiker haben das Hereinbrechen dieses neuen goldenen Zeitalters vorausgesagt, wenn die Engel einmal mehr unter den Menschen wandeln.

Maria wird oft als Königin der Engel dargestellt, wie hier bei der „Krönung der Jungfrau".

Jeder von uns hat einen Schutzengel, der uns schon vor der Geburt geschenkt wird und uns auf unserem Weg beschützt.

Das Wassermannzeitalter (Age of Aquarius) Astrologisch gesehen gleitet die Welt gerade vom Fischezeitalter – einer Zeit der Fremdbestimmung, in der wir die Verantwortung für unser Verhalten, Weiterentwicklung und spirituelles Wachstum an andere übergaben – ins Wassermannzeitalter hinüber, in dem wir diese Verantwortung selbst übernehmen. Die Arbeit mit Engeln gibt dir die Möglichkeit, Weisheit zu erlangen, das Selbstverständnis zu stärken und Hindernisse mithilfe deines inneren Lichts, welches dich direkt mit Gott verbindet, zu überwinden. Indem du Körper, Geist und Seele vereinst, erhöhst du damit nicht nur deine eigene Schwingungsrate, sondern die Schwingungsrate der ganzen Menschheit und sogar der Erde selbst.

Die Begriffe „Schwingungsrate", „Schwingungsfrequenz" oder „Bewusstseinsebene" bezeichnen die Frequenz der Gehirnaktivität in der Großhirnrinde. Indem wir unsere Schwingungsrate erhöhen, streben wir nach einer erweiterten Auslastung bestimmter Hirnareale (Spiritualität), bis wir in vollkommener Stille die Vereinigung mit Gott erfahren.

Subtile Energie unterliegt eigenen spirituellen Gesetzen und wird durch eine erhöhte Schwingungsrate aktiviert. Die Großhirnrinde produziert Gedanken in der Form von Photonen – dies findet auf Quantenniveau statt. Einige Wissenschaftler gehen davon aus, dass beide Gehirnhälften auf höheren Bewusstseinsebenen genau ausbalanciert sind und dass dies zu einem Zustand von Glückseligkeit führt.

Der Ausgleich von Himmel und Erde

Wenn wir Engel in unser Leben einladen, entwickeln wir uns auf spiritueller Ebene weiter, indem wir Himmel und Erde in uns selbst vereinen. Engel erwarten unseren Ruf. Sie streben danach, uns bei allem, was wir in unserem Leben und auch darüber hinaus tun, zu helfen. Es gibt nichts, wobei sie uns nicht helfen können; vielmehr widmen sich Engel ganz und gar der Aufgabe, der Menschheit auf spirituelle und praktische Weise zu helfen.

Engel unterliegen den kosmischen Gesetzen. Das bedeutet, dass sie großzügig von ihrer eigenen Energie geben und sogar dazu verpflichtet sind, jeden von uns an der mystischen Liebe Gottes teilhaben zu lassen. Sie unterstützen uns dabei, unsere eigene Schwingungsrate zu erhöhen, was uns dabei hilft, uns mit unserem Gottesbewusstsein zu vereinen. Diese Vereinigung führt zu einer gedanklichen Metamorphose, die sich nicht rückgängig machen lässt.

Die Erhöhung deiner Schwingungsrate

Der erste und wichtigste Schritt zu einer engen Verbindung mit dem Engelreich ist die Reinigung deiner selbst und deiner Umgebung Vielleicht wird dir der Grund hierfür nicht sofort klar, jedoch existieren Engel auf einer höheren Bewusstseinsebene, die von den meisten Menschen nicht bewusst wahrgenommen wird. Das kommt daher, dass Engel auf einer spirituellen Ebene existieren und die Menschen in der physischen Welt der fünf Sinne. Engel fühlen sich von Menschen angezogen, die sich auf einer höheren Bewusstseinsebene befinden.

Bringe Ordnung in dein Leben Um in deinem Leben Platz für Engel zu schaffen, musst du dein Zuhause von Unordnung befreien. Trenne dich von allen Sachen, die du nicht länger behalten möchtest – gebe sie an eine gemeinnützige Organisation oder finde einen anderen Verwendungszweck dafür. Sorge in deinem ganzen Heim für Sauberkeit und Frische. Öffne jeden Tag deine Fenster, um abgestandene Energie rauszulassen – sie wird vom natürlichen Tageslicht gereinigt. Benutze Geräusche, um stagnierende Energie aufzulösen: Eine Klangschale, Glocken, Gongs, kleine tibetische Zimbeln, Rasseln oder Trommeln sind dafür geeignet.

Benutze eine Trommel um stagnierende Energie aufzulösen und die Schwingungsrate deiner Umgebung zu steigern.

Tibetische Klangschalen werden seit Jahrhunderten von buddhistischen Mönchen für Meditationen und religiöse Zeremonien benutzt. Heutzutage sind sie weltweit bekannt.

Händeklatschen ist ebenfalls eine effektive Möglichkeit, stagnierende Energie aufzulösen – besonders in Zimmerecken. Benutze engelsgleiche Musik, um die Schwingung zu erhöhen. Denke daran, dass du dein Herzchakra (siehe auch S. 122-123) am besten mit schöner Musik öffnen kannst.

Durchsuche dein Heim nach Objekten, die dich deprimieren – das Ausmisten von alten Sachen hilft dir dabei, deine Gedanken zu ordnen. Alte Möbel und Schmuck aus zweiter Hand bedürfen einer besonderen Reinigung: Benutze dafür Räucherwerk und lasse den Rauch ungewollte Schwingungen davontragen – denke daran, ein Fenster offen zu lassen, damit die stagnierende Energie den Raum verlassen kann.

Sortiere Kleidung aus, die du in den letzten zwei Jahren nicht getragen hast – besonders Kleidung, die dir nicht mehr passt oder eintönig aussieht. Denke daran, gekaufte Second-Hand-Klamotten oder alte Kleidung gründlich zu reinigen, bevor du sie trägst.

Meide Menschen und Orte, die deine Energie runterziehen. Wenn du deine höhere Schwingung einmal konstant halten kannst, wirst du in der Lage sein, anderen zu helfen und ihre Schwingung durch deine bloße Anwesenheit zu steigern.

Die Anwesenheit von Engeln spüren

Wenn Menschen Engel bewusst wahrnehmen, hebt sich der Schleier zwischen ihrer und unserer Welt. Man muss nicht über hellseherische oder übersinnliche Fähigkeiten verfügen, um mit Engeln in Kontakt zu treten. Es ist wichtig, sich daran zu erinnern, dass Engel mit dir kommunizieren wollen. Sie streben nach täglichem Kontakt.

Engel sind ergebene, göttliche Wesen, die den kosmischen Gesetzen unterliegen. Es ist ihre Pflicht in ihrer Funktion als stetiger Strom göttlicher Essenz aus Liebe und Licht, freigiebig von ihrer eigenen Energie zu geben. Der Beistand von Engeln ist immer verfügbar. Du musst nur darum bitten.

Die meisten Menschen haben nie einen Engel gesehen, aber sie sind sich der Anwesenheit ihres Engels bewusst. Engel können von jedem einzelnen der menschlichen Sinne wahrgenommen werden. Hier sind einige Arten, die Anwesenheit von Engeln bewusst wahrzunehmen:

- Die Atmosphäre im Raum ändert sich plötzlich. Du fühlst dich von einem warmen Schein umgeben. Die Luft um dich herum prickelt oder du fühlst, wie ein Energieschauer deinen Rücken hinabgleitet.

- Ein betörender Duft füllt auf einmal den Raum. Dieser süße Geruch wird auf verschiedene Weise beschrieben – wie das Aroma von Sommerblüten oder süßer Myrrhe.

- Du machst eine besondere Geschmackserfahrung, oft ist sie süß – dies ist der Geschmack himmlischen Ambrosias. Alternativ hörst du ätherische Geräusche. Engelsmusik wird oft mit Heilung und Erneuerung verbunden.

- Du empfindest Liebe und hast ein überwältigendes Gefühl tiefen Friedens.

- Farbige Lichter erscheinen aus dem Nichts. Helle Lichtstrahlen oder farbenprächtige Sphären tanzen vor deinen Augen, besonders dann, wenn du mit den Engeln der Heilung arbeitest oder in den Schlaf hinabgleitest.

Meditation hilft, einen Zustand der Stille zu erreichen, der nötig ist, um sich der Energieveränderungen um uns herum bewusst zu werden.

- Während einer Meditationssitzung, bei der ein Engel zugegen ist, nimmst du ein blendend weißes Licht vor dir wahr, auch wenn deine Augen geschlossen sind.

- Du spürst die Gegenwart von Engelsflügeln, die dich streicheln oder einhüllen, oder du spürst sogar die Hände eines Engels, der dich sanft an den Schultern berührt.

- Während einer Meditation nehmen viele Menschen die „Engelsbrise" wahr, welche wie ein warmer Sommerwind sanft durch dein Haar streicht. Einige sagen, diese Brise entstehe, wenn ein Engel die tausendblättrige Lotusblüte in die Höhe hebt (das Symbol des Kronenchakras, siehe Seiten 102-103).

- Vielleicht fällt dir ein vermehrtes Aufkommen von glücklichen Fügungen auf, die dir in deinem Leben zuteil werden. Oder deine Probleme scheinen sich von selbst zu lösen – manchmal sogar auf recht unerwartete Art und Weise.

Engelszeichen und Visitenkarten

Manchmal manifestiert sich die Anwesenheit von Engeln für alle sichtbar. Du kannst einen Engel darum bitten, zu erscheinen – als Beweis für deinen Kontakt zu ihm. Hier sind einige übliche Hinweise:

Wolken Es kann sein, dass du Engel in Form von Wolken erkennst, besonders über geheiligten Stätten oder wenn du um himmlischen Beistand gebeten hast. Manchmal kannst du Wolken in Form von Federn sehen.

Blumen Manche Menschen sind der Meinung, dass ihre Blumen auf einem Engelaltar länger halten. Eine Studentin der Engelkunde bemerkte, dass ihre

Oft zeigen Engel ihre Anwesenheit durch Wolkenformationen und durch Wolken, die in ihrer Form Federn ähneln.

Rosen monatelang hielten und dass eine Rose, nach einer besonders tiefschürfenden Begegnung, sogar ihre Farbe änderte.

Federn Weiße Federn können an den unmöglichsten Orten auftauchen. Wenn du deine weiße Feder gefunden hast, trage sie stets bei dir, um deinen Engel in deiner Nähe zu behalten. Als ich vor einiger Zeit ein Engelseminar hielt, erwähnte ich, dass weiße Federn ein übliches Zeichen für die Anwesenheit von Engeln seien. Nach dem Vortrag sagte eine Frau zu mir, dass sie, unabhängig davon, was sie während des Vortrags über Engel gehört hatte, noch immer nicht von der Existenz von Engeln überzeugt sei. Genau in diesem Moment bemerkte ein anderer Teilnehmer eine reine weiße Feder, die am Ärmel ihrer Strickjacke hing.

Worte Oft kann es sein, dass du das Wort „Engel" in einem Lied im Radio oder im Fernsehen hörst, nachdem du um himmlischen Beistand gebeten hast. Eventuell erwähnt dir gegenüber auch jemand das Wort Engel in einem bestimmten Zusammenhang.

Kristalle Engel können plötzlich in deinen Kristallen erscheinen. Sie erscheinen in bestimmten Kristallen, wie Coelestin oder Danburit, jedoch meistens in klaren Bergkristallen, nachdem du mit

Eine weiße Feder ist eine Visitenkarte der Engelsphären und es gibt sie überall.

der Welt der Engel Kontakt aufgenommen hast.

Engelgeschenke Es gibt heutzutage viele erschwingliche Geschenke mit Engelsymbolen, wie kleine Engelpins, Glasengel, Kühlschrankmagneten in Engelform, Engelkonfetti (zur Verschönerung von Grußkarten), Engelaufkleber und Engel-Sorgensteine. Wenn du unerwartet etwas davon geschenkt bekommst, kannst du dir sicher sein, dass Engel dafür gesorgt haben, dass du dieses Geschenk als Beweis ihrer Existenz bekommst.

Engel herbeirufen

Beruhigende Kräutertees helfen dabei, Körper und Geist zu entspannen und ermöglichen dir somit, eine höhere Bewusstseinsebene zu erreichen.

Engel sind Gottes himmlische Boten. Sie sind nicht unsere Diener, aber sie dienen Gott und deshalb ist es unangemessen, sie zu verehren. Auch wenn sie uns Ehrfurcht einflößen, so sind sie doch nur Reflexionen der Perfektion Gottes, und es ist seine Energie, die unsere Herzen in Verehrung öffnet.

Engel haben keinen freien Willen, wie ihn die Menschen besitzen, sondern sie folgen dem Ruf Gottes. Engel können unseren freien Willen auch nicht beeinflussen. Wenn wir um die Hilfe eines Engels bitten, so muss dieser Wunsch aus unserer Liebe, Demut, Vertrauen und Reinheit entspringen. Solange dein Anliegen positiv ist und weder den freien Willen eines anderen Menschen zu behindern sucht, noch deinen Lebensplan stört, werden die Engel in der Lage sein, auf deinen Ruf zu antworten.

In der Vergangenheit haben Mystiker und Heilige viele Jahre mit Meditieren, Beten und Fasten zugebracht, bevor sie eine höhere spirituelle Erfahrung gemacht haben.

Heutzutage finden wir schneller in die Welt der Engel hinein, da so viele Menschen täglich meditieren und der Schleier zwischen unseren Welten immer dünner wird. Es ist einfacher, sich der Bewusstseinsebene der Engel anzunähern, wenn wir uns durch die Verbindung unseres Herz-Zentrums mit unserem Höheren Selbst darauf vorbereiten. Indem wir unsere höhere Bewusstseinsebene als Wegweiser benutzen, können wir mit dem notwendigen Prozess der mentalen Reinigung beginnen.

Mit seinem Höheren Selbst in Verbindung treten Die physische Reinigung, bestehend aus Fasten und Reinigung des Körpers, verbessert die Verbindung zu unserem Höheren Selbst. Das Fasten sollte mindestens 24 Stunden dauern (Verzichte dabei auf feste Nahrungsmittel, aber nicht auf Flüssigkeiten!). Suchterzeugende Nahrungsmittel und Substanzen sollten auch vermieden werden. Fastenkuren entspannen das subtile Energiesystem, beruhigen den Geist und unterstützen die Konzentration.

Beruhigende Kräutertees, wie zum Beispiel Kamillentee, entspannen Körper und Geist und ermöglichen die Manifestation auf einer höheren Bewusstseinsebene. Reinigende, parfümierte Bäder bei Kerzenschein, die Meersalz, Halitkristalle, Kräuter, Blütenblätter und Aromaöle enthalten, öffnen unsere Herzen für spirituelle Schönheit.

Einem Bad werden ausgleichende und reinigende Eigenschaften zugeschrieben. Wenn es vor einer Meditation genommen wird, hilft es dabei, Körper und Geist zu reinigen.

Wir unterdrücken unser Ego – welches mit erhöhtem Geltungsbedürfnis und selbstsüchtigen Gedanken verbunden ist – indem wir uns täglich bewusst machen, wie gut es uns geht. Dies öffnet den Durchgang zum Engelreich. Durch Meditation gehorcht das Unterbewusstsein dem Höheren Selbst.

Deinen Engeln schreiben

Wenn du Probleme hast, kannst du deinen Engeln schreiben. Öffne dein Herz, halte keine Gedanken zurück und lasse deine Gefühle auf das Papier fließen. Lass einfach los und bitte die Engel, deine Probleme zu deinem Besten und zum Besten aller zu lösen. Überlasse alles den Engeln. Versuche nicht, die Situation zu manipulieren. Du könntest von der Geschwindigkeit, in der dein Problem gelöst wird, positiv überrascht sein. Oft passiert dies auf unerwartete Weise. Engel arbeiten auf Weisen, von denen du noch nicht einmal zu träumen wagst.

Indem du all deine Sorgen niederschreibst, alles auflistest, was dich wütend macht oder dich auf eine Weise handeln lässt, die Engeln missfallen könnte, bringst du deine Gedanken am einfachsten ins Lot. Halte nichts zurück, schreibe einfach weiter. Berichte deinen Engeln, was dich ängstigt, ernüchtert oder enttäuscht. Emotionen haben großen Einfluss auf Heilung und die Gesundheit. Wenn wir negative Emotionen erneut durchleben, führt dies zu einer Reaktion, die als dunkle Areale in unserer Aura wahrgenommen werden

Kerzen sind bei der Arbeit mit Engeln sehr hilfreich, aber sei vorsichtig: Lasse eine brennende Kerze nie unbeaufsichtigt!

Deinen Engeln zu schreiben hilft dir dabei, dich von deinen negativen Gefühlen zu befreien.

können. Diese können sich zu Löchern oder Rissen weiterentwickeln, wenn das negative Ereignis wieder und wieder durchlebt wird. Wenn du fertig bist, lese nicht, was du geschrieben hast. Verbrenne das Geschriebene! Spüre währenddessen den reinigenden Effekt, den dies auf deinen Geist ausübt.

Werde deinen Ärger los Es ist ebenfalls hilfreich, einem Menschen zu schreiben, der dich verletzt hat oder über den du dich ärgerst. Da du den Brief direkt nach dem Schreiben verbrennen wirst, gibt es keinen Grund, irgendetwas zurückzuhalten. Du schreibst an eine Person, also schildere ihr genau, was du fühlst. Ärger bereitet den Körper darauf vor, Ungerechtigkeit zu sühnen – aber du musst den Ärger auch loslassen können. Wenn er nicht herausgelassen wird, verdichtet er sich zu Hass. Wir dürfen unsere Emotionen also nicht leugnen, aber uns auch nicht in ihnen verfangen, damit wir eine höhere Bewusstseinsebene erlangen. Dies ist ein wohl durchdachter Vorgang persönlicher Bestärkung.

Manchmal weigern wir uns, zu vergeben, weil wir bestrafen wollen. Eine einfache Methode, den Ärger über eine Person loszulassen, ist das Zulassen der Gefühle, die man für diese Person empfindet. Im nächsten Schritt entscheidest du, dich nicht für diese Gefühle zu bestrafen. Du kannst es laut sagen: „Ich lasse nun all meinen Ärger über diese Situation los." Stell dir die Person, der du vergeben willst, von engelhaftem Licht umgeben vor.

Bekräftigungen durch Engel

Wir können die Verbindung zu unseren Engeln bekräftigen, indem wir die Engel darum bitten, uns beim Erreichen unserer Ziele zu helfen. Sie tun dies, indem sie uns dazu motivieren, unsere Träume zu erfüllen. Es könnte dich überraschen, wie stark sich deine Wünsche verändern, wenn dein Bewusstsein erst einmal mit dem Fluss aus Liebe und Licht verbunden ist, den die Engel mit sich bringen.

Bevor wir die Engel zu uns rufen, müssen wir zunächst feststellen, was eine Bekräftigung ist. Den ganzen Tag lang machen wir positive und negative Bekräftigungen. Unser Körper glaubt jedes Wort, das wir sagen. Ist dir schon mal aufgefallen, wie oft am Tag du eine negative Aussage über dich selbst machst?

Von frühester Kindheit an wird uns etwas beigebracht, das Linguisten Nominalisierung nennen – ein Verb (Tätigkeitswort) wird zu einem Nomen (Hauptwort) umgeformt. Zum Beispiel kann man die Aussage machen, dass man mit einem Verhältnis nicht umgehen kann, als wäre ein Verhältnis ein statischer, physischer Gegenstand. Man sollte vielmehr darüber reden, wie man sich jemand anderem gegenüber verhält – dies ist ein dynamischer, aktiver Kommunikationsprozess. Wenn dieser aktive Prozess als Verhalten bezeichnet wird, entsteht das Problem, dass man ihn als statisch

Rufe nach Engeln, damit sie dir helfen, dein Bewusstsein neu zu programmieren.

empfindet und keine Verantwortung dafür übernommen wird, wie man sich aktiv und kontinuierlich einer anderen Person gegenüber verhält. Wenn jemand systematisch Vorgänge nominalisiert, lehnt er damit die Vielfalt der ihm gegebenen Möglichkeiten ab, da er die Welt auf eine starre Weise wahrnimmt.

Unterschätze nie, wie stark dich Worte beeinflussen können. Werbefachleute, religiöse Führer, Politiker und die Medien kennen diesen Einfluss und bombardieren unsere Sinne mit ihren Botschaften.

Bekräftigungen Kämpfe mithilfe der Bekräftigung durch Engel gegen diese Programmierung:

- Rufe Engel herbei und nutze ihre Kraft, um dich bei deiner Neuprogrammierung zu unterstützen. Du wirst sehen, wie sich deine Gesundheit, dein Verhalten und deine ganze Lebenseinstellung zum Positiven verbessern.

- Schreibe eine positive Bekräftigung für dich auf. Gestalte sie kraftvoll und passe sie möglichst genau an dich und deine Situation an.

- Achte darauf, dass all deine Aussagen positiv sind. Stell dir vor, dass sich die Bekräftigung, noch während du sie aussprichst, schon erfüllt hat.

- Zwei gute Bekräftigungen sind: „Ich erlaube höheren Ebenen engelhaften Bewusstseins, in meinem Leben Gestalt anzunehmen" und „Meine Engel leiten mich täglich in glückseliger Einigkeit".

Erlaube den Engeln, dich bei der Formulierung positiver Bekräftigungen zu unterstützen.

Gestaltung eines Engelaltars

Ein Altar ist eine gute Möglichkeit, die erstarkende Beziehung zu den himmlischen Reichen zu bekräftigen. Er ist greifbar, ein Portal zur Heiterkeit, ein Ort, an dem du deinen Geist beschwichtigen und dein Herz für die Engel öffnen kannst. Er wird sich schnell zu deinem eigenen, geheiligten Platz entwickeln; zu einer Zufluchtsstätte für deine Seele, an der sie mit harmonischer Energie erfüllt wird – zu einem Ort, den du täglich aufsuchen kannst, um Erneuerung zu finden.

Die Errichtung eines Engelaltars bietet dir eine wertvolle Basis für deine spirituelle Verwandlung. Er gibt dir die Möglichkeit, deine eigene Kreativität zu entdecken und dich emotional, künstlerisch und spirituell zu entfalten. Engel werden von Orten voller Freude, Harmonie, Liebe und Frieden angezogen.

Wähle Gegenstände für deinen Altar aus, die während deiner Meditation von Engeln inspiriert worden sind. Entscheide dich nur für Dinge, die eine Bedeutung für dich haben. Diese werden dir dabei helfen, den Angelegenheiten und Herausforderungen in dem Bereich deines Lebens, den du wieder in Einklang bringen willst, mehr Aufmerksamkeit zu schenken.

Wenn du dich erst einmal daran gewöhnt hast, deinen Engelaltar täglich aufzusuchen – ob du ihn nun sauber machen, spirituell reinigen oder umorganisieren willst, eine deiner heiligen Gegenstände austauschen oder Kerzen anzünden möchtest – wird es sehr viel einfacher sein, täglich ein bestimmtes Maß an Zeit für meditative Gedanken und Gebete aufzuwenden.

Lasse dich von deinen Engeln leiten

Es kann sehr hilfreich sein, darüber zu meditieren, welche Gegenstände du für deinen Engelaltar auswählen solltest. Erlaube deinen Engeln, dich zu leiten. Der bedeutendste Aspekt deines Engelaltars ist der Einfluss, den er auf dein inneres Selbst ausübt. Er sollte dafür sorgen, dass du dich geliebt und in dir zentriert fühlst und dass du dich den engelhaften Eigenschaften von Liebe, Schönheit, Harmonie und Frieden öffnest.

Experimentiere mit der Ausstattung deines Altars! Wenn dich ein Gegenstand stört, aufregt oder dich nicht inspiriert, dann entferne ihn. Du kannst Kristalle, Engelkunstwerke, Fotos von deinen Lieben, Muscheln, Glöckchen, Räucherwerk, Kerzen, Blumen, ätherische Öle, religiöse Reliquien, Engelkarten, Bekräftigungskarten, Windlichter, Federn oder auch ein kleines Notizbuch mit Stift auf deinem Altar platzieren.

Denke daran, deinem Altar eine Verkörperung aller Dinge hinzuzufügen, die du dir für dein Leben wünschst, wie zum Beispiel Liebe, spirituelle Erleuchtung, Mitgefühl, Friede oder Reichtum. Achte darauf, dass du auf deinem Altar niemals eine Kerze unbeaufsichtigt brennen lässt! Sorge dafür, dass der Raum stets gut belüftet ist, da Kerzen Sauerstoff verbrauchen, was zu Kopfschmerzen und Benommenheit führen kann.

Ein Altar dient als kraftvoller Platz für Meditation, Besinnung und die heiligen Aspekte deines Lebens, die du weiterentwickeln willst.

Die Benutzung von Engelkarten

Engelkarten bieten eine ausgezeichnete Möglichkeit, mit Engeln zu kommunizieren. In den meisten New-Age-Shops können ganze Packungen erworben werden. Sie wurden ursprünglich entworfen, um individuelle Kreativität zu fördern und Beziehungen zu verbessern. Engelkarten bieten positive Schlüsselwörter, die dir helfen, dich auf einen bestimmten Aspekt deines Lebens zu konzentrieren.

Um die Kommunikation mit deinen Engeln zu verbessern, ist es jedoch effektiver, eine eigene Auswahl von Karten zu erstellen. Das ist nicht schwer und du musst dafür nicht künstlerisch begabt sein. Alles, was du brauchst, ist ein Stift und ein Stück dickeres Papier oder eine Karte – am besten weiß auf der einen und farbig auf der anderen Seite.

Du kannst auch kleine, glänzende Engel auf deine Karten kleben, um sie den Engeln sozusagen zu „widmen". Schreibe auf die weiße Seite der Karte eine positive Sache, die du dir in deinem Leben wünschst. Dies nennt man *Schlüsselwort*.

Es gibt keine feststehende Liste von Dingen, die man mit Engeln in Verbindung bringen kann, also kannst du so viele Karten schreiben, wie du möchtest. Du kannst auf deinen Karten auch Sachen ergänzen, wenn sich dein Verständnis dafür weiterentwickelt.

So suchst du dir eine Engelkarte aus

- Nimm dir jeden Morgen eine Karte. Konzentriere dich einen Moment lang auf den Tag, der vor dir liegt, und schaue dann, welche Karte deine Aufmerksamkeit auf sich zieht. Trage diese Karte bei dir oder platziere sie so, dass du sie den Tag über gut sehen kannst.

- Nimm dir kurz vor dem Zubettgehen eine Karte, lege sie unter dein Kopfkissen und lasse die Engel deine Träume inspirieren.

- Nimm dir jedes Mal dann eine Karte, wenn du ein neues Projekt beginnst, ein Wagnis auf dich nimmst oder ein neuer Lebensabschnitt beginnt, sowie an deinem Geburtstag oder einem Jubiläum.

- Wähle am Neujahrstag 12 Karten für das kommende Jahr aus – eine für jeden Monat – und notiere dir die Aussage jeder Karte in deinem Kalender.

- Suche dir eine Engelkarte für einen Freund aus, der Hilfe braucht. Konzentriere dich auf das Problem deines Freundes – gesundheitliche Probleme, ein Vorstellungsgespräch oder Prüfungen – und umschließe sie mit der engelhaften Eigenschaft der Karte.

Lege eine Engelkarte unter dein Kopfkissen, um die Engel dazu einzuladen, deine Träume zu inspirieren.

Schlüsselwörter, die dir am Anfang helfen

Akzeptanz • Ausgeglichenheit • Ehrlichkeit • Einfühlungsvermögen
Einfachheit • Enthusiasmus • Freiheit • Freude • Freundschaft
Friede • Geduld • Glaube • Glück • Großzügigkeit • Harmonie
Heilung • Hingabe • Hoffnung • Humor • Inspiration • Kreativität
Liebe • Mut • Reichtum • Reinheit • Schönheit • Segen • Vergebung
Vergnügen • Verständnis • Vertrauen • Wahrheit • Wissen • Zuversicht

Engel im alltäglichen Leben

Die erste Regel bei der Arbeit mit Engeln lautet: Engel sind da, um uns in jedem Bereich unseres Lebens zu helfen, allerdings kann die Hilfe von Engeln nie missbraucht werden. Falls du die Energie von Engeln aus selbstsüchtigen Motiven benutzen willst oder sie herbeirufst, um dein Ego aufzubessern, sei gewarnt, denn es wird nichts Gutes daraus entstehen, genau genommen gar nichts. Es gibt bestimmte Engel für verschiedene Aspekte unseres Lebens.

Engel der Liebe Diese Engel werden von dem Erzengel Chamuel geleitet (siehe auch S. 246) und sind darauf spezialisiert, mehr Harmonie in unser tägliches Leben zu bringen. Keine Aufgabe ist zu unbedeutend oder zu herausfordernd für diese Engel und sie helfen in jeder Situation, die ein gewisses Maß an sensibler Kommunikation erfordert.

Engel der Heilung Als einer der bedeutendsten Engel der Heilung, hat Erzengel Raphael (siehe auch S. 240) die Fähigkeit, alle Heiler, unabhängig ihres Glaubens, anzuleiten. Bitte ihn darum, die Hand von Ärzten, Chirurgen und anderen Medizinern zu führen.

Bitte die Engel darum, an all deinen kreativen Einfällen in der Küche teilzunehmen.

Bitte um seine Anwesenheit in Krankenhäusern, Hospizen und Kliniken. Bitte ihn darum, die Brüche zwischen Nationen zu heilen, schicke ihn auf Schlachtfelder und in Gegenden, wo von Menschen hervorgerufene Katastrophen oder Naturkatastrophen wüten. Bitte ihn auch darum, Wissenschaftler bei ihrer Suche nach neuen Heilungsmethoden zu unterstützen.

Reiseengel Diese Engel, angeleitet von Erzengel Michael (siehe auch S. 250), schützen vor physischen Gefahren. Stell dir bildlich vor, wie dich der Erzengel Michael auf deinen Reisen begleitet.

Parklückenengel Wenn du zu einer Reise aufbrichst, bitte den Parklückenengel, dir bei der Suche nach einem Parkplatz zu helfen.

Küchenengel Wenn du die Engel darum bittest, dich bei allen kreativen Tätigkeiten zu unterstützen, kann es passieren, dass sie an unerwarteten Plätzen auftauchen. Bitte den Engel Isda darum, deine Mahlzeiten zu segnen und diese nahrhafter und bekömmlicher zu machen.

Engel der verlorenen Gegenstände Es ist ziemlich stressig, Schlüssel, Schmuck oder wichtige Dokumente nicht finden zu können. Bitte den Engel Rochel darum, dir bei der Suche nach den verlorenen Gegenständen zu helfen.

Bitte den Erzengel Raphael, einen der bedeutendsten Heiler, dich bei Heilungstätigkeiten zu leiten.

Prüfungsengel Bitte den Erzengel Jophiel (siehe auch S. 108) und die Engel der Erleuchtung darum, dir beim Lernen und beim Bestehen von Prüfungen zu helfen. Sie können dich auch beim Erlernen neuer Fertigkeiten unterstützen und sie bieten dir Erleuchtung und Wissen, um deine Kreativität zu fördern.

Dein Engeltagebuch

Persönliche Erfahrungen und neu erworbenes Wissen können wie ein Traum vergehen, wenn man sie nicht niederschreibt. Ein Engeltagebuch ist eine effektive Möglichkeit, deine magische Reise in die Sphären der Engel festzuhalten. Es ist nur für dich selbst und es kann zu einer greifbaren Kraft werden, die sogar noch mehr Energie der Engel anzieht.

Nimm dir ein Notizbuch, das dir optisch gut gefällt und dass du für den Rest deines Lebens behalten möchtest.

Wenn du deine von Engeln inspirierten Träume in einem Tagebuch festhältst, kann dieses dabei helfen, dein Unterbewusstsein für die Inspiration durch Engel zu öffnen. Schreibe Träume, Gedanken, Visionen und Meditationen nieder.

Du kannst dein Engeltagebuch für viele Dinge verwenden: Du kannst Botschaften, Gedichte oder Zitate darin festhalten, die du besonders magst und die dich inspirieren. Darüber hinaus kannst du Bilder von Engeln, geliebten Menschen oder Menschen, die dich besonders inspirieren, darin verwahren. Du kannst es auch benutzen, um deine Träume, Visionen und Meditationen aufzuzeichnen.

Es ist nicht immer einfach, genug Zeit zu finden, um jede Meditationserfahrung niederzuschreiben. Allerdings kann der Kontakt mit Engeln, obwohl inspirierend, auch verwirrend sein. Nimm dir deshalb nach jeder Meditationssitzung etwas Zeit, um festzuhalten, was du gelernt hast. Schreibe deine Erfahrungen nieder, egal, wie lückenhaft, vage oder nebulös sie sein mögen. Tauche mit all deinen Sinnen in die Erfahrung ein.

Die folgenden Schritte werden dir dabei helfen, die Eindrücke aufzunehmen:

1 Wenn du über deine Erfahrung nachdenkst, wird sie an den mentalen Körper übermittelt – das Solarplexuschakra (siehe S. 102-103).

2 Wenn du deine Erfahrung in Bilder umwandelst, wird die Erfahrung an den emotionalen Körper weitergeleitet – das Herzchakra (siehe S. 102-103).

3 Wenn du mit einer anderen Person über deine Erfahrung sprichst, wird diese über das Kehlchakra (siehe S. 102-103) im physischen Körper verankert.

4 Wenn du deine Erfahrung niederschreibst (oder aufmalst), um dich später erneut darauf zu besinnen, wird die Erfahrung im Sakralchakra (siehe S. 102-103) verankert.

Jeder dieser Schritte kostet Zeit und du entfernst dich einen Schritt von der eigentlichen Erfahrung, aber ein großer Teil jeder authentischen Beobachtung endet stets als Illusion, wenn man sie nicht in der physischen Welt fixiert. Indem du deine Erfahrungen schriftlich festhältst, verankerst du sie im Hier und Jetzt.

Sei nicht übermäßig besorgt, wenn du die soeben gemachte Erfahrung nicht sofort verstehen kannst. Es passiert oft, dass Informationen direkt nach einer Meditation noch lückenhaft sind. Einige Erfahrungen machen selbst Wochen, Monate oder sogar Jahre später noch keinen Sinn für dich, also kann dir dein Tagebuch dabei helfen, diese Erfahrungen im Nachhinein zu deuten und zu verstehen. Mache dir keine Gedanken über deinen Schreibstil, erlaube dir ein gewisses Maß an künstlerischer Freiheit.

Dein himmlisches Buch der Dankbarkeit

Sich die guten Dinge im Leben bewusst zu machen, hilft dabei, die eigene Schwingungsrate zu erhöhen (siehe S. 18-19). Sendest du positive Energie aus, die andere als charismatisch und aufmunternd empfinden, oder meiden dich andere Menschen, weil du dich über jedes kleine Problem beschwerst?

Positive Gedanken, Emotionen und Worte stärken unser Energiefeld, erhöhen unsere Schwingungsrate und ziehen das Licht der Engel an. Negative Gedanken, Emotionen und Worte schwächen dagegen unser Energiefeld, wobei das wiederholte Durchleben negativer Ereignisse unsere Emotionen trübt. Dies kann zu Löchern in unserer Aura führen (siehe S. 230-231), von denen schädliche und dunkle Energie angezogen wird.

Viele Menschen, die mit dem Reich der Engel zusammenarbeiten, schreiben täglich alle positiven Dinge auf, die ihnen in ihrem Leben zustoßen – diese Aufzeichnungen werden zu ihrem Buch der Dankbarkeit. Kaufe oder erstelle selbst ein Notizbuch, das nur für diesen Zweck verwendet werden soll. Du kannst auch ein einfaches Notizbuch mit Engelssymbolen verzieren.

Notiere in deinem Buch der Dankbarkeit alle Dinge, für die du in deinem Leben dankbar bist – wie deine Familie, Freunde und geliebte Menschen. Halte jeden Moment des Glücks darin fest – wie einen schönen Sonnenuntergang, Blütenduft oder auch etwas Einfaches wie ein Kompliment von einem Freund.

Dankbarkeit zieht positive Energie an und stärkt dein Energiefeld.

Engelhafte Talente

Engel schenken uns magische Gaben und haben schon seit jeher Komponisten, Dichter, Künstler, Musiker, Lehrer und Heiler inspiriert. Meistens wünscht sich der Beschenkte das Talent nicht einmal! Das Einzige, was die Empfänger dieser Gaben gemeinsam haben, ist das Bewusstsein, ihre außergewöhnlichen Talente aus einer himmlischen Quelle erhalten zu haben.

Es gibt viele Beispiele für Musiker, die von Engeln inspiriert werden. Sie nehmen himmlische Musik wahr und wandeln diese Klänge so um, dass sie von menschlichen Instrumenten gespielt und von menschlichen Stimmen gesungen werden können.

Der englische, religiöse Poet Caedmon, der etwa zwischen 670 und 680 n. Chr. gestorben ist, war ein niederer Arbeiter im Kloster zu Whitby. In einem Traum wurde er nicht nur dazu inspiriert, eine Hymne zu singen, die er noch nie zuvor gehört hatte, sondern auch dazu, sich am nächsten Tag an jedes Detail der Hymne zu erinnern, die er in seinem Traum gesungen hatte.

Bitte die Engel, dir bei der Entwicklung neuer Fähigkeiten zu helfen und dich bei der alltäglichen Ausführung bestehender Talente anzuleiten.

Der Komponist Joseph Haydn (1732-1809) vertraute stets auf die Inspiration durch Engel. Er behauptete, sein bekanntes Oratorium *Die Schöpfung* sei von göttlichen Mächten inspiriert worden. Der Komponist Georg Friedrich Händel (1685-1759) wurde auch von höheren Mächten inspiriert. Sein berühmtes Werk *Messiah* – komponiert in nur 24 Tagen, in denen er kaum gegessen und geschlafen hat – entstand nach einer Gottesvision.

Tempel des Lichts

Träume sind eine ausgezeichnete Möglichkeit, mit Engeln in Kontakt zu treten. Während du schläfst, wandert deine Seele auf in die höheren oder niederen Astralwelten. Wenn du von Albträumen geplagt wirst, bewegt sich deine Seele in den niederen Astralwelten. Unsere Gedanken, Worte und Taten bestimmen unsere Bewusstseinsebene. Indem wir uns auf positive menschliche Tugenden besinnen, können wir unsere Schwingungsrate erhöhen (siehe S. 18-19), mit deren Hilfe wir Albträume abwehren können. Sie ermöglicht uns auch, die spirituellen Heimstätten der Erzengel zu besuchen.

Jeder Erzengel hat einen Tempel, der im Ätherreich (über der physischen Welt, in der unsere Körper als Träger unserer Seelen dienen) verankert ist. Es handelt sich dabei um das feinsinnige Energiefeld der Erde, ähnlich dem System von Leylinien. Den Engeln geweihte Tempel befinden sich normalerweise über einem der vielen Energiewirbel der Erde, an dem sich viele Leylinien überschneiden. Man findet auch Tempel über abgeschiedenen Gebirgszügen oder kleinen Inseln, die Überreste größerer Inseln oder früherer Landmassen sind. Sie liegen ebenfalls über geheiligten Plätzen der Erde, wie zum Beispiel dem ägyptischen Tempel in Luxor oder dem Ort Fátima in Portugal, wo die Jungfrau Maria während des ersten Weltkriegs drei Kindern erschienen ist.

Mystiker, Eingeweihte und „spirituelle Meister" benutzen diese Tempel schon seit Beginn der menschlichen Zivilisation. Sie wurden von der „spirituellen Hierarchie" (bestehend aus aufgestiegenen Seelen, wie zum Beispiel Aufgestiegenen Meistern, Heiligen und Bodhisattvas, welche die spirituelle Entwicklung der Menschheit voraussehen) unter der Leitung der Erzengel gegründet.

Der spirituelle Pfad Jeder dieser Tempel hat eine andere Ausrichtung, Funktion und Zielsetzung, die dir auf deinem Entwicklungspfad weiterhelfen kann. Dieser Pfad ist auch unter dem Begriff Jakobsleiter, Leiter des Lichts, Baum des

Den Engeln geweihte Tempel können sich über geheiligten Stätten befinden, wie zum Beispiel über dem Tempel der Königin Hatschepsut in Ägypten.

Lebens, Aufstieg zum kosmischen Bewusstsein oder Rückkehr ins Paradies bekannt.

Die spirituelle Ausrichtung jedes Tempels richtet sich nach der „kosmischen Tugend", die jeder Erzengel verkörpert. Wenn Suchende spiritueller Erkenntnis im Schlaf oder während einer Meditation einen der Tempel aufsuchen, werden sie von dieser bestimmten kosmischen Tugend „genährt" und inspiriert.

Jeder „Tempel des Lichts" hat eine andere Erscheinungsform. Einige sehen wie griechische Tempel aus, geschmückt mit vielen kunstvoll kannelierten Säulen, ähnlich dem Pantheon, während andere wiederum Steinpyramiden oder anderen geheiligten Bauten ähneln, die in der Geschichte der Menschheit einmal existiert haben. Tempel des Lichts sind stets herrlich ausgestattet. Auf Böden aus feinstem Marmor oder Kristall steht ein zentraler Altar, auf dem eine Flamme in der Farbe des Erzengels brennt (für Meditationen im Tempel eines Erzengels, siehe S. 160).

Channeling-Botschaften der Engel

Engel sind die unsichtbare Kraft der Schöpfung, und unser Schutzengel ist unsere erste Verbindung zu dieser unsichtbaren Welt. Die Aufgabe unseres Schutzengels ist es, uns zu lehren und zu leiten. Sie helfen uns dabei, das Wissen, welches wir auf verschiedene Art erlernt haben, zu erweitern. Sie verknüpfen Informationen und unterstützen uns dabei, die Hintergründe und wesentlichen Absichten von Gottes Schöpfung zu verstehen. Eine durch Engel inspirierte Offenbarung kann in einem Traum oder direkt nach dem Aufwachen erlebt werden. Das Channeling (Kanal für etwas sein) bietet dagegen eine Möglichkeit, auf direktem Wege Inspiration durch Engel zu erfahren.

Es ist wichtig, eine starke und liebevolle persönliche Freundschaft zu deinem Schutzengel aufzubauen, basierend auf Vertrauen und gegenseitigem Respekt. Dies hilft dir dabei, dein Bewusstsein für die Anwesenheit von Engeln aufzubauen und zu stärken. Wenn du deine Schwingungsrate durch Vereinigung mit deinem Schutzengel erst einmal erhöht hast, ist es einfach,

Wenn du mithilfe des Channeling Kontakt mit deinen Engeln aufnimmst, verstärkst du damit dein spirituelles Bewusstsein.

auch zu anderen Engeln Kontakt aufzunehmen.

Der Tonfall deines Engels ist stets liebevoll und unterstützend. Alle Engel respektieren – ohne Ausnahme – unsere Würde und unseren freien Willen. Deine Engel werden niemals einen autoritären oder kommandierenden Tonfall annehmen oder sogar Entscheidungen für dich treffen. Sollte der „Ton" während des Channeling jemals respektlos sein oder solltest du dich von einer dir unbekannten Kraft kontrolliert fühlen, breche den Kontakt zu dieser Energie sofort ab.

Zwischen dir und deinem Schutzengel besteht stets eine direkte Verbindung und du könntest dich mit der Zeit so an seine Energie gewöhnt haben, dass du gar nicht merkst, dass er dich bereits anleitet. Deshalb bietet dein Schutzengel eine gute Einstiegsmöglichkeit in die Methoden des Channeling.

CHANNELING

WAS DU BRAUCHST

Stift und Papier oder einen Computer

VORGEHENSWEISE

1 Lege Stift und Papier bereit oder setze dich an deinen Computer. Schreibe deine Fragen auf.

2 Setze dich bequem hin und mache es dir gemütlich. Sammle deine Gedanken und konzentriere dich.

3 Entspanne deinen Geist, öffne dein Herz und rufe deinen Schutzengel herbei.

4 Bitte deinen Erzengel, einen harmonischen Kanal für dich zu öffnen.

5 Schreibe auf, was dir mitgeteilt wird (ohne es zu verändern oder Teile auszulassen).

6 Beachte, dass am Ende der Sitzung mehr Licht in deinem persönlichen Energiefeld vorhanden sein wird – spirituelle Informationen werden stets in Form von Licht übermittelt.

Teil II

VERZEICHNIS DER ENGEL

DAVID
·P·

ENGELHIERARCHIEN

Die Sieben Himmel

Obwohl Engel in jeder Dimension existieren, wird traditionell angenommen, dass sie die Sieben Himmel bewohnen, ein Glaube, der in den monotheistischen Weltreligionen verwurzelt ist – dem Islam, dem Christentum und dem Judentum. Im Siebten Himmel weilt Gott. Jedoch fand diese Tradition vor mehr als 7000 Jahren ihren Ursprung im Land Sumer. Auf einer alten sumerischen Stele ist zu sehen, wie ein geflügeltes Geschöpf – ein Bewohner der Sieben Himmel – den Kelch des Königs mit dem „Wasser des Lebens" füllt. Die sumerische Bevölkerung von Mesopotamien förderte die Entstehung der assyrischen, babylonischen und chaldäischen Zivilisationen, die wiederum die Religionen und den Engelglauben des Nahen Ostens beeinflussten.

Die Sieben Himmel sind die spirituellen Reiche. Viele der Bezeichnungen für die Sieben Himmel entstammen dem Alten Testament und sind Ableitungen des Wortes „Himmel".

Der Erste Himmel trägt den Namen *Vilon* (vom Lateinischen velum, was so viel wie Schleier bedeutet), wird aber auch als *Shamajim* oder *Shamayim* bezeichnet – in der Bibel gängige Begriffe für Himmel. Er ist der niederste Himmel und wird mit den planetarischen Engeln und den Engeln, welche die Sterne und Naturphänomene, wie die Atmosphäre, Wind und Wasser steuern, in Verbindung gebracht. Der Erste Himmel wird vom Erzengel Gabriel regiert und es wird vermutet, dass dies das Paradies ist, in dem Adam und Eva einst lebten und der Ort, an dem der Baum des Lebens und der Baum der Erkenntnis wachsen.

Der Zweite Himmel wird *Raqia* genannt („Feste des Himmels" in Genesis 1:6, 1:14, 1:17). Es wird angenommen, dass an diesem Ort die Sünder auf den Tag des Jüngsten Gerichts warten. Die Engel der Sternzeichen herrschen über diese Sphäre und gefallene Engel werden hier gefangen gehalten. *Raqia* wird von den Erzengeln Raphael und Zachariel beherrscht. Im islamischen Glauben ist der

Zweite Himmel der Wohnsitz von Johannes dem Täufer.

Der Dritte Himmel, auch *Shechakim* oder *Shehaqim* genannt („Fittiche des Himmels", zu finden im Psalm 18:11) ist ein seltsamer Himmel, da sich in der nördlichen Region die Hölle befindet. Ein Fluss aus Feuer fließt durch das von Eis bedeckte Land und hier bestrafen die

Als Jesus getauft wurde, sah er, wie die Himmel sich öffneten und der Heilige Geist zu ihm hinabfuhr.

Engel die boshaften Seelen. Der Engel Anahel herrscht hier zusammen mit Jagniel, Rabacyel und Dalquiel, den drei *Sarim* (hebräisch für „Fürsten"), einem Orden singender Engel. Im südlichen Teil

liegt ein Paradies; dieser himmlische Garten hat ein Tor aus Gold (die berühmte „Himmelspforte"), welches alle vollkommenen Seelen nach dem Tod durchschreiten. Zwei Flüsse fließen hindurch: der Fluss aus Milch und Honig und der Fluss aus Öl und Wein.

Der Vierte Himmel mit Namen *Zebhul* (der „hohe Ort", Jesaja 63:15) wird vom Erzengel Michael regiert. Dies ist der Ort, an dem das „Himmlische Jerusalem" liegt – der Altar und Tempel Gottes. Die „Stadt Jesu" aus der apokalyptischen Vision des heiligen Paulus ist eine Stadt aus Gold. Sie ist umgeben von zwölf Mauern, die wiederum von zwölf Mauern umgeben sind. Die Mauern hingegen verfügen über zwölf Tore von großer Schönheit. Die Stadt selbst ist von vier Flüssen umgeben – aus Honig, Milch, Öl und Wein.

Der Fünfte Himmel *Machon* (die „heilige Wohnung" im Deuteronomium 26:15) wird vom Erzengel Sandalphon regiert und ist der Ort, an dem riesige Engelschöre des Nachts Gott mit ihrem Gesang preisen und Gottes auserwählte Engel bei Tage Lobpreisungen singen. Auch einige der gefallenen Engel werden hier gefangen gehalten.

Engel geben sich zu erkennen, indem sie sich als wunderschönes Licht manifestieren.

Der Sechste Himmel *Makon* (die „Unterkunft" in den Psalmen 89:14, 97:12) wird von Zachiel beherrscht. Dies ist der Ort, an dem die Akasha-Chronik aufbewahrt wird. Diese Chronik enthält das gesammelte Wissen der Menschheit und auch die Taten jedes Menschen, der je auf der Erde gelebt hat, sowie ihre Bestrafung oder Belohnung (Karma).

Der Siebte Himmel *Araboth* (die „Wolken" im Psalm 68:5) wird von Cassiel, dem Engel der Einsamkeit und der Tränen und einem der Engel des Saturn regiert. Dies ist der Wohnsitz Gottes, der Thron und das Allerheiligste. Die höchsten Orden der Engel, Seraphim, Cherubim und Throne, weilen hier und er ist die Heimstatt der vollkommenen Seelen und der noch ungeborenen Seelen.

Die neun Ränge der Engel

Im Himmel gibt es viele Ränge (oder Chöre) von Engeln und verschiedene Quellen haben ihre eigenen Engelhierarchien entwickelt. Das Alte Testament unterscheidet Prinzen, Gottessöhne, Heilige, Beobachter, Engel, Erzengel, Seraphim und Cherubim. Der heilige Paulus berichtet im Neuen Testament von Fürstentümern, Thronen, Mächten und Gewalten, während Papst Gregor I. (ca. 540-604 n. Chr.) erklärte, es gebe neun Ränge von Engeln im Himmel – die fünf, die schon Paulus erwähnte, zuzüglich Engeln, Erzengeln, Cherubim und Seraphim.

Der Gelehrte Dionysius Areopagita, auch Pseudo-Dionysius genannt (siehe auch S. 13), hatte diese Rangordnung schon beschrieben. Zwischen Himmel und Erde gibt es drei Sphären oder Triaden, denen die Engel zugeordnet werden können. Die erste Triade steht Gott am nächsten und ihr gehören die Seraphim, Cherubim und Throne an. Die zweite Triade besteht aus Herrschaften, Mächten und Gewalten. Im niedersten Rang befinden sich die Fürstentümer, Erzengel und Engel. Die *Himmlische Hierarchie* des Dionysius, mit seinen drei Mal drei Rängen, wurde von den Werken des Philosophen Plotin (ca. 205-270 n. Chr.) beeinflusst, einem Vertreter des Neuplatonismus.

Es scheint, dass sich die Forschung nicht auf eine einheitliche Darstellung der himmlischen Hierarchien einigen kann. Hohe Vertreter anderer christlicher Strömungen und anderer Religionen geben wiederum abweichende Hierarchiemodelle vor und ändern auch die Ordnungen innerhalb der Hierarchien. Die Pharisäer (die etwa von 536 v. Chr. bis 70 n. Chr. bestanden), auf deren theologischer Ausrichtung das traditionelle Judentum begründet ist, glaubten genauso an Engel wie die berühmten griechischen Philosophen Aristoteles und Sokrates. Aristoteles nannte sie Intelligenzen, während Sokrates von einem *Daimon* ausging, einer Art Geist, der ihn sein ganzes Leben lang in seinem Tun leitete.

Der berühmte Philosoph und katholische Theologe Thomas von Aquin (1225-

Dieses wundervolle Portrait, Das Engelkonzert, *befindet sich in der Kirche Santa Maria delle Grazie in Saronno.*

1274) benutzte die *Himmlische Hierarchie* (siehe vorherige Seite) als Grundlage für sein bekanntes Werk *Summa Theologica,* in welchem er sich mit den Themen Gott, die Schöpfung, Engel und die Natur des Menschen befasste. Thomas von Aquin besaß die Auffassung, dass Engel reine Geister seien, die von Gott geschaffen wurden, um das Universum aufrechtzuerhalten, und dass wir, wenn wir die Existenz von Engeln ignorieren, die Struktur des Universums in Gefahr bringen. Er glaubte daran, dass jedes Individuum einen Schutzengel hat, aber auch, dass diese aus einer Ordnung unterhalb der neun bekannten Ränge entstammten.

Die erste Sphäre

Der ersten Sphäre gehören die drei höchsten Engelchöre an, die Gott am nächsten stehen. Ihr entstammen die Seraphim, Cherubim und die Throne.

Seraphim Die Seraphim stehen in der Hierarchie des Dionysius (siehe S. 52) am höchsten, genauso wie in der jüdischen Tradition. Seraphim bedeutet „der Entflammer", abgeleitet vom hebräischen Wort *saraph* („brennen"). Sie sind die Engel des „göttlichen" Feuers, der Liebe und des Lichts. Die Seraphim haben die Macht, uns durch Blitz und Feuer zu reinigen – sie sind die Hüter von Gottes unverhülltem Licht und sorgen für Erleuchtung. Da sie Gott so nahe stehen, sind sie die am meisten von Licht erfüllten Wesen der Schöpfung. Seraphim haben sechs Flügel, stehen beim Thron Gottes und singen stets das *Trisagion,* eine Hymne zu Gottes Ehren, die sich etwa mit „Heilig, heilig, heilig" übersetzen lässt.
Regiert von: Erzengel Seraphiel, zuweilen auch als „Prinz des Friedens" bezeichnet, und Erzengel Metatron, der über Kether (die Krone) des Baums des Lebens der Kabbala wacht (siehe S. 76). Es werden außerdem Jehoel, Michael und Luzifer, bevor er in Ungnade fiel, genannt.

Cherubim Die Cherubim stehen in der Engelhierarchie direkt unter den Seraphim. Der Begriff Cherubim stammt ursprünglich aus der assyrischen oder akkadischen Sprache. Das akkadische Wort *karibu* heißt in etwa „der Bittende" oder „einer, der Zwiesprache hält". Sie werden in assyrischen, chaldäischen und babylonischen Schriften und Kunstwerken beschrieben, durch welche die biblischen Propheten Jesaja und Ezechiel wahrscheinlich auf sie aufmerksam wurden. Dieser Einfluss hat vermutlich sehr zur Charakterisierung der Cherubim im Buch Genesis und in anderen Büchern des Alten Testaments beigetragen.

Die Cherubim sind die Hüter der Energien der Sonne, des Mondes und der Sterne. In ihrer Erscheinung ähneln die mächtigen Cherubim jedoch nicht den amor-gleichen Geschöpfen, als die sie oft porträtiert werden. Sie sind große, kosmische Wesen.

Dieses Mosaik eines Seraphim mit seinen sechs Flügeln ziert die Genesis-Kuppel des Markusdoms in Venedig.

Regiert von: Zophiel, Ophaniel, Rikhiel, Cherubiel, Raphael und Gabriel.

Throne Die Throne befinden sich in der Nähe Gottes. Ezechiel beschreibt sie im Alten Testament als Wirbelwinde oder als Wolken aus Feuer. Ihre Flügel sind so miteinander verbunden, dass sie wie große, feurige Räder voller Augen wirken. Sie bilden die Räder des Merkavah, des Gottesthrons. Sie beinhalten die Energie Gottes in Form göttlicher Gerechtigkeit: Sie tragen den Willen Gottes zu den anderen Engeln. Es wird gesagt, dass auch die Jungfrau Maria ein Thron sei.
Regiert von: Tzaphkiel, Zadkiel, Raziel, Jophiel und Oriphiel.

Die zweite Sphäre

Die zweite Sphäre beherbergt die drei nächst höheren Ränge der Engel – die Herrschaften, Mächte und Gewalten.

Herrschaften Dieser Engelchor überwacht die niederen Engelhierarchien und fungiert als Kanal für die Liebe Gottes durch die Energie der Gnade. Sie üben Macht aus, ohne zu unterdrücken. Die Herrschaften verkörpern die Majestät Gottes und herrschen über die Ebenen, wo sich die spirituellen Reiche mit den physischen Reichen vermischen. Als Herrschaftssymbol halten sie entweder ein Zepter oder eine Kugel in der linken Hand oder einen goldenen Stab in der rechten Hand.
Regiert von: Zadkiel, Muriel, Yahariel und Hashmal.

Mächte Die Mächte können die Naturgesetze außer Kraft setzen, um auf der Erde Wunder zu wirken. Dieser Orden spendet den Menschen Anmut und Entschlossenheit, die Inspiration und Mut brauchen. Manchmal werden sie auch als „die Glänzenden" oder „die Strahlenden" bezeichnet und es wird behauptet, dass sie die Heiligen inspirieren. Jesus wurde bei seinem Aufstieg in den Himmel von zwei Mächten begleitet. Die Mächte des Himmels versammelten sich um ihn, als sie sahen, dass er zum Himmel aufstieg. Die Mächte waren auch die Hebammen Evas, als sie Kain gebar.
Regiert von: Uriel, Cassiel und Gabriel.

Gewalten Die Gewalten sind auch bekannt unter der Bezeichnung Autoritäten oder Potentates: Sie sind „Meister des Karma", die unsere Seelen beschützen und die Akasha-Chronik (siehe S. 260-261) bewachen. Ihre Aufgabe ist es, die Dämonen unter Kontrolle zu halten. In dieser Eigenschaft halten die Gewalten die Dämonen davon ab, die Welt zu überrennen. Sie werden oft als Engel des Todes und der Wiedergeburt bezeichnet, da sie die Wege in den Himmel bewachen und verlorenen Seelen wieder auf den rechten Pfad zurückführen.
Regiert von: Chamuel, Sammael, Camael, Ertosi und Verchiel.

Himmlische Inspiration durch das Licht Gottes war ein verbreitetes Motiv in der Malerei vergangener Jahrhunderte und sorgte für zahlreiche Darstellungen von Engeln.

Die dritte Sphäre

Die dritte Sphäre enthält die letzten drei Ränge – die Fürstentümer, Erzengel und Engel (inklusive Schutzengel).

Fürstentümer Fürstentümer sind die Hüter der Nationen und beaufsichtigen die Arbeit der Engel, die ihnen unterstehen. Die Fürstentümer wachen über Länder, Städte, Gemeinden, Dörfer und heilige Stätten. Es wird vermutet, dass der Erzengel Michael das Fürstentum Israels sei, jedoch bezeichnen ihn auch andere Länder, wie zum Beispiel Spanien, als ihren Schutzpatron. Die Fürstentümer führen darüber hinaus Religionen und religiöse Anführer auf den Pfad der Weisheit. Sie arbeiten mit den Schutzengeln zusammen, um uns zu inspirieren.
Regiert von: Haniel, Anael, Cerviel und Requel.

Erzengel Die Erzengel werden auch als Herrscher der Engelscharen bezeichnet. Im Neuen Testament taucht die Bezeichnung „Erzengel" nur zweimal auf: im ersten Brief des Paulus an die Thessalonicher und im Judasbrief. In der Offenbarung 8:2 beschreibt Johannes die „sieben Engel, die vor Gott stehen", welche gewöhnlich als die sieben Erzengel interpretiert werden. Im Buch des Henoch tragen die sieben Engel die Namen Uriel, Raguel, Gabriel, Michael, Seraqael, Haniel und Raphael. Es gibt jedoch noch andere Listen mit weiteren Varianten.

Henoch erblickte die sieben Engel vor dem Thron Gottes. (Sie schienen eher eine Einheit zu sein, statt einzelner Wesen, und sie repräsentierten zahllose weitere Engel.) Sie hatten alle dieselbe Größe, ein wunderschönes Antlitz und gleiche Roben. Sie waren zwar sieben, aber doch eins – die Einheit der Engel. Sie brachten Kontrolle und Harmonie zu jedem und allem in Gottes Schöpfung. Sie kontrollierten die Bewegung der Sterne, die Jahreszeiten und alles Wasser auf der Erde, so wie die Pflanzen und das Leben der Tiere. Die Erzengel hüten darüber hinaus die Aufzeichnungen über alle Inkarnationen jedes einzelnen Menschen.

Ein Bildnis des Erzengels Gabriel bei Mariä Verkündigung aus dem 16. Jahrhundert. Auf vielen Bildern hält Gabriel eine Lilie (das Symbol der Reinheit).

Johannes sah sieben Fackeln (Erzengel) vor dem Thron Gottes, die wie eine einzige brannten. Die sieben Fackeln werden durch den siebenarmigen Kerzenleuchter symbolisiert (die Menora in der jüdischen Tradition) – sieben Lichter, die zusammen ein Licht ergeben, das Licht Gottes. Der siebenarmige Leuchter entstammt einer uralten Tradition, die vom Christentum übernommen wurde. Das Licht in der Mitte wurde durch ein Kreuz ersetzt und es brennen jeweils drei Kerzen daneben.

Die Erzengel sind auf vielen Ebenen gleichzeitig tätig, denn sie verbreiten die himmlischen Anordnungen. Sie führen den Willen Gottes aus. Es kann gefährlich sein, eine der himmlischen Botschaften zu missachten.

Engel Es gibt Millionen von Engeln, die uns bei vielen verschieden Aufgaben helfen. Sie schützen alle physischen Dinge und auch die Menschen. Jeder Teil der Schöpfung wird von einem Engel bewacht. Engel bereichern unser Leben mit kosmischer Harmonie und Schönheit. Es gibt Engel der Liebe, der Freude, des Mutes, des Friedens, der Hoffnung, des Glaubens, der Freiheit und der Harmonie. Engel werden sowohl im Alten als auch im Neuen Testament erwähnt, aber normalerweise nicht über einen Namen identifiziert.

Schutzengel

Die Aufgabe unseres Schutzengels besteht darin, uns zu beschützen und zu leiten und uns gegen die Mächte des Bösen zu stärken. Obwohl diese Engel am unteren Ende der Engelhierarchie stehen, gehören sie immer noch zu der großen Zahl planetarischer Engel. Deshalb ist unser Schutzengel unser erster Verbindungsweg zu Gott.

Jeder von uns hat seinen eigenen Schutzengel, der uns nie verlassen wird. Unser Schutzengel wird uns bei unserer ersten Inkarnation zugeteilt. Er begleitet uns durch all unsere Inkarnationen und entwickelt sich, genau wie wir, dabei weiter, da wir unser Schicksal mit ihm teilen.

Ein Schutzengel wird mit der Aufgabe betraut, uns mit so viel himmlischem Licht wie möglich zu erfüllen, um uns damit auf den Weg der Rechtschaffenheit zu bringen und gegen die Einflüsse negativer Kräfte abzuschirmen. Die Schutzengel bringen uns Trost in Zeiten der Not und stehen uns unser ganzes Leben lang zur Seite. Einige Christen glauben, dass zwar jeder Mensch bei der Geburt einen Schutzengel erhält, aber dass der Schutzengel eines getauften Menschen die Aufgabe hat, diesen zu Gott zu führen. Der Schutzengel führt den Menschen, indem er ständig zu Gott um die Erleuchtung der menschlichen Seele betet. Deshalb werden Schutzengel manchmal auch „Engel des Gebets" genannt.

Die meisten Menschen treten zum ersten Mal bewusst über ihren Schutzengel mit dem Reich der Engel in Kontakt. Diese erste Wahrnehmung der Präsenz von Engeln geschieht oft in Momenten großer Gefahr für Geist oder Leben, in Momenten der Trauer, Verzweiflung oder Krankheit, aber auch in Momenten des Glücks.

Unser Schutzengel kann niemals unseren freien Willen umgehen oder uns helfen, wenn wir seine Hilfe ablehnen. Der freie Wille ist ein heiliges Geschenk, welches uns ermöglicht, uns in jedem Augenblick unseres Lebens zwischen Gut und Böse zu entscheiden. Einige Menschen betrachten ihren Schutzengel als ihr Höheres Selbst oder, wie in den

Das Gemälde aus dem 17. Jahrhundert mit dem Titel Hagar und Ismael werden von einem Engel gerettet *zeigt, wie das Paar von einem Engel Gottes aus der Wildnis heraus zum Wasser geführt wird.*

Lehren Buddhas, als ihre Buddhanatur, den göttlichen Funken in jedem von uns.

Führungsengel Wir alle haben einen Führungsengel, der genauso mit uns zusammenarbeitet wie unser Schutzengel. Dein Führungsengel verändert sich mit deiner spirituellen Entwicklung oder deinem Bestreben, eine andere spirituelle Richtung einzuschlagen. Einige Menschen haben mehrere Führungsengel, mit denen sie zusammenarbeiten.

Die Welt der Naturgeister

Die Kinder der Engel sind die magischen Naturgeister, die dort, wo sie anerkannt und verehrt werden, Wohlstand und natürliches Gleichgewicht bringen. Sie erscheinen oft als farbige Lichter oder Nebelschwaden. Naturgeister helfen uns dabei, den Rhythmus der Natur zu verstehen und unseren Platz in der Welt zu finden. Sie arbeiten eng mit den Engeln der geheiligten Stätten zusammen, um

Baumgeister verbinden uns mit dem multidimensionalen Netz des Lebens, das alle Lebewesen bewohnen.

uns zu vermitteln, was unsere Vorfahren noch wussten – die Bedeutung der Wechselbeziehungen zwischen Mondphasen, Gezeiten und den Jahreszeiten.

Unser Planet Erde ist ein lebendes Wesen, das sich durch die Geschöpfe, die es nährt, weiterentwickelt. Die planetarischen Engel, Devas und andere Naturgeister helfen der Erde schon seit ihrer Entstehung bei ihrer Entwicklung.

Feen Feen, Elfen, Gnome und Kobolde sind Erdgeister und gebieten über Blumen, Pflanzen, Bäume, den Erdboden, Sand und Kristalle. Das Element Erde ist das starrste der vier Grundelemente. Erdgeister zeigen uns, wie wir uns ernähren und in Wohlstand leben können. Sie leben als Mit-Schöpfer in Harmonie und Ausgeglichenheit. Dies bedeutet, verantwortlich zu leben und alles Leben auf unserem Planeten zu respektieren. Indem wir uns auf diese kraftvolle, uns stets umgebende Energie konzentrieren, bringen wir Stabilität und Wohlstand in jeden Bereich unseres Lebens. Wie unsere Vorfahren noch wussten, haben Baum- und Pflanzengeister die Macht, all unsere Krankheiten zu heilen, wenn wir uns entscheiden, mit ihnen zu arbeiten. Suche einfach nach einem Baum, dessen Energie dir harmonisch und einladend erscheint und bitte ihn darum, mit seiner spirituellen Essenz arbeiten zu dürfen.

Meerjungfrauen Undinen und Meerjungfrauen sind Wassergeister, die über das Wasser gebieten und zählen zu den Kreaturen, die in diesem Reich leben. Wassergeister lehren uns, wie wir unsere Emotionen reinigen und in Einklang bringen können. Sie zeigen uns, wie wir mit dem Strom schwimmen können, indem sie uns auf den Pfad des geringsten Widerstands führen. Wasser kann jede Form annehmen, ist häufig schwer zurückzuhalten und oftmals sehr kraftvoll. Die Wassergeister sind sehr damit beschäftigt, uns beizubringen, wie man sich an verschiedene Situationen anpassen kann, ohne seine grundlegende Aufmerksamkeit zu verlieren.

Das Medium Wasser ist aufnahmefähig und beinhaltet die Informationen aller Gebiete, die es durchquert hat. Im Wasser sind viele Botschaften verborgen und diese werden in den folgenden Jahren von ausschlaggebender Bedeutung für die Menschheit sein.

Salamander Salamander sind Feuergeister, welche die Geheimnisse der wandlungsfähigen Feuerenergie bewachen. Man findet sie in großer Zahl in der Nähe von Vulkanen. Feuergeister lehren uns, die dynamische Energie unserer Lebenskraft zu nutzen, den göttlichen Funken, der in jedem von uns schlummert. Diese Kraft ruft uns täglich zum Licht und erweckt uns aus dem Schlaf. Feuer reinigt, brennt und zerstört

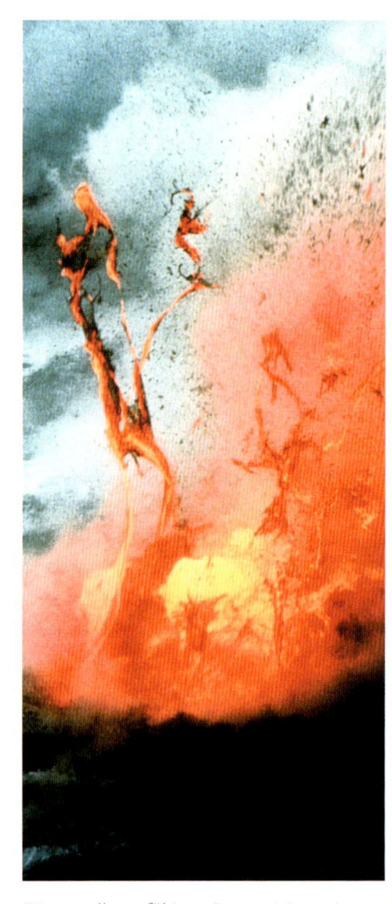

Die wandlungsfähigen Feuergeister entzünden unser göttliches Feuer, um unseren Geist zu erwecken.

das Alte, damit das Neue nachfolgen kann. Das kreative Feuer lehrt uns spirituelle Stärke. Der Blitzstrahl, das ultimative Feuer, bringt uns nie da gewesenes Wachstum und die Erleuchtung der Seele.

Sylphen Als Geister der Lüfte tragen die Sylphen unsere Gebete zu den Engeln. Luft ist leicht, flexibel und frei. Ferner ist sie unsichtbar und kann nur durch die Effekte, die sie hervorruft, sichtbar gemacht werden. Die meisten Lebensformen brauchen Luft, um zu leben. Die Arbeit mit Sylphen steigert unsere mentale Tapferkeit, Intuition, Kommunikation, kreative Vorstellungskraft und die Häufigkeit von Geistesblitzen. Vögel, die Kreaturen der Lüfte, erfüllen unsere Herzen durch ihren Gesang mit Freude. Sie singen über die verborgene Schönheit der Schöpfung.

Devas Devas sind weiter entwickelt als die Elementargeister und sie arbeiten sehr oft mit Menschen zusammen, besonders in ihrer Funktion als Wächter von heiligen Stätten und alten Hainen. Man findet sie auch in klaren Bergkristallen, die sie manchmal bewohnen. Wenn du das Glück hast, den Tempelkristall eines Devas zu finden, kann dieser zu einer wichtigen Informationsquelle für dich werden. Diese Kristalle entsenden Schwingungen, die uns mit Informationen versorgen, wie wir Himmel

und Erde zusammenbringen können. Sie bringen uns bei, wie wir nicht nur unsere eigene Schwingungsrate, sondern auch die Schwingungsrate von anderen Menschen und sogar der Erde selbst erhöhen können. Devas, die in Bergkristallen leben, können dich lehren, dich selbst und den Planeten zu heilen.

Als ein Geschöpf der Lüfte ist der majestätische Adler ein Symbol für das neue Zeitalter der Erleuchtung.

Engel des Henoch

Es gibt einen Zweig im Bibelkanon, welcher reich an Engelbeschreibungen ist: Die drei Bücher des Henoch (siehe S. 12), die auf den Urgroßvater Noahs zurückgehen. Das 1. Buch Henoch ist nur noch in äthiopischer Sprache vollständig überliefert. Das 2. Buch Henoch, auch unter dem Titel „Das Testament des Levi" bekannt, ist nur in altslavischer Sprache erhalten und das 3. Buch Henoch ausschließlich in Hebräisch. Das letzte Henochbuch besteht aus den „Traumvisionen", dem „Buch der Himmelskörper" und den „Parabeln" oder „Ähnlichkeiten" sowie dem „Noahbuch". Die drei Henochbücher entstanden etwa zwischen 200 und 100 v. Chr. und wurden von verschiedenen Autoren mit verschiedenen religiösen Standpunkten verfasst. Die Texte wurden zwar aus dem Bibelkanon entfernt, wurden aber noch Jahrhunderte später von hohen Vertretern der Kirche verbreitet.

Henoch ist sowohl im christlichen als auch im jüdischen Engelglauben eine Schlüsselfigur. Seine anschaulichen und detaillierten Beschreibungen des Himmels und seine komplexe Engelstheologie haben auch andere Schreiber inspiriert – Johannes' Visionen in der „Offenbarung" sind ein Beispiel dafür.

Henochs mystische Schriften, die Henoch-Bücher, beginnen mit einer Traumvision, in der er darum gebeten wird, zwischen den gefallenen Engeln, die ihr Heim verlassen haben, und Gott zu vermitteln. Henoch listet alle gefallenen Engel mit Namen und ihre Beteiligung am Geschehen auf.

Er sieht feurige Cherubim (1. Buch Henoch, 17), „die wie Feuer waren und wenn sie wollten, wie Menschen erscheinen konnten". Ihm wurden die Himmelskörper gezeigt und er wurde vom Erzengel Michael in die höheren Sphären des Himmels geleitet, wo ihm die Funktionsweise des Universums und der gesamten Schöpfung erklärt wurde. An anderer Stelle beschreibt er den Ort, an dem die gefallenen Engel am Ende bestraft werden. Es gibt auch Berichte über weitere Reisen, die Henoch zusammen mit den Engeln zum „Baum des Lebens" und zum „Garten der Recht-

schaffenheit“ unternommen hat.

Im 1. Buch Henoch, 70: „Henochs Himmelfahrt“, wird berichtet, wie Henoch in den Erzengel Metatron verwandelt wird. Als Metatron ist er der wichtigste Engel in den Merkavah-Texten. Sein Name bedeutet soviel wie „beim Thron“, und er wird auch als „kleiner Jahwe“ bezeichnet.

Henoch wurde durch das reinigende Feuer Gottes in den Erzengel Metatron verwandelt und so zum bedeutendsten Erzengel.

ENGEL UND DIE KABBALA

Die Geschichte der Kabbala

Eine der ergiebigsten Quellen für die Engelkunde ist die Kabbala, die mystische Tradition des Judentums. Im jüdischen Volksglauben ist die Annahme verbreitet, dass Gott seine Engel die Kabbala gelehrt habe, noch bevor er die Welt erschuf. Adam war der erste Mensch, dem diese Lehre anvertraut wurde. Direkt nach seiner und Evas Verbannung aus dem Paradies wurden ihm die Lehren in Form eines Buches vom Erzengel Raziel übergeben.

Die Lehren der Kabbala sollten es Adam und Eva – oder zumindest ihren Nachfahren – eines Tages ermöglichen, ins Paradies zurückzukehren (das Wort Paradies leitet sich vom hebräischen Wort *pardes* ab, was so viel wie „Garten" bedeutet). Es wird behauptet, dass das Buch des Raziel oder *Sepher Raziel* das erste Buch war, das jemals geschrieben wurde und dass es sich dabei um eine umfassende Zusammenstellung uralter, magischer Lehren der Hebräer handelte.

Die Lehren der Kabbala waren einst verloren, doch dann wurden sie dem Propheten Abraham anvertraut, nur um wieder verloren zu gehen, während das jüdische Volk in Ägypten lebte (es wird gesagt, Abraham habe das Buch in einer Höhle versteckt). Nach dem Auszug des jüdischen Volkes aus Ägypten wurde Moses mit der Bewahrung der mystischen Lehren betraut, als er auf den Berg stieg, um Jehovah zu begegnen.

Der Begriff *Kabbala* stammt aus dem Hebräischen und bedeutet in etwa „innere Weisheit erlangen" und ist als mündliche Tradition überliefert. Hinter dem Begriff steht nicht nur ein einziges Werk, sondern eher eine Sammlung verschiedener Lehren. Jedoch gibt es zwei wichtige Gruppen von Originaltexten in der Kabbala: den Sohar, das „Buch des Glanzes" und den *Sepher Jesirah,* das „Buch der Schöpfung". Das letztere wird Melchizedek zugeordnet, einem Priesterkönig von Salem (später Jerusalem). Später wurde es als Offenbarung an Abraham weitergereicht, den Vater der jüdischen Nation.

Die Struktur der Existenz, wie sie von Kabbalisten beschrieben wird, zeigt genau alle logischen Schritte, mit denen

Gott die göttlichen Lehren in eine Form gebracht hat. Es gibt verschiedene Schreibweisen für die Kabbala und jede kann auf verschiedene historische Abschnitte und Traditionen zurückgeführt werden. Der Begriff „Baum des Lebens“ wurde im Mittelalter bekannt.

Die meisten spirituellen Traditionen haben eine „Schöpfungsgeschichte“, in der eine kreative Kraft aus einem anderen Reich das Universum erschafft. Bei der mystischen Tradition der Kabbala ist das nicht anders: Gott, die himmlische Macht, omnipotent, undefinierbar und ohne Form, erschafft die Welt aus dem Nichts. Als Gott die Welt erschuf und allem Formlosen eine Form gab, erschuf sein erster Gedanke das Licht. Dann trennte Gott das Licht von der Dunkelheit (männlich/weiblich oder Yin/Yang) und erschuf damit Gegensätze.

Auf der ganzen Welt gibt es Versionen vom „Baum des Lebens“ als Ausdruck der Kosmologie. Dieses Bildnis stammt von Gustav Klimt (1862-1918).

Die kreative Kraft der Laute

Die 22 Buchstaben des hebräischen Alphabets bestehen ausschließlich aus Konsonanten und werden als heilig erachtet. Diese Konsonanten haben eine Schwingung oder Energiesignatur, was bedeutet, dass sie alle von einer kreativen kosmischen Kraft erfüllt sind. Diese kosmische Kraft ist latent und kann nur durch die menschliche Stimme aktiviert werden, indem sie Vokale hinzufügt: Kabbalisten weisen stets darauf hin, dass Gebete, die nicht laut ausgesprochen werden, nutzlos seien.

Ein Laut oder Geräusch entsteht aus einer schwingenden Bewegung von Teilchen und Objekten. Die Schwingungen, die einen Laut hervorrufen, weisen eine bestimmte Energie auf, ein akustisches Schwingungsmuster, das es überall in der Natur gibt – nicht nur in uns und auf unserer Welt, sondern auch in den Weiten des Kosmos. Die Schwingungsmuster von Lauten bilden den Schlüssel zum Verständnis des Seins und des Sinns der Schöpfung.

Im kosmischen Maßstab ist der Laut eine universelle, unsichtbare Größe und dazu in der Lage, auf vielen verschiedenen Ebenen bedeutende Veränderungen zu bewirken – physischer, emotionaler und spiritueller Art. Der Laut gehört zu den wandlungsfähigsten Energien auf unserem Planeten und hat die Fähigkeit, Ausgeglichenheit und Harmonie in unser Leben zu bringen. Umgekehrt können Laute uns auch nachteilig beeinflussen und unsere schon belastete Schwingungsrate (siehe S. 18-19) aus dem Gleichgewicht bringen.

Unsere Vorfahren wussten noch, was heutige Physiker erst jetzt verstehen – dass sich alles in ständiger Schwingung befindet. Sie sind sich einig in dem Glauben, dass die Welt durch Worte erschaffen wurde. Im Buch Genesis, dem ersten Buch des Alten Testaments, ist eine der ersten Aussagen: „Und Gott sprach: ‚Es werde Licht'." Johannes schrieb im Neuen Testament: „Im Anfang war das Wort, und das Wort war bei Gott, und Gott war das Wort." In den Veden des hinduistischen Glaubens ist eine fast identische Aussage zu finden: „Am Anfang war Brahman, bei dem war das

Wort, und das Wort war wahrhaftig das höchste Brahman."
Die alten Ägypter glaubten, dass der Gott Toth die Welt nur mithilfe seiner Stimme erschaffen habe. Im Popul Vah, der geheiligten Schrift der Maya, wurden die ersten Menschen allein durch die Kraft des Wortes zum Leben erweckt. In der Schöpfungsgeschichte der Hopi-Indianer wird berichtet, dass alle Tiere von einer Spinnenfrau zum Leben erweckt wurden, die ihnen die Lieder der Schöpfung vorsang.

Jeder Buchstabe des hebräischen Alphabets hat auch einen numerischen Wert: Die ersten drei Buchstaben des Alphabets, Aleph, Beth und Gimel, haben die Zahlenwerte 1, 2 und 3 und so geht es weiter in dem insgesamt 22 Buchstaben umfassenden Alphabet.

Die Kabbalisten glauben, dass der numerische Wert eines Wortes dessen spirituelle Essenz definiert. So haben zwei Wörter mit demselben numerischen Wert auch dieselbe spirituelle Essenz. Die Kunst, Wörter mit einem gleichen numerischen Wert zu finden, nennt man Gematrie. Diese wird auch auf biblische Namen und Namen von Engeln angewandt.

Aleph

Mem

Shin

Diese drei Buchstaben sind die „Mutterbuchstaben" im hebräischen Alphabet und den Elementen Luft, Wasser und Feuer zugeordnet. Die Laute sind in allen Sprachen gleich.

Das Absolute

Die Kabbala ist eine esoterische, mystische Geheimlehre, die sich mit den fundamentalen Prinzipien der mystischen Schöpfungslehre und Metaphysik auseinandersetzt. Die Richtlinien der Kabbala werden dazu benutzt, die Vorstellungen über die Beschaffenheit des Absoluten, die grundlegenden kosmischen Gesetze und die Abfolge der Schöpfung zu veranschaulichen. Die Kabbala ist eine tiefgründige mystische Lehre, die auch für moderne Schöpfungstheorien und für das Verständnis der Beschaffenheit höherer Dimensionen, die alle Dinge zusammenhalten, relevant ist.

Hinter den Sphären über Kether an der Spitze des Baums des Lebens existiert das Göttliche, das auch „Verstand Gottes" genannt wird. Er ist unergründlich, perfekt, makellos und absolut. Nichts kann ohne die Kraft Gottes existieren, dennoch ist er eine „Nicht-Wesenheit" und auch eine „All-Wesenheit", die alle Möglichkeiten in sich trägt.

Die Kabbalisten benutzen verschiedene Bezeichnungen und Unterscheidungen, um zu erläutern, was der menschliche Geist nicht zu fassen vermag. Diese Darstellungen und Begriffe sind ein Versuch, uns die Beschaffenheit des Unbegreiflichen nahezubringen, das schon vor der Erschaffung des Universums existiert hat.

Sie wird als Dreieinigkeit dargestellt: als *Ain, Ain Soph* und *Ain Soph Aur* (siehe auch Darstellung auf der gegenüberliegenden Seite).

Ain: Leere (Nichts oder absolutes Nichts, unergründlich und unaussprechlich)

Ain Soph: die Unendlichkeit (endlos und grenzenlos, alle Möglichkeiten oder immanenter Gott)

Ain Soph Aur: das unendliche Licht (der dritte Aspekt des Absoluten)

Es heißt, dass das Göttliche eine Sequenz von Schleiern negativer Existenz hervorbringt. Um diese drei Bereiche negativer Existenz näher zu erläutern, können wir Ain als leer, Ain Soph als schwarz und Ain Soph Aur als weiß beschreiben. Diese drei Bereiche negativer Existenz oder des Nicht-Seins sind ewig hinsichtlich der Aufrechterhaltung aller Dinge, in allen Dimensionen und für alle Zeit. Sie sind das Quantenuniversum, zwar jenseits unserer Existenz, aber doch verantwortlich für Raum, Zeit und Realität.

Dies sind die Stufen, die das Göttliche durchschreiten muss, um seine Manifestation oder Existenz als Lichtpunkt zu erreichen. Dieser Lichtpunkt ist allmächtig und allgegenwärtig. Er ist unendlich und ohne Dimension. Er enthält alle Möglichkeiten.

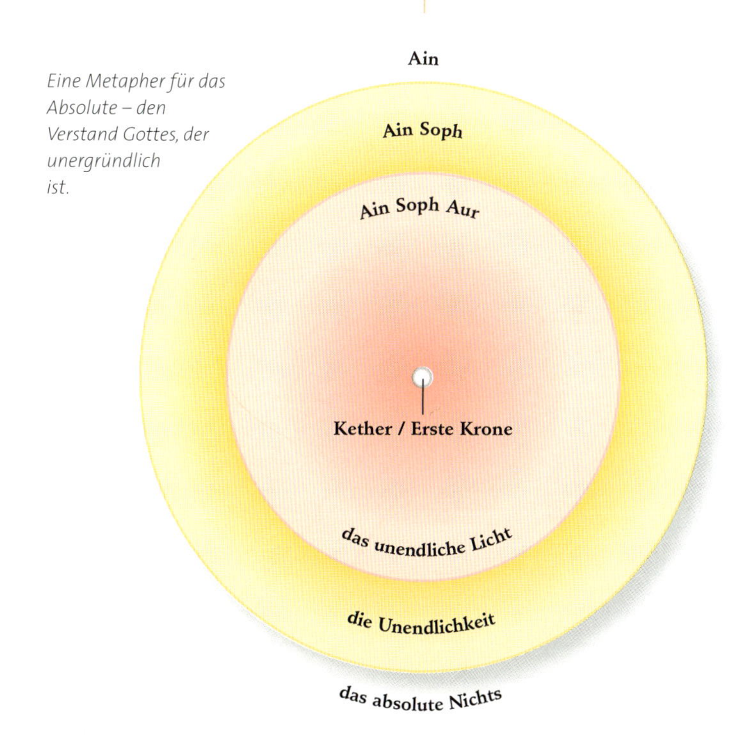

Eine Metapher für das Absolute – den Verstand Gottes, der unergründlich ist.

Die Erzengel und die zehn Sephiroth

Die göttliche Energie kommt aus dem Himmel und erschafft die zehn Sephiroth. Man kann sie sich als Präsenzen oder Sphären vorstellen. Jede Sephirah (die Singularform von Sephiroth, was so viel wie „Gefäß" bedeutet) verkörpert eine Energiesignatur. Der Baum des Lebens ist eine sichtbare Repräsentation oder Karte für den Aufstieg zum göttlichen Bewusstsein. Indem wir von unten nach oben in umgekehrter Reihenfolge (von Zehn zurück zu Eins) die Sephiroth hinaufsteigen, können wir zu Gott zurückkehren. Mithilfe der Sephiroth steigt die Menschheit zu Gott auf, in dem sie die Bedeutung jeder Sephirah erfasst – eine nach der anderen.

Der Baum des Lebens kann als eine Schablone für eine Menge verschiedener Glaubenssysteme benutzt werden. Er

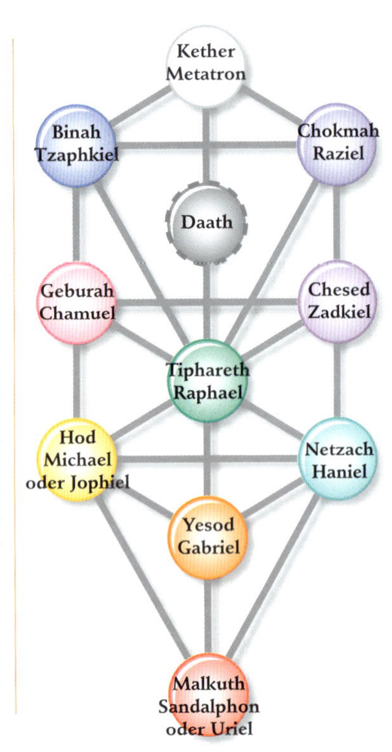

Der Baum des Lebens der jüdischen Kabbala ist eine magische Karte, die uns zur Erleuchtung oder zur Einheit mit Gott führt.

hilft uns dabei, unser Leben mit der Weise, wie wir die Welt sehen und verstehen, in Einklang zu bringen.

Den Weg durch die Sephiroth zu finden ist nicht leicht, denn es heißt, dass jede Sephirah nochmals in vier Teile unterteilt ist, die den vier Welten entsprechen. Die Sephiroth enthalten auch den heiligen, unergründlichen und unaussprechlichen Namen Gottes: YHVH (Yahweh), oder das Tetragrammaton. Das Tetragrammaton ist so heilig, dass andere Namen, die sich auf Gott beziehen, wie Jehovah, Elohim oder Adonai, darin ersetzt werden. Die Buchstaben YHVH entsprechen den vier Welten.

Die Sephiroth und ihre Erzengel

Kether (Krone) – *Erzengel Metatron (das Göttliche)*
Chokmah (Weisheit) – *Erzengel Raziel (kosmischer Vater)*
Binah (Einsicht) – *Erzengel Tzaphkiel (kosmische Mutter)*
Chesed (Gnade) – *Erzengel Zadkiel (Tzadkiel)*
Geburah (Strenge) – *Erzengel Chamuel (Khamael)*
Tiphareth (Schönheit) – *Erzengel Raphael*
Netzach (Ruhm) – *Erzengel Haniel*
Hod (Pracht, Majestät) – *Erzengel Michael oder Erzengel Jophiel*
Yesod (Fundament, Basis) – *Erzengel Gabriel*
Malkuth (Königreich) – *Erzengel Sandalphon oder Erzengel Uriel (Auriel)*
**Daath (Weisheit)* – *Heiliger Geist (Shekinah) oder Wissen*

**Einige Kabbalisten bezeichnen Daath als einen Ort der mystischen Kräfte und Wunder. Daath und Kether sind Ausdrücke für dieselbe Sephirah, allerdings von verschiedenen Standpunkten aus betrachtet.*

Die drei Triaden

In der Struktur des Baums des Lebens finden sich auch drei Triaden (Dreiecke), die sich aus den ersten neun Sephiroth ergeben – die zehnte bildet dabei die Basis. Jede Triade enthält ein männliches (positives) und ein weibliches (negatives) Prinzip (Attribut des Göttlichen). Ein gemäßigtes Prinzip zwischen ihnen sorgt für Ausgeglichenheit zwischen den beiden gegensätzlichen Prinzipien.

Jedes Prinzip funktioniert gemäß seiner Charakteristika oder seiner Natur. Gewöhnlich werden die männlichen Prinzipien (auch Kräfte genannt) als positiv, aktiv und dynamisch bezeichnet, während die weiblichen Prinzipien als passiv beschrieben werden. Das Prinzip zwischen jedem männlichen und weiblichen Prinzip bringt die beiden Gegensätze in Einklang.

Die erste Triade In der ersten Triade steht Chokmah (das männliche Prinzip) Binah (dem weiblichen Prinzip) gegenüber. Diese Prinzipien werden als Vater beziehungsweise Mutter bezeichnet. Chokmah, auch bekannt als aktives Wissen Gottes, wirkt auf Binah, des passiven Verständnis Gottes. Kether ist das ausgleichende Prinzip zwischen den beiden.

Die zweite Triade In der zweiten Triade (in der Vater, Mutter und Kind repräsentiert werden) stehen die Sephiroth Chesed, Geburah und Tiphareth. Chesed (männlich) ist der liebevolle, barmherzige Vater, der das Kind beschützt und leitet, während Geburah (weiblich) die strenge, autoritäre Mutter verkörpert. Das ausgleichende Prinzip ist Tiphareth, das oft mit der Sonne verglichen wird.

Die Aufgaben von Tiphareth (das die Charakteristika von Chesed und Geburah miteinander verbindet) werden mit den Aufgaben der Natur verglichen. Tiphareth ist sowohl die wärmende Sonne, die Wärme spendet, als auch die unerträgliche Hitze, die tötet.

Die dritte Triade Die dritte Triade verkörpert den Übergang des Kindes in die Erwachsenenwelt. Die Sephiroth dieser Triade (Netzach, Hod und Yesod)

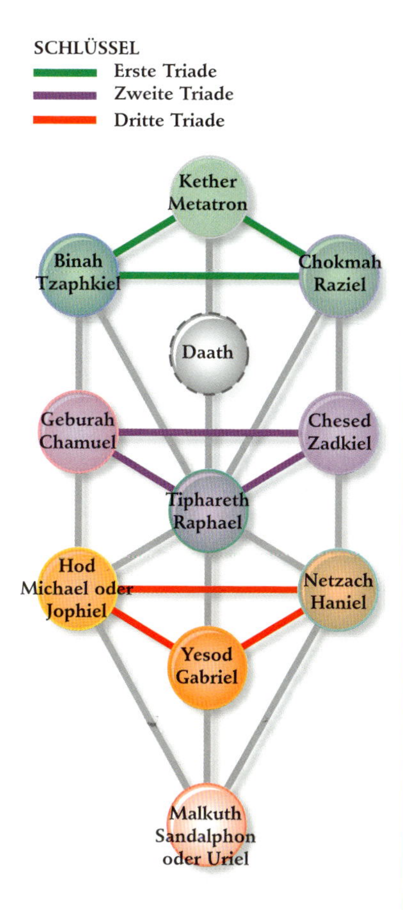

Die drei Triaden innerhalb der „Lebensbaum"-Struktur werden mittels der farbigen Linien in Grün, Violett und Orange dargestellt.

symbolisieren den Kampf zwischen den Kräften des Instinkts und des Intellekts. Netzach (männlich) verkörpert die Ausdauer und den Sieg Gottes. Es steht für die immerwährende Dynamik der Natur, die es der Menschheit erlaubt, im Einklang mit der Natur zu handeln, anstatt einem festgelegten Plan zu folgen.

Die gegenüberliegende Sephirah Hod (weiblich) enthält die Eigenschaften der Intuition, Vorstellungskraft und Inspiration. Yesod (das Kind) ist jetzt erwachsen und die ausgleichende Sephirah zwischen Netzach und Hod. Sie verkörpert die Sphäre des Mondes. Yesod ist die potenzielle magische Energie, die in einem selbst liegt, und bildet die Verbindung zwischen Tiphareth (der Sonne) und Malkuth (der Erde). Malkuth ist die Basis-Sephirah und verkörpert die Erde.

Die drei Säulen

Es gibt viele Muster im Baum des Lebens. Die drei Säulen oder Pfeiler sind dabei eine sehr bedeutende Formation (siehe Grafik rechts). Das Göttliche steigt von oben herab und nutzt dabei die Strukturen der drei Säulen: So bekommt das Formlose eine Form. Die Kabbalisten bezeichnen die mittlere Säule als direkten Weg zu Gott.

Die Säule der Härte Die linke Säule wird *Boaz* oder die Säule der Härte genannt und verkörpert das Wasser, das Passive und Weibliche. Boaz besteht aus Binah an der Spitze, Geburah in der Mitte und Hod als Basis. Dies ist die Säule der Form und die drei darin enthaltenen Sephiroth verkörpern Einschränkung oder Zwang.

Die Säule der Barmherzigkeit Die Säule auf der rechten Seite wird *Jachin* oder Säule der Barmherzigkeit genannt und verkörpert das Feuer, das Aktive und Männliche. Jachin besteht aus Chokmah an der Spitze, Chesed in der Mitte und Netzach als Basis. Dies ist die Säule der

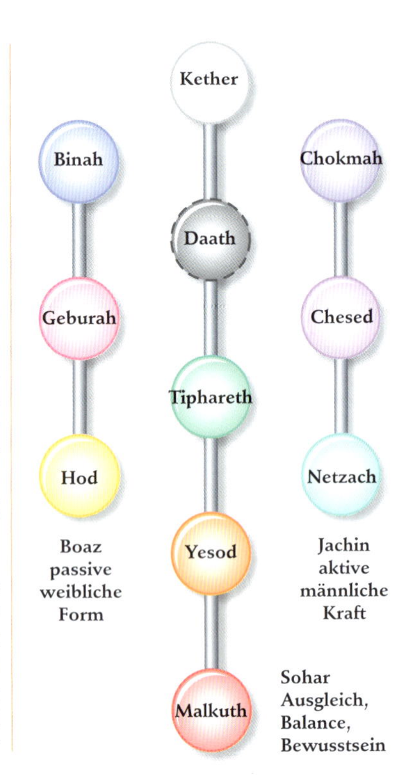

Kraft und die drei Sephiroth auf dieser Seite verkörpern Bewegung und Ausbreitung.

Die Säule des Ausgleichs Die mittlere Säule heißt *Sohar* oder die Säule des Ausgleichs und verkörpert Luft und Ausgeglichenheit. Sohar besteht aus Kether an der Spitze, Tiphareth und Yesod in der Mitte und Malkuth als Basis. Sie ist auch bekannt als Säule des Bewusstseins und enthält die versteckte Sephirah Daath (für weitere Informationen siehe S. 86-87).

AUSGLEICHENDE VISUALISIERUNG

Diese Visualisierung richtet sich auf deine Chakren, die für Ausgeglichenheit sorgen. Suche dir einen ruhigen Ort und setze dich bequem hin.

VORGEHENSWEISE

1 Achte bewusst auf deine Atmung und entspanne dich. Richte dein Bewusstsein auf einen Punkt oberhalb des Kronenchakras. Stelle dir eine Sphäre leuchtenden, weißen Lichts vor.

2 Sieh, wie ein Lichtstrahl aus der Sphäre oberhalb deines Kopfes auf dich herabstrahlt. Fühle, wie dein Kehlchakra mit blauem Licht erfüllt wird.

3 Sieh, wie ein Lichtstrahl aus der Lichtsphäre in deinem Kronenchakra auf dein Solarplexus Chakra übergeht. Stelle dir vor, wie dieses Chakra mit goldenem Licht erfüllt wird.

4 Sieh, wie ein Lichtstrahl zu deinem Sakralchakra herabfährt. Stelle dir vor, wie dein Sakralchakra mit silber-violettem Licht ausgefüllt wird.

5 Sieh, wie ein Lichtstrahl zu deinen Füßen erscheint, wo er eine schwarze Sphäre schafft. Indem du dir jede Sphäre des Lichts nacheinander vorstellst, siehe die Lichtröhre, die daraus entsteht.

6 Um diese Sitzung zu beenden, kehre in den Wachzustand zurück.

Die drei Teile der Seele

Die Kabbalisten glauben daran, dass die Seele aus drei Teilen besteht, die jeweils aus einer anderen Sephirah stammen. Jedoch ist nicht jeder Teil in jedem Menschen aktiv. Der *Sohar* nennt diese drei Elemente *Nefesh, Ruach* und *Neshamah.*

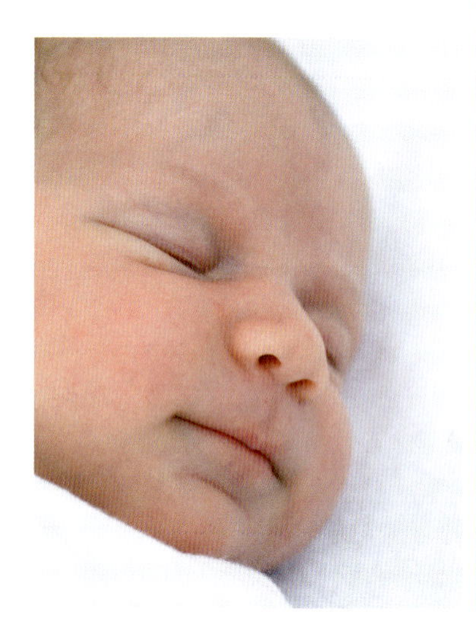

Jedes Lebewesen enthält Nefesh, denn dieser Teil der Seele tritt bei der Geburt in den physischen Körper ein. Dieser Teil ist die Quelle des physischen und psychischen Wesens einer Person. Die beiden weiteren Teile der Seele treten nicht schon bei der Geburt in den Körper ein, sondern entstehen im Laufe der Zeit. Ihre Entwicklung hängt vom Handeln und vom Glauben jedes Menschen ab. Es wird angenommen, dass nur Leute, die spirituelle Erleuchtung erfahren haben, alle drei Teile in sich tragen.

Nefesh kommt aus der Sephirah Malkuth und stärkt den Körper, versorgt ihn mit Leben und ermöglicht ihm, sich in der materiellen Welt zu bewegen. Ruach entstammt aus der Sephirah Tiphareth und ist der Geist. Dieser Aspekt ermöglicht es, uns aus dem niederen menschlichen Stand zu erheben und unseren Intellekt und unsere Vernunft weiterzuentwickeln. Dieser Teil deiner Seele sorgt

Bei der Geburt tritt Nefesh *in den physischen Körper ein, damit wir an der materiellen Welt teilnehmen können.*

Sohar *oder das* Buch der Schöpfung *ist einer der zentralen Texte der Kabbala.*

dafür, dass du dich mit Gott auseinandersetzt und hilft dir dabei, zwischen guten und bösen Taten zu unterscheiden.

Neshamah entstammt der Sephirah Binah, der kosmischen Mutter. Dies ist die Über-Seele, der pure Geist, der unsterblich ist und niemals verdorben werden kann: Es ist der ewige Aspekt Gottes. Dieser Teil der Seele wird sowohl Juden als auch Nicht-Juden bei ihrer Geburt geschenkt. Neshamah macht es möglich, dass wir uns der Anwesenheit Gottes bewusst sind und ermöglicht uns ein Leben nach dem Tod.

Weitere Aspekte der Seele Ein Text, der dem *Sohar* von einem unbekannten Autor im Nachhinein hinzugefügt wurde, trägt den Titel *Raaya Meheimna* und berichtet von zwei weiteren Teilen der menschlichen Seele: *Chayyah* und *Yehidah.* Chayyah ermöglicht die Wahrnehmung der göttlichen Lebenskraft, während Yehidah der höchste Teil der Seele ist, der die Vereinigung mit Gott möglich macht.

Einige kabbalistische Arbeiten führen an, dass es noch mehrere zusätzliche Teile der Seele gibt, die jedoch nicht dauerhaft benutzt werden und die der Mensch zu besonderen Gelegenheiten entwickelt und aktiviert. Einer davon ist *Ruach Ha Kodesh,* der Teil der Seele, der bei Prophezeiungen aktiv ist.

Der Pfad des Blitzes

Der Pfad des Blitzes kann für eine Meditation oder Visualisierung genutzt werden. Hierzu folgt man dem Energiepfad entweder aufwärts oder abwärts und sieht, wie jede Sephirah aufleuchtet. Er hilft dabei, sich auf ein Ziel zu konzentrieren, da Energie stets den Gedanken folgt. Indem wir unsere spirituelle Energie auf jede Sephirah und den Pfad des Blitzes konzentrieren, wird unsere Kommunikation mit Gott vertieft.

Jede Sephirah verkörpert einen anderen Bewusstseinszustand und indem wir uns auf dem Pfad bewegen, bemerken wir, was sich in unserer bewussten Wahrnehmung verändert. Der Pfad des Blitzes ist ein wichtiges kabbalistisches Werkzeug, das uns bei Verständnis Gottes unterstützt. Kabbalisten versuchen anhand von Beispielen und Annäherungen, das Unbeschreibliche zu beschreiben. Die folgende Auflistung soll als Leitfaden für die Aussprache der einzelnen Sephiroth dienen, die eventuell hilfreich für dich ist, wenn du über den Baum des Lebens meditierst und dafür den Pfad des Blitzes nutzen möchtest.

- Kether (ausgesprochen „ketta")
- Chokmah (ausgesprochen „hochma", kurzes „o")
- Binah
- Daath (ausgesprochen „daarth" wie in Darth Vader aus dem Film *Star Wars*)
- Chesed (ausgesprochen mit „ch" am Anfang wie in „Loch")
- Geburah
- Tiphareth(„ph" als „f")
- Netzach
- Hod
- Yesod
- Malkuth (ausgesprochen „maalkut")

Es gibt viele Pfade zwischen den Sephiroth im Baum des Lebens. Der Pfad des Blitzes ist ein bedeutender Weg, auf dem sich die göttliche Energie (Emanation) bewegt. Der absteigende Pfad wird Involution genannt.

Das göttliche Licht zuckt wie ein Blitz von Kether ausgehend bis zu Malkuth, stets von rechts nach links und wieder zurück. Die Energie fließt von Kether zuerst zu Chokmah, dann zu Binah und als Nächstes in die „Nicht-Sephirah"

Daath. Mit kosmischer Energie aufgeladen, führt der Pfad weiter zu Chesed und von da aus zu Geburah. Am Ende führt er durch Tiphareth, Netzach, Hod und Yesod und erreicht in Malkuth den Grund.

Der umgekehrte Pfad des Blitzes heißt Evolutionspfad oder Pfad der Schlange. Dieser Pfad ähnelt dem Erwachen und der Aufwärtsbewegung der *Kundalini*-Energie, die dem Wurzelchakra entspringt. Der Energiefluss im Evolutionspfad beginnt in Malkuth und bewegt sich durch Yesod, Hod, Netzach, Tiphareth, Geburah, Chesed, Daath, Binah und Chokmah und endet in Kether.

Wenn du den Pfad des Blitzes visualisierst und dein Bewusstsein durch jede einzelne Sephirah schickst, kannst du auf Mantra-Art die Namen der Sephiroth aussprechen. Die Aussprache der Namen erfüllt dich mit spiritueller Energie, die jede deiner Bewusstseinsebenen reinigt und verfeinert und somit den Weg zu Gott öffnet.

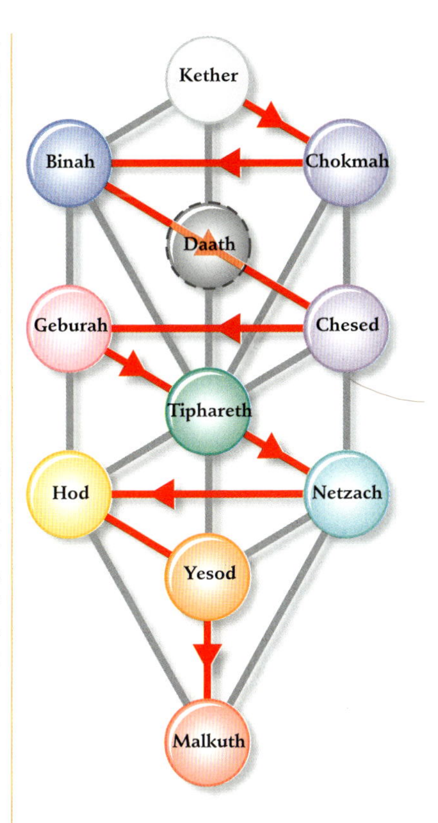

Dieser absteigende Pfad durch den Baum des Lebens heißt Pfad des Blitzes oder Involution. Er wird oft als Meditationshilfe benutzt.

Daath

Die sieben niederen Sephiroth werden durch die „Nicht-Sephirah" Daath von den oberen dreien, der „Göttlichen Trinität", getrennt. Daath ist der Sitz des Wissens, auch bekannt als Leere, Abgrund, Schleier oder leerer Raum. Sie ist kein Ort, da sie ohne Form ist.

Die Existenz eines Schleiers zwischen den drei überirdischen Sephiroth Kether, Chokmah und Binah und den sieben niederen Sephiroth ist eine in der Kabbala weit verbreitete Annahme. Der Pfad des Blitzes verbindet in seinem Verlauf die Sephiroth untereinander, mit Ausnahme des Sprungs von Binah zu Chesed, was der Vorstellung eines zu überwindenden Schleiers oder einer Kluft Nachdruck verleiht. Es gibt keine seitliche Verbindung zu dieser Sphäre: Der einzige einfache Weg führt entweder von oben oder unten über die mittlere Säule des Ausgleichs.

Das Symbol von Daath ist ein leerer Raum. In ihm verbirgt sich ein großes Geheimnis. Entzünde in Gedanken eine Kerze, die dir dabei hilft, Daath sicher zu durchqueren.

Daath bedeutet Wissen, alles Wissen und der beste Weg, sich diesem Schleier, dem großen Unbekannten anzunähern, besteht in der Anhäufung von Wissen. Jedoch wirst du herausfinden, dass Wissen allein nicht genügt. Du musst

dein erworbenes Wissen mit Binah (Verständnis) und Chokmah (Weisheit) in Einklang bringen.

Die Nicht-Sephirah erhält das Wissen der Vergangenheit, der Gegenwart und der Zukunft. Es ist der Mutterleib der Stille und traditionsgemäß der Sitz des Heiligen Geistes (Ruah ha Kodesh). Um das „Allerheiligste" zu betreten, musst du Tiphareth durchqueren, die vom Erzengel Raphael regiert wird. Er wird dir dabei helfen, Ausgeglichenheit und Mitgefühl in dein Leben zu bringen, damit du dich selbst erkennen kannst.

DAATH-VISUALISIERUNG

Diese Visualisierung ermöglicht es uns, Licht in unsere Dunkelheit zu bringen. Oft wird Daath, während wir uns im „Dunkeln" (Ignoranz) befinden, von unserem „kleinen Ego" als das Unbekannte wahrgenommen. Mache es dir an einem ruhigen Ort, an dem du nicht gestört wirst, im Liegen oder Sitzen bequem. Wenn du möchtest, schaue dir vor Beginn der Visualisierung den Abschnitt über den Einklang mit Engeln (S. 218-219) an.

VORGEHENSWEISE

1 Mache es dir bequem.

2 Schließe deine Augen, entspanne dich und atme langsam ein und aus. Achte bewusst auf deine Atmung.

3 Stelle dir vor, dass du dich in einem dunklen Raum befindest.

4 Gib deinen Augen kurz Zeit, sich an die Dunkelheit zu gewöhnen und deinem Geist die nötigen Minuten, sich auf die Stille einzustellen. Wenn du bereit bist und dich in der Dunkelheit wohlfühlst, entzünde in Gedanken eine Kerze. Benutze deinen Geist als Funken, um die Flamme zu entzünden.

5 Schreibe alle deine kabbalistischen Erlebnisse, Träume, Visualisierungen und Meditationen in deinem Tagebuch nieder.

Der Caduceus

Der Caduceus oder Hermesstab (Hermes = Bote und Schreiber der griechischen Götter) ist ein Symbol für Wissen, Heilung und Fruchtbarkeit. Ursprünglich wurde er als Olivenzweig mit zwei Trieben, dekoriert mit Blumenkränzen oder Schleifen dargestellt, welche zu zwei Schlangen stilisiert wurden. Laut einer alten Legende bekam Hermes den Caduceus vom Gott Apoll.

Aesculapius, der griechische Gott der Heilung, trägt in verschiedenen Darstellungen ebenfalls einen von einer Schlange umwundenen Stab. Er wurde von Zeus durch einen Blitzschlag getötet, da dieser befürchtete, ein so begabter Mediziner könne die Menschheit unsterblich werden lassen. Thoth, einer der ägyptischen Götter, trägt ebenfalls einen Caduceus und auch in der babylonischen Kultur ist er bekannt.

Die grüne Schlange entspringt aus Malkuth, windet sich zunächst nach links, berührt dort Yesod, und windet sich dann nach rechts, wo sie Netzach streift. Dann windet sie sich erneut nach links, streift Tiphareth im Zentrum und endet in Geburah. Die grüne Schlange steht für Ekstase und die Natur, in der Gott sich manifestiert, und für die Welt der Bäume, Pflanzen und Blumen.

Die orangefarbene Schlange nimmt ihren Anfang ebenfalls in Malkuth, windet sich nach rechts, streift dort Yesod und windet sich darauf nach links, wo sie Hod berührt. Von da aus windet sie sich erneut nach rechts, streift Tiphareth und endet in Chesed. Die orangefarbene Schlange verkörpert Analyse und Verständnis und steht damit für den Weg der hermetischen Gnosis zum Gottbewusstsein durch den Intellekt.

Die Verbindung zwischen den beiden Flügeln befindet sich oberhalb von Kether. Der linke Flügel bedeckt Binah und der rechte Flügel Chokmah. Wenn man den Caduceus über den Baum des Lebens legt, ergibt sich eine neue Bewegung, welche die Balance zwischen Yin und Yang besser zur Geltung bringt. Dies passt sehr gut zum gerade andauernden Wassermannzeitalter, in dem entgegengesetzte, sich jedoch ergänzende Energien ineinander existieren.

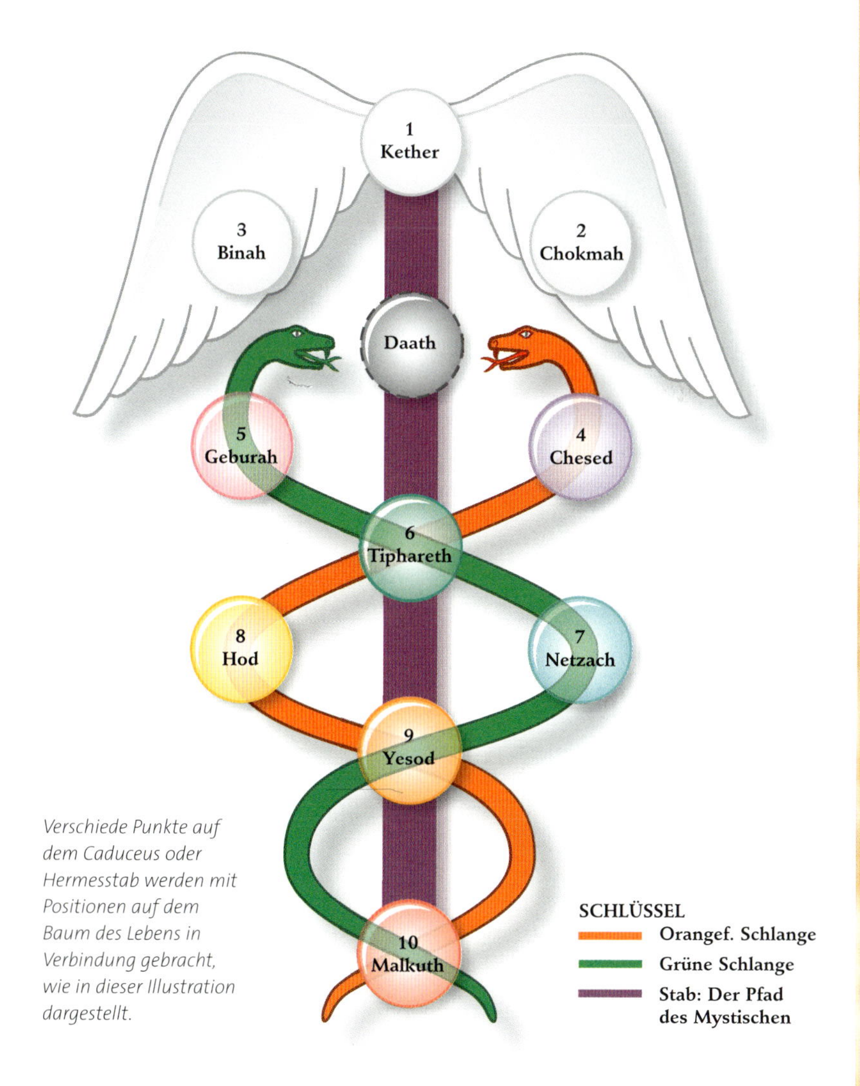

Verschiede Punkte auf dem Caduceus oder Hermesstab werden mit Positionen auf dem Baum des Lebens in Verbindung gebracht, wie in dieser Illustration dargestellt.

Die Leiter des Lichts

Im Alten Testament (Genesis 28:10-22) träumt der Patriarch Jakob, dass die Engel Gottes an einer Leiter auf die Erde herab und wieder hinauf in den Himmel steigen. In dieser Vision stand Gott neben Jakob und versprach ihm, immer bei ihm zu sein. Die Leiter der Engel symbolisiert die Verbundenheit zwischen Himmel und Erde.

In der Kabbala funktioniert die Leiter des Lichts als Metapher für die Lehren der Lurianischen Kabbala. Der Rabbiner Isaak Luria (1534-1572) war einer der bedeutendsten Kabbalisten und seine Arbeit basiert ausschließlich auf dem Alten Testament und dem Sohar (siehe S. 70). Rabbi Luria verwob die große Anzahl verworrener Fäden zu einer umfangreichen und verständlichen Kosmologie. Seine wichtigste Erkenntnis war Gottes Eigenschaft als Schöpfer. In seinem Verständnis war Gott wie der „Big Bang" (die wissenschaftliche Schöpfungstheorie des 20. Jahrhunderts) und er entwickelt sich durch den weiteren Verlauf seiner Schöpfung auch selbst weiter. Im Augenblick der Schöpfung stoben „heilige Funken" in alle Himmelsrichtungen – einige fielen in diese Welt, andere kehrten zu ihrer Quelle zurück. Dieser Kataklysmus setzte die Schöpfung in Gang. Seine Lehren, der *Bruch der Gefäße,* bilden den Kern des Glaubens späterer Kabbalisten und die kabbalistische Theosophie.

Der Schöpfungsaspekt Gottes wird Adam Kadmon, der ursprüngliche Mensch, genannt. Die heiligen Funken, so glauben die Kabbalisten, streben danach, zu der Einheit mit Gott zurückzukehren. Die grundlegenden Elemente des Baums des Lebens sind die zehn Sephiroth. Die Leiter des Lichts ist eine Ausweitung des Baums des Lebens und erlaubt sowohl die Erkenntnis der uns umgebenden Welt (andere Dimensionen) als auch die Erkenntnis unseres inneren Selbst (innere Dimensionen).

Dieses französische Gemälde aus dem 15. Jahrhundert trägt den Titel „Die Jakobsleiter" und zeigt Jakobs Traum, in dem die Engel die Leiter in den Himmel hinaufsteigen.

Die vier Welten

Die Leiter des Lichts führt aufwärts durch vier unvollkommene Welten. Diese vier Welten bedeuten für die Kabbalisten die Erforschung der komplexen Beziehungen zwischen verschiedenen Interpretationen der Kabbala. Diese Erforschung kann uns wichtige Einsichten in unsere psychologische Beschaffenheit gewähren, denn jede individuelle Person interpretiert die Kabbala auf eigene Weise.

Die Buchstaben YHVH entsprechen den vier Welten. In der klassischen Kabbala beschreiben die vier Welten die Struktur des Kosmos von der Gottheit durch das Engelreich bis in unsere physische Welt.

Diese vier Welten können zusammen als lineare Hierarchie verstanden werden, in der jede Welt ihren eigenen Baum des Lebens hat. Die Sephirah Malkuth wird zu Kether der darunterliegenden Welt, während Kether zu Malkuth der darüberliegenden Welt wird. Malkuth wird als komplementäre Ergänzung zu Kether verstanden: Die erste ist göttliche Immanenz, die letztere göttliche Transzendenz.

Atziluth, was so viel wie „Emanation" oder „Nähe zu Gott" bedeutet, ist die spirituelle, archetypische Welt, aus der alle Manifestationen und Formen stammen. Diese Welt liegt dem Schöpfer, Adam Kadmon, am nächsten. Es ist die absolute, göttliche Realität, die Göttlichkeit, perfekt und unveränderlich. Sie repräsentiert die männliche und weibliche Polarität Gottes.

Briah ist die schöpferische Welt, in der archetypische Vorstellungen zu Mustern werden. Sie wird auch Thron genannt. Der Erzengel Metatron, der aus purem Geist besteht und über Myriaden von Engeln gebietet, bewohnt diese Welt. All die anderen Erzengel, die über die zehn Sephiroth gebieten, weilen ebenfalls in dieser Welt, da sie das göttliche Bewusstsein in die niederen Welten bringen.

Jesirah ist die psychologische Welt der Gestaltung. Diese Welt ist voller Engel. Diese Engel bestehen noch aus purem Geist, gekleidet in leuchtende Gewänder. Sie werden in zehn Ränge, entsprechend den zehn Sephiroth, unterteilt. Jeder Engel steht einem anderen Teil des Uni-

Engel steht einem anderen Teil des Universums vor und erhält seinen Namen von dem Element oder Himmelskörper, den er bewacht.

Assiah bedeutet „Welt der Entstehung" und ist die physische Welt, in der sich die Materie manifestiert. Obwohl sich die Details in den verschiedenen kabbalistischen Schulen unterscheiden, ist die grundlegende Gemeinsamkeit, dass das Universum von Assiah die niedere Welt bezeichnet. Jede dieser vier Welten bezieht sich auf einen bestimmten Bewusstseinszustand.

SCHLÜSSEL

- **Gott**
- **Atziluth**
- **Briah**
- **Jesirah**
- **Assiah**

Die Leiter des Lichts vereinigt die Lehren der Lurianischen Kabbala in einer einzelnen Glyphe. Anstelle eines Baums sind hier fünf sich überlappende Bäume zu sehen.

Pathworking mit Engeln

Diese als Pathworking bekannte Technik ist ein wichtiger Aspekt der westlichen Kabbala-Tradition. Wir nutzen die Struktur des Baums des Lebens für dieses Pathworking, weil es uns die Schöpfung umfangreicher Metaphorikquellen ermöglicht, die unser Bewusstsein verändern und Frequenzen verschieben, während wir uns zwischen den Sephiroth bewegen. Dadurch wird es uns ermöglicht, auf direktem Wege Erfahrung, Wissen, Verständnis, Weisheit, Einigkeit und ultimatives Gottesbewusstsein oder Erleuchtung zu erlangen.

Die göttliche Energie kam von oben herab und schuf die zehn Sephiroth. Sobald sich diese an ihren zugedachten Plätzen befanden, wurden sie durch 22 Pfade miteinander verbunden. Jedem der 22 verbindenden Pfade ist ein Buchstabe des hebräischen Alphabets zugeordnet sowie eine der 22 Trumpfkarten des Tarots.

Pathworking oder Visualisierungen helfen uns dabei, uns selbst aus verschiedenen Perspektiven zu betrachten.

Den Sephiroth werden darüber hinaus folgende Elemente zugeordnet: ein Erzengel, ein Planet, eine Farbe, Kräuter, Bäume, Pflanzen, Blumen, Kristalle und spezielle Engel.

Die zehn Sephiroth plus die 22 verbindenden Pfade ergeben die 32 Pfade der Weisheit in der archetypischen Welt.

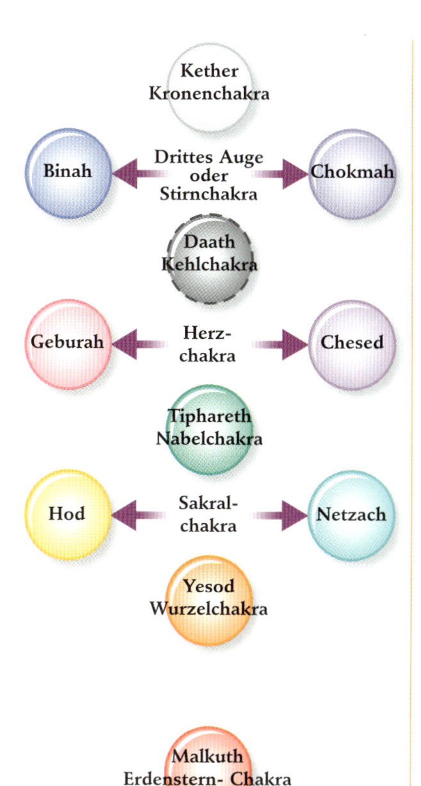

Das Diagramm zeigt die zehn Sephiroth (inklusive der Nicht-Sephirah Daath) und wie sie sich zu den sieben Hauptchakren verhalten.

Kether = Kronenchakra
Binah und Chokmah = Das Dritte Auge oder Stirnchakra
Daath = Kehlchakra
Geburah und Chesed = Herzchakra
Tiphareth = Nabelchakra
Hod und Netzach = Sakralchakra
Yesod = Wurzelchakra
Malkuth = Erdenstern-Chakra

Die Verbindungen zwischen den Chakren und den Sephiroth funktionieren sehr gut. Indem jeweils zwei Sephiroth an den weiblichen Chakren (die drei gegenüberliegenden Paare), nämlich dem Dritten Auge, dem Herz- und dem Sakralchakra, miteinander verbunden werden, erreichen wir ein größeres Verständnis für die weibliche Energie (Yin), die auch das Kindelement der Trinität in sich vereint.

Das Kabbalistische Kreuz

Zweck *Es bringt Reinigung, Segen und Ausgeglichenheit*

Dieses Ritual erschafft ein kraftvolles, inneres Lichtkreuz. Die Meditation wird im Stehen ausgeübt, wie es die meisten Priester und Rabbis bei ihren Ritualen und Gebeten tun. Vielleicht möchtest du dir vor Beginn des Rituals auch die Engel-Meditationen ansehen (siehe S. 148-171).

Das Kabbalistische Kreuz erschafft ein inneres Kreuz aus Licht und Kraft.

Stehe mit deinen Beinen fest auf dem Boden, um die Energie zu erden, und lasse einen starken Fluss himmlischer Energie entstehen, den du zuerst in dir aufnimmst und dann aussendest, um die Welt zu reinigen, zu segnen und zu beschützen.

Übersetzung der Wörter

Ateh – *Dein ist*
Malkuth – *das Reich*
Ve Geburah – *und die Kraft*
Ve Gedulah – *und die Herrlichkeit*
Le Olahm – *in Ewigkeit*

DIE DURCHFÜHRUNG DES RITUALS

VORGEHENSWEISE

1 Wende dich nach Osten, stehe entspannt, aber fest. Die Arme liegen am Körper und die Augen sind geschlossen.

2 Stelle dir vor, wie du größer und größer wirst, bis die Erde nur noch ein kleiner Punkt unter deinen Füßen ist und dein Haupt in den höchsten Himmel hineinreicht.

3 Spüre, wie sich hoch über dir eine Sphäre aus hellem, weißem Licht öffnet. Strecke deine rechte Hand nach dem Licht aus.

4 Leite dieses Licht durch deinen Körper bis zu einem Punkt mitten auf deiner Stirn (dem Dritten Auge oder Stirnchakra) und singe dabei „Ateh“.

5 Leite das Licht weiter durch deinen Körper bis auf den Boden zwischen deinen Füßen (Erdenstern-Chakra), fülle deinen Körper mit dem reinen, weißen Licht und singe dabei „Malkuth“.

6 Stelle dir dasselbe reine, weiße Licht weit zu deiner Rechten vor. Strecke deine rechte Hand nach ihr aus und leite das Licht in deine rechte Schulter. Singe dabei „Ve Geburah“.

7 Leite das Licht weiter durch deinen Körper in deine linke Schulter, lasse es hindurchfließen und lasse es sich dann durch deinen linken Arm weit zu deiner Linken ausdehnen. Singe dabei „Ve Gedulah“.

8 Breite deine Arme aus und bilde ein Kreuz, sehe dich selbst als Kreuz aus reinem, weißem Licht.

9 Bringe deine Hände vor deiner Körpermitte zusammen (in der Gebetsposition) und singe dabei „Le Ohlam“.

10 Falte deine Hände zum Gebet, atme tief ein, um das Licht und die Energie aufzunehmen.

11 Singe „Amen“. Verbreite während des Ausatmens das Licht und die Energie um dich herum und erfülle die Welt mit göttlicher Liebe.

12 Du kannst das Ritual auch leicht abändern, indem du das Kreuzzeichen der Katholiken machst. Außerdem kannst du auch die deutschen Worte sprechen und das Ritual wäre immer noch genauso effektiv.

Das Kleine Bannende Pentagrammritual

Zweck *Es reinigt den Körper und ruft den Schutz von Engeln herbei*

Dieses Ritual folgt dem Lichtkreuz-Ritual (siehe S. 96-97). Es ruft den Schutz von Engeln herbei und begünstigt die Meditation. Ferner sorgt es für klare Gedanken und einen ruhigen Geist, der frei von ungewollten äußeren Einflüssen ist.

DURCHFÜHRUNG DES RITUALS

DU BRAUCHST

Einen klaren Bergkristall (siehe Abbildung auf der gegenüberliegenden Seite)

VORGEHENSWEISE

1 Wende dich nach Osten und führe das Kabbalistische Kreuz durch (siehe S. 96-97)

2 Stehe immer noch nach Osten gewandt und zeichne mit einem klaren Bergkristall vor deiner Körpermitte ein Pentagramm in die Luft. Die Spitze des Pentagramms zeigt nach oben. Beginne an deiner linken Hüfte und ziehe den Kristall bis zur Mitte deiner Stirn. Führe den Kristall dann zu deiner rechten Hüfte und von da aus zu deiner linken Schulter. Dann führe den Kristall zu deiner rechten Schulter und von da aus zurück zum Ausgangspunkt an deiner linken Hüfte.

3 Stelle dir das Pentagramm als grünes Licht vor, das von einer goldenen Aura umgeben ist. Richte deinen Kristall auf das Zentrum und sage „YHVH“ (Yod-he-vahv-heh – das Tetragrammaton heißt im Lateinischen Jehovah).

4 Wende dich nach Süden. Wiederhole den zweiten Schritt nach Süden gewandt, aber stelle dir diesmal das Pentagramm als gelbes Licht vor, das von einer indigo-blauen Aura umgeben ist und sprich „Adonia“ (ein weiterer Name für Gott, der übersetzt „Herr“ bedeutet).

5 Wende dich nun nach Westen. Wiederhole den zweiten Schritt, aber stelle dir das Pentagramm als orangefarbenes Licht vor, das von einer weißen Aura umgeben ist und sprich „Eheieh“ (ein weiterer Name für Gott, der übersetzt etwa „Ich bin was ich bin“ bedeutet).

6 Wende dich nun nach Norden. Wiederhole den zweiten Schritt, aber stelle dir das Pentagramm als rotes Licht vor, das von einer violetten Aura umgeben ist und sprich „Agla“ (eine Kombination aus Ateh, Geburah, Le Olahm und Amen).

7 Wende dich nun wieder nach Osten und richte deinen Kristall auf die gleiche Stelle wie in Schritt 2. Visualisiere die vier dich umgebenden flammenden Pentagramme, die von blauem Feuer verbunden werden.

Wende dich nach Osten und halte dabei einen klaren Bergkristall.

8 Strecke deine Arme zu beiden Seiten aus und forme ein Kreuz. Sprich: „Vor mir Raphael, hinter mir Gabriel, rechts von mir Michael, links von mir Uriel, denn um mich scheint das Pentagramm und in mir leuchtet der sechsstrahlige Stern.“

9 Wiederhole den ersten Schritt des Kabbalistischen Kreuzes, nach Osten gewandt. Stehe entspannt, aber mit festem Stand, die Arme an den Seiten und mit geschlossenen Augen.

10 Beende das Ritual, indem du in den Wachzustand zurückkehrst.

DIE FARBEN DER ENGEL

Die Engel der Strahlen

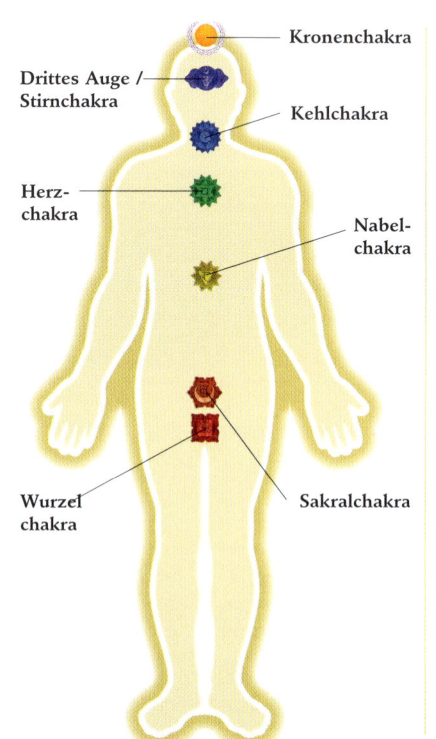

In einigen Schriften zur Engelkunde repräsentieren die sieben Erzengel die sieben Strahlen der spirituellen Erleuchtung sowie die sieben Farben des Regenbogens. Die sieben Strahlen werden außerdem den sieben Hauptchakren zugeordnet. Wenn du dich einmal auf die „Engel der Strahlen" eingestellt und eine gewisse Sensibilität für deine Chakren entwickelt hast, wirst du deine eigene Energie ausbalancieren können, spirituelle Erkenntnis erworben haben und in der Lage sein, andere zu heilen.

Chakren Sie sind die Zentren subtiler Energie und somit sowohl für dein physisches und emotionales Wohlbefinden, als auch für dein spirituelles Wachstum äußerst wichtig. Jedes Chakra wird bestimmten Organen und Hormondrüsen zugeordnet. Die Chakren verarbeiten die subtile Energie und wandeln sie in chemische, hormonale und zellulare Prozesse innerhalb des Körpers um. Jedes Chakra vibriert auf einer anderen Frequenz, in einer anderen Farbe und einem anderen Ton. Darüber hinaus hat es entweder eine weibliche oder männliche Polarität. Die Kronen-, Kehl-, Nabel- und Wurzelchakren sind männlich (positiv): Das Dritte Auge, das Herz- und das Sakralchakra sind weiblich (negativ).

Die sieben Hauptchakren befinden sich auf der zentralen Körperlinie. Die ersten fünf Chakren liegen dabei entlang der Wirbelsäule. Das Wurzelchakra öffnet sich nach unten und das Kronenchakra öffnet sich nach oben. Die anderen Chakren öffnen sich von der Vorderseite des Körpers zur Rückseite hin.

Licht und Farbe Farben bilden eine universelle Sprache, die das logische Denken unterstützt und auf direktem Wege die Seele anspricht. Jede der sieben sichtbaren Hauptfarben hat therapeutische Fähigkeiten, die über ihre jeweilige Resonanz den sieben Hauptchakren zugeordnet werden können.

Altes Wissen Die Lichttherapie, die Chromotherapie (Farbtherapie) und die hydrochromatische Therapie sind alte Formen natürlicher Heilkunst. Die farbigen Strahlen beeinflussen unseren physischen Körper sowie unsere Emotionen, Stimmungen, geistige Fähigkeiten und den Geisteszustand. Wir alle haben eine innige Beziehung zu Farben. Manchmal unterziehen wir uns selbst einer unterbewussten Farbtherapie, indem wir uns Schmuck oder Kleidung in einer bestimmten Farbe aussuchen oder indem wir uns zu Hause, am Arbeitsplatz oder im Garten mit speziellen Farbvibrationen umgeben.

Meistens sind unsere Reaktionen darauf unbewusst, jedoch können wir diese wunderbare vitale Kraft nutzbar machen, wenn wir damit beginnen, die magischen Elemente der Farben angemessen zu gebrauchen. Das bewusste Nutzen dieser Energien erhöht unsere Lebensqualität und unseren Sinn für Harmonie, Ausgeglichenheit und Wohlbefinden.

Weißes Licht besteht aus allen Farben. Wenn ein weißer Lichtstrahl auf ein Prisma trifft, entsteht ein Spektrum aller sieben Regenbogenfarben.

Rubinroter Strahl

Erzengel Uriel

Farbe *Rubinrot* • **Ausrichtung** *Spirituelle Hingabe durch selbstlose Hilfe für andere* • **Chakra** *Wurzelchakra* (muladhara) – *Element der Erde – vermittelt Ausgeglichenheit durch Standfestigkeit, Beständigkeit und Verlässlichkeit*

Der Rubinrote Strahl ist der sechste des spirituellen Lichts und der erste Strahl des sichtbaren Regenbogenspektrums. Er beeinflusst das Wurzelchakra auf der physikalischen Ebene (dritte Dimension) und ist der transformierende Strahl des Nabelchakras (vierte Dimension). Der Rubinrote Strahl ist tiefrot, gleitet leicht ins Purpurne und ist mit Gold durchzogen – so wie Rubine bester Qualität.

Der Name Uriel bedeutet „Feuer Gottes" oder „Licht Gottes". Als einer der mächtigsten Erzengel ist Uriel der „Engel der Lebenskraft" und in der Lage, das unvorstellbare Licht Gottes zu reflektieren. Er wird mit Elektrizität, Blitz und Donner in Verbindung gebracht. Auf bildlichen Darstellungen hält er oft eine Schriftrolle (die Informationen über deinen Lebenspfad enthält) oder er trägt einen Stab.

Das Licht Gottes, welches durch Uriel an uns weitergeleitet wird, bringt uns Erleuchtung. Diese Erleuchtung hilft denen, die von ihrem Weg abgekommen sind, also sollten wir, wann immer wir uns verloren, verlassen, ängstlich, aufgegeben, abgelehnt oder schuldig fühlen, den Rubinroten Strahl visualisieren.

Physische Assoziationen Körperregionen: Genitalien und Fortpflanzungsorgane; reguliert den Anteil des Adrenalins im Blut; Blut; Kreislauf; Muskeln; Füße; Beine, Knie, Hüften. Entgiftet den Körper, indem er die Trägheit vertreibt. Sorgt für Wärme. Er steigert die physische Energie und gibt uns Stärke. Er stärkt unsere Fähigkeit, auf die Weisheit unseres Körpers zu hören. Benutze den Strahl nicht gegen hohen Blutdruck, Schwellungen,

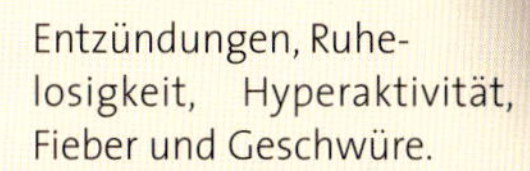

Entzündungen, Ruhelosigkeit, Hyperaktivität, Fieber und Geschwüre.

Emotionale und mentale Assoziationen Er kennzeichnet, aktiviert, vitalisiert und erregt Lust und Verlangen. Er löst tief im Körper liegende Energieblockaden. Darüber hinaus sorgt er für Aktivität, Lebenskraft, Mut, Durchhaltevermögen und Beständigkeit. Er gibt schwerfälligen und stockenden Vorgängen neuen Antrieb. Wenn der Lebenswille versagt, stellt er ihn wieder her. Er ist dynamisch und vertreibt die Angst. Ferner vertreibt er selbstsüchtige Verhaltensweisen.

Spirituelle Assoziationen Er lehrt uns die Macht über die materielle Welt und hilft den Menschen dabei, mit der göttlichen Ordnung in Kontakt zu treten und der Welt Harmonie und Frieden zu bringen. Er bereichert unser tägliches Leben mit Spiritualität.

Rot, der erste sichtbare Strahl des Regenbogenspektrums, kann dazu benutzt werden, den Erzengel Uriel herbeizurufen. Er hilft uns dabei, tief sitzende Energieblockaden in unserem Körper zu lösen.

Orangefarbener Strahl

Erzengel Gabriel

Farbe *Orange* • **Ausrichtung** *Kreativität – auch nutzbar für die Vertreibung von Angst*
Chakra *Sakralchakra* (svadhisthana) *– Element des Wassers – vermittelt Ausgeglichenheit durch Vitalität, Kreativität und Originalität*

Als zweiter Strahl des sichtbaren Regenbogenspektrums beeinflusst der Orangefarbene Strahl das Sakralchakra auf der physischen Ebene (dritte Dimension). Der Orangefarbene Strahl ist zinnoberrot, gleitet vom orangefarbenen leicht ins orange-goldene ab – so wie ein Granat bester Qualität.

Erzengel Gabriel, der Bote, ist einer der vier großen Erzengel. Er ist einer der einzigen beiden Engel (zusammen mit Erzengel Michael), die im Alten Testament namentlich genannt werden. Als Engel der Verkündigung verhieß Gabriel der Jungfrau Maria die bevorstehende Geburt Jesu Christi und war auch beim Tod Jesu anwesend. Er war der Engel, der über das Grab Jesu wachte und den Jüngern die Nachricht seiner Auferstehung überbrachte (obwohl er nicht ausdrücklich beim Namen genannt wurde). Im islamischen Glauben erweckte Gabriel (Jibril) den Propheten Mohammed und diktierte ihm den Koran. Auch wird berichtet, Gabriel habe die Jungfrau von Orleans inspiriert. Die Farbe Gabriels ist Weiß, wenn sie als transformierender Strahl des Wurzelchakras in der vierten Dimension genutzt wird.

Physische Assoziationen Körperregionen: unterer Rücken, untere Darmregion, Unterleib und die Nieren. Regelt den Adrenalinausstoß. Hilft bei der Verdauung. Lindert Bronchitis und Asthma. Er ist hilfreich während der Menopause. Er bringt die Hormone ins Gleichgewicht und verbessert die Fruchtbarkeit. Er wirkt motivierend, sorgt für ein ausgeglichenes

Mit dem Orangefarbenen Strahl kann Erzengel Gabriel herbeigerufen werden, um Stress abzulassen und Kreativität zu steigern.

Energieniveau im Körper und steigert die Vitalität. Er wirkt sanfter als der Rubinrote Strahl, da er das Energieniveau schrittweise erhöht. Er löst festgefahrene Abläufe. Mildert Verstopfung.

Emotionale und mentale Assoziationen Er lindert Kummer, Trauer und Verlust. Er fördert Kreativität, Optimismus und eine positive Sichtweise im Leben. Darüber hinaus hilft er dabei, Ängste und Phobien zu bekämpfen. Er vertreibt die Scheu vor freudigen Erfahrungen.

Spirituelle Assoziationen Er regt die Fröhlichkeit an, was die Spiritualität steigert.

Gelber Strahl

Erzengel Jophiel

Farbe *Gelb* • Ausrichtung *Weisheit*
Chakra *Nabelchakra* (manipuraka) – *Element des Feuers – vermittelt Ausgeglichenheit durch logisches Denken, Selbstbewusstsein und Zielbewusstsein*

Als dritter Strahl des sichtbaren Regenbogenspektrums beeinflusst der Gelbe Strahl das Nabelchakra auf physischer Ebene (dritte Dimension) und ist der transformierende Strahl für das Kronenchakra (vierte Dimension). Dies ist der zweite spirituelle Strahl. Er ist orangegelb mit blassgoldenen Nuancen – wie ein Zitrin (gelber Quarz) bester Qualität.

Jophiel ist der Erzengel der Weisheit und er arbeitet mit den Engeln in der Halle der Weisheit zusammen. Sein Strahl wird oft als Sonnenstrahl bezeichnet. Sein Name bedeutet „Schönheit Gottes".

Der Strahl des Erzengels Jophiel hilft dir dabei, einen neuen, frischen Ansatz für dein Leben zu finden und er bringt Zauber und Vergnügen in dein Leben zurück.

Jophiel baut Verbindungen durch die Dimensionen hindurch zwischen dir und deinem Höheren Selbst auf. Er kann als Himmelsleiter bezeichnet werden. Er kann dir sofort dabei helfen, Seelenqualen, die durch einen Schock, Furcht oder Krankheit entstanden sind, zu heilen.

Jophiels Gaben umfassen die Flamme des Wissens, Intuition, Auffassungsgabe, Freude, Segen und Erleuchtung der Seele. Rufe Jophiel herbei, wenn du einen Kreativitätsschub brauchst, um gegen ein vermindertes Selbstbewusstsein, Erschöpfung oder Gedankenblockaden vorzugehen. Er hilft dir dabei, neue Informationen aufzunehmen. Seine Flamme des Wissens kann herbeigerufen werden, um dir in jeder Situation, die eine klare Auffassungsgabe, Scharfsinn oder Inspiration benötigt, beizustehen.

Physische Assoziationen Körperregionen: Bauchspeicheldrüse, Solarplexus, Leber, Gallenblase, Milz, obere Bauchregion, Nervensystem, Verdauungssystem und Haut.

Er verstärkt, erhellt, stimuliert und festigt Energie. Er stärkt beeinträchtigte Prozesse innerhalb des Körpers. Darüber hinaus vermindert er Cellulitis und entfernt Toxine. Er erneuert unsere Lebensfreude. Farbtherapeuten benutzen ihn, um Arthritis, Gelenkversteifung und allgemeine Unbeweglichkeit zu heilen

Emotionale und mentale Assoziationen Denkvermögen und Lernfähigkeit. Wissen und intellektuelle Stimulanz. Hilft bei der Konzentration. Er sorgt für bessere Stimmung, Freiheit, Lachen und Freude. Steigert die Selbstkontrolle. Er hebt das Selbstbewusstsein und sorgt für totales Wohlbefinden. Er verbessert die Konversationsfähigkeiten und sorgt für bessere Kommunikation. Hilft dabei, die Schüchternheit abzulegen und spendet Mut. Er schützt vor geistiger Verwirrung.

Spirituelle Assoziationen Erleuchtung der Seele; er stärkt die Verbindung mit unserem Höheren Selbst, unseren Führern und Engeln. Er hilft dir dabei, Beeinträchtigungen der Seele, die durch Krankheit oder Depression entstanden sind, zu heilen.

Die Farbe Gelb wird gebraucht, um den Erzengel Jophiel herbeizurufen. Er bringt uns Klarheit und Wissen.

Grüner Strahl

Erzengel Raphael

Farbe *Smaragdgrün* • **Ausrichtung** *Heilung und Harmonie*
Chakra *Herzchakra* (anahata) – *Element der Luft – vermittelt Ausgeglichenheit durch uneingeschränkte Liebe für uns selbst und andere*

Als vierter sichtbarer Strahl des Regenbogenspektrums beeinflusst der Grüne Strahl das Herzchakra auf der physischen Ebene (dritte Dimension) und ist der transformierende Strahl für das Dritte Auge / Stirnchakra (vierte Dimension). Dies ist der fünfte spirituelle Strahl. Er leuchtet smaragdgrün – wie ein Smaragd bester Qualität.

Der Erzengel Raphael ist der heilende Aspekt der göttlichen Kraft. Er ist als Mediziner des Engelreichs bekannt, der göttliche Heiler, der uns heilt und uns dabei hilft, innere Führung, Liebe, Barmherzigkeit, Ausgeglichenheit und Inspiration zu erlangen, um andere zu heilen.

Raphael ist einer der sieben herrschenden Engel oder Prinzen. Er ist einer von nur drei anerkannten Erzengeln im christlichen Glauben, neben Michael und Gabriel. Er gilt als Anführer der Schutzengel und Schutzpatron der Reisenden. Auf vielen Abbildungen trägt er einen Caduceus oder er wird als Pilger mit einem Stab in der einen und einer Schale mit heilendem Balsam in der anderen Hand dargestellt. Als übergeordneter Engel der Heilung hat der Erzengel Raphael die Fähigkeit, uns in unserer Heilkunst anzuleiten – egal, welchem Glauben wir angehören.

Physische Assoziationen Grün ist die Farbe der Natur und sitzt inmitten des Farbspektrums. Er sorgt für Ausgeglichenheit, beruhigt und entspannt. Der Grüne Strahl ermutigt die persönliche Weiterentwicklung, indem er für Harmonie sorgt. Er hält die mentale und die physische Energie in einem dynamischen

Die Farbe Grün kann benutzt werden, um den Erzengel Raphael herbeizurufen. Er bringt uns Heilung und innere Ausgeglichenheit.

Ausgleich. Ferner löst er schmerzhafte und angespannte Gefühle. Er ist auf die Natur und die himmlischen Reiche abgestimmt und gilt als der Strahl großer Heiler und der Heilung. Der Grüne Strahl wird dazu benutzt, Spannungskopfschmerzen und Migräne, Magengeschwüre, Verdauungsprobleme und alle Formen von Stress – inklusive extremen emotionalen Stress – zu heilen. Er unterstützt auch die Heilung von Herz-, Lungen- und Thymusbeschwerden (Lymphsystem).

Emotionale und mentale Assoziationen Vermindert Klaustrophobie und Gefühle der Bedrängnis. Er stabilisiert das Nervensystem, besänftigt emotional bedingte Aufregung und vermindert geistige Verwirrung. Er beruhigt alle Sinne und hilft bei der Entwicklung gesunder Beziehungen zu anderen.

Spirituelle Assoziationen Er hilft bei der Entwicklung göttlicher Visionen, Intuition und Erkenntnis durch Ausgeglichenheit und Harmonie. Er verbessert die kreative Visualisierung und Offenbarungstechniken.

Blauer Strahl

Erzengel Michael

Farbe *Saphirblau* • **Ausrichtung** *Kommunikation*
Chakra *Kehlchakra* (visuddha) – *Element des Äthers – vermittelt Ausgeglichenheit durch einfache Kommunikation mit uns selbst und anderen auf allen Ebenen*

Als fünfter sichtbarer Strahl des Regenbogenspektrums beeinflusst der Blaue Strahl das Kehlchakra auf der physischen Ebene (dritte Dimension) und ist der transformierende Strahl für das Kehlchakra (vierte Dimension). Er ist der erste spirituelle Strahl.

Der mächtige Erzengel Michael ist der Beschützer der Menschheit, der oberste, unveränderliche Kommandant aller Erzengel und er führt die himmlischen Streitkräfte – seine „Legionen des Lichts" – gegen das Böse an. Seine Hauptfarbe ist sonnengelb. Tatsächlich ist die feurige Kraft des Solarplexus seine Domäne, doch da er ein Schwert aus Saphir mit sich trägt, wird er oft mit einer blauen Flamme und somit mit der Kräftigung und der Entwicklung des Kehl- und Stirnchakras (Drittes Auge) in Zusammenhang gebracht. Der Blaue Strahl repräsentiert die Kraft und den Willen Gottes sowie die Kraft des Glaubens, des Schutzes und der Wahrheit. Als Streiter Gottes wird er oft bei der Tötung eines Drachens dargestellt.

Physische Assoziationen Körperregionen: Kehle, Schilddrüse und Nebenschilddrüse, obere Lungenpartien, Kiefer, Teile des Kopfes und das Körpergewicht.

Beruhigt, lindert und verhindert Überwärmungszustände. Wirkt fiebersenkend und lindert Hyperaktivität und Entzündungen, sorgt für Klarheit und Gelassenheit. Ferner lindert er Ohr- und Halsentzündungen. Sorgt für Besserung bei steifem Nacken und ähnlichen Beschwerden. Natürliches Schmerzmittel. Senkt zu hohen Blutdruck und erhöhten Puls. Beruhigt das zentrale Nervensystem, was zu einer Reduzierung von Stress führt. Er ist hilfreich in Krankenzimmern und bei der Arbeit mit tödlich erkrankten Menschen.

Emotionale und mentale Assoziationen Er bekämpft die Angst davor, die Wahrheit zu sagen. Er wirkt beruhigend auf den Geist, was dir dabei hilft, klar zu denken. Er bringt Frieden und Abstand von weltlichen Sorgen.

Spirituelle Assoziationen Er inspiriert dich dazu, nach höherer Wahrheit und verborgenem Wissen zu suchen. Der Blaue Strahl repräsentiert die Kraft und den Willen Gottes. Er vermittelt die Kraft des Glaubens und des Schutzes. Er hilft uns dabei, unseren kleinen Willen (Ego) dem höheren Willen Gottes unterzuordnen, sodass er sich in Hingabe verwandeln kann.

Die Farbe Blau kann benutzt werden, um den Erzengel Michael herbeizurufen. Er bringt uns Schutz und verbessert unsere Kommunikationsfähigkeit.

Indigofarbener Strahl

Erzengel Raziel

Farbe *Indigo* • Ausrichtung *Intuition und Erkenntnis*
Chakra *Drittes Auge / Stirnchakra* (ajna) – *Element des* avyakta *(ursprüngliche Wolke des undifferenzierten Lichts) – vermittelt Ausgeglichenheit durch Intuition, Hellseherei, Hellhörigkeit und Empathie*

Der Indigofarbene Strahl ist der sechste Strahl des sichtbaren Regenbogenspektrums und der transformierende Strahl des Kehlchakras in der vierten Dimension. Er ist der Schlüssel für die Entwicklung latenter übersinnlicher Fähigkeiten und hilft bei der bewussten Verbindung mit dem „Geist".

Raziel ist der Erzengel der geheimen Mysterien und sein Name bedeutet so viel wie „das Geheimnis Gottes". Indem er uns einen Blick auf das Rätsel der göttlichen Existenz erlaubt, gibt er uns göttliche Informationen preis. Diese Erfahrung bringt unser Bewusstsein hinter die Grenzen der Zeit, denn jeder Blick auf diese Ebene der Existenz offenbart die Vergangenheit, die Gegenwart und die Zukunft als ewiges Jetzt. Gemäß geheiligten Überlieferungen steht der Erzengel Raziel an jedem Tag auf dem Berg Horeb und verkündet allen Menschen die Geheimnisse der Menschheit.

Raziels Wissen ist vollständig, absolut und perfekt. Wenn wir diese unglaublichen „Einsichten" erhalten, brauchen wir für unser „Verständnis" davon keine Bestätigung von anderen. Unser Kronenchakra ist geöffnet, die Flammen der Erleuchtung kommen herab und wir können die Grenzen der Realität überschreiten. Diese Begegnungen mit Raziel können unseren Freunden, unserer Familie, den Arbeitskollegen und sogar der Gesellschaft im Allgemeinen sehr extrem erscheinen, aber wenn du einmal das gesicherte Wissen über die Vorgehensweise des Göttlichen erlangt hast, wird nichts mehr so sein wie zuvor!

Der Indigofarbene Strahl kann dazu benutzt werden, um den Erzengel Raziel herbeizurufen, der unsere Intuition verbessert.

Physische Assoziationen Körperregionen: Hirnanhangdrüse, Skelett, Teile des Gehirns, Augen, Stirn- und Nasennebenhöhlen.

Stärkstes schmerzstillendes Mittel des Regenbogenspektrums. Befreit die Skelettstruktur von Negativität. Er tötet Bakterien in der Nahrung, Wasser und der Luft ab. Ferner reinigt er alle Arten von Verschmutzung. Er verbessert chronische Nebenhöhlenbeschwerden. Er hilft bei Schlaflosigkeit, Bronchitis, Asthma und anderen Beeinträchtigungen der Lungenfunktion. Darüber hinaus bringt er Erleichterung bei Migräne und Spannungskopfschmerzen. Hilft bei Schilddrüsenüberfunktion. Kann auch bei der Bekämpfung von Tumoren unterstützend eingesetzt werden. Er beschleunigt die Heilung von Nierenbeschwerden und hilft bei Durchfall. Wirkt blutdrucksenkend. Er lindert Rückenprobleme, besonders Ischiasbeschwerden und Hexenschüsse. Der Indigofarbene Strahl kann abhängig machen, da er Linderung bei alltäglichen Problemen und in schwierigen Situationen verspricht.

Emotionale und mentale Assoziationen Beruhigt das bewusste Denken, welches wie ein Beruhigungsmittel für die Emotionen wirkt. Begünstigt die interne Kommunikation. Er hilft dir dabei, dich auf deine persönlichen Angelegenheiten zu konzentrieren – Selbsterkenntnis, Selbstverständnis und Selbstbewusstsein. Er wird benutzt, um Zwangsvorstellungen und alle Formen emotionaler Instabilität zu behandeln.

Spirituelle Assoziationen Wirkt auf astraler Ebene antiseptisch und reinigt von negativen Gedanken. Er hilft uns dabei, unterbewusste Eindrücke zu verarbeiten, verbessert telepathische Fähigkeiten, Intuition, Hellsicht, Hellhörigkeit und Empathie. Steigert spirituelles Wissen. Indigo ist die Domäne der Mysterien und des Übersinnlichen. Er ist der Strahl der Künstler und auch des Künstlerberufs.

Violetter Strahl

Erzengel Zadkiel

Farbe *Violett* • **Ausrichtung** *Selbsttransformation, spirituelles Wachstum, kosmische Alchemie*
Chakra *Kronenchakra* (sahasrara) – *Element der kosmischen Energie – vermittelt Ausgeglichenheit durch kosmisches Bewusstsein, Urteilsvermögen und Verständnis*

Als höchste Schwingung im Regenbogen steht der Violette Strahl an siebter Stelle und hat die kürzeste Wellenlänge. Er ist aber auch der schnellste: Als solcher symbolisiert er den Übergang zwischen dem für Menschen sichtbaren und unsichtbaren Bereich – seit jeher repräsentiert er die göttliche Alchemie und die Umwandlung von Energie aus dem physikalischen Bereich hinein ins Göttliche.

Der Erzengel Zadkiel ist der Engel der Gnade oder Mildtätigkeit. Er ist auch als „der Heilige" bekannt, der Gottvertrauen und die Gnade Gottes lehrt. Er bringt uns Trost in der Stunde der Verzweiflung. Er ist der Regent des Jupiter und ihm ist der Donnerstag zugeordnet. Auf vielen Abbildungen hält er einen Dolch in der Hand, denn er war der Engel, der Abraham von der Opferung seines Sohnes Isaak auf dem Berg Moriah abgehalten hat. Darüber hinaus ist er der Anführer der Herrschaften, eines Engelchors, und er ist einer der sieben großen himmlischen Gestalten, die vor dem Thron Gottes stehen. Im Buch *Ozar Midraschim* 11,316, verfasst von J. D. Eisenstein, wird er *Kaddisha* genannt und als einer der Hüter des Tores des Ostwinds aufgeführt.

Physische Assoziationen Körperregionen: Epiphyse, oberer Teil des Kopfes, Krone, Gehirn, Kopfhaut.

Er lindert Entzündungen, hilft bei erhöhtem Puls und regelt die Funktion des Immunsystems. Er lindert Prellungen, Schwellungen und blaue Augen. Hilft bei Augenproblemen. Mildert Hautreizungen, wirkt schmerzlindernd, beschleunigt den Heilungsprozess.

Emotionale und mentale Assoziationen Hilft bei Unruhe und unterstützt bei der Genesung. Er lindert Abhängigkeit und Abhängigkeit erzeugende Eigenschaften in der Persönlichkeit. Er räumt emotionale Hindernisse aus dem Weg.

Spirituelle Assoziationen Er inspiriert, befreit die Vorstellungskraft, hilft bei der Meditation, fördert übersinnliche Fähigkeiten und unterstützt die Intuition. Sorgt für spirituelle Hingabe und bedeutsame Träume. Hilft bei der Erinnerung an frühere Leben. Er fördert die Entwicklung des Kronenchakras, hilft bei der weiteren Entwicklung der Seele und öffnet das Tor zum höheren Bewusstsein. Er bietet den Schutz der Psyche. Er ermöglicht dir das Erleben von Visionen. Ferner reinigt und läutert er alles, mit dem er in Berührung kommt – dies macht ihn zu einem allumfassenden Heiler von Körper und Seele.

Der Violette Strahl ruft den Erzengel Zadkiel herbei. Dieser hilft bei der spirituellen Umwandlung.

Farbmeditation mit den Engeln der sieben Strahlen

Zweck *Diese Meditation hilft dir dabei herauszufinden, welchen farbigen Strahl du im Moment am meisten brauchst, um wieder ausgeglichen zu sein*

Wenn du die Hilfe eines bestimmten Strahls brauchst, arbeite mit dem Erzengel zusammen, der diesem Strahl zugeordnet ist. Du kannst den Strahl dazu benutzen, den ganzen Körper oder auch nur einen Teil des Körpers auszufüllen. Dies gilt bei Schmerzen oder bestimmten Körperarealen, die einer Heilung bedürfen. Du kannst auch einfach den Erzengel eines Strahls anrufen, zu dem du dich intuitiv hingezogen fühlst.

Regenbogen sind Symbole der Hoffnung, des Schicksals und der engelsgleichen Freude.

MEDITATIONSANLEITUNG

VORGEHENSWEISE

1 Mache es dir in einem Stuhl gemütlich und schließe die Augen.

2 Atme tief ein und aus und entspanne bewusst jeden Teil deines Körpers.

3 Wenn du dich genügend entspannt hast, rufe den Erzengel Zadkiel herbei und bitte ihn, die Luft um dich herum mit der Farbe Violett zu erfüllen.

4 Atme ein und zähle dabei bis drei. Visualisiere dabei, wie du die Farbe Violett einatmest. Stelle dir dies ganz genau vor. Du siehst, wie du die Farbe durch die Nase einatmest und wie sie von da aus durch deinen Körper fließt.

5 Halte den Atem an und zähle bis drei, dann atme aus und zähle dabei bis drei. Wiederhole das Ganze zweimal. Damit ist der erste aus drei Atemzügen bestehende Farbzyklus vollendet.

6 Nun rufe den Erzengel Raziel herbei und bitte ihn, die Luft um dich herum mit der Farbe Indigo zu erfüllen.

7 Atme ein und zähle dabei bis drei. Visualisiere dabei, wie du die Farbe Indigo einatmest. Wieder siehst du, wie du die Farbe durch die Nase einatmest und wie sie von da aus durch deinen Körper fließt.

8 Halte den Atem an und zähle bis drei, dann atme aus und zähle dabei bis drei. Wiederhole das Ganze zweimal. Damit ist der zweite aus drei Atemzügen bestehende Farbzyklus vollendet.

9 Setze diesen, aus jeweils drei Atemzügen bestehenden Ablauf mit jedem Engel und jedem dazugehörigen farbigen Strahl fort.

10 Wenn du damit fertig bist, kannst du dich entweder darauf konzentrieren, klares weißes Licht einzuatmen oder du entspannst dich einfach und kommst langsam aus der Meditation zurück.

Weißer Strahl

Erzengel Metatron

Farbe *Weißes Licht (Glanz)* • Ausrichtung *Spirituelle Entwicklung, Erleuchtung, Aktivierung und Aufstieg des Lichtkörpers* • Chakra *Seelenstern*

Der Seelenstern ist als „Sitz der Seele" bekannt und liegt etwa eine Hand breit über unserem Kopf. Manchmal wird es auch als achtes Chakra bezeichnet und ist das eine der nicht-physischen oder übersinnlichen Chakren oberhalb deines Kopfes. Der Seelenstern enthält alle Informationen, die mit deiner Seele verbunden sind. Wenn dieses übersinnliche Chakra einmal vom Erzengel Metatron aktiviert worden ist, werden Schlüsselinformationen in dein niederes Chakrensystem weitergeleitet. Dies setzt den als „Lichtkörperaktivierung", „Aufstieg ins kosmische Bewusstsein" oder Erleuchtung bekannten Prozess in Gang.

Das weiße Licht ist der Hauptstrahl. Er enthält und reflektiert alle anderen Farben, sogar solche Farben, die der Mensch nicht sehen kann.

Die Anrufung Metatrons und die Wirkung seines weißen Strahls sorgen für beispielloses spirituelles Wachstum. Sein Lichtwirbel ist so leuchtend und riesig, dass wir ihn oft als Feuersäule wahrnehmen, die noch greller erscheint als das Sonnenlicht. Er ist das Licht, das Mose in Form des brennenden Buschs sah, bevor ihm die Zehn Gebote anvertraut wurden. Er ist das Licht, das der heilige Paulus auf der Straße nach Damaskus wahrnahm. Tatsächlich ist er auch das Licht, das von Menschen bei Nahtod-Erfahrungen beschrieben wird.

Physische Assoziationen Körperregionen: alle Regionen. Er stellt die Körperschwingung wieder her, wird als „Allheilmittel" verwendet. Er ist der vielfältigste und ausgleichendste unter allen Strahlen.

Emotionale und mentale Assoziationen Er reinigt die Emotionen und sorgt für Ausgeglichenheit. Bringt inneren Frieden und Ruhe. Er ermöglicht uns einen Neuanfang. Er befreit uns von emotionalen Altlasten und verfeinert unsere Empfindungen.

Spirituelle Assoziationen Multidimensional. Er ermöglicht denen, die es auch gebrauchen, spirituelles Wachstum. Er bereitet die „physischen" Chakren der dritten Dimension darauf vor, als entsprechende Bewusstseinsebenen für die Erlangung der spirituellen Erleuchtung zu fungieren.

Der Hauptstrahl des Erzengels Metatron besteht aus glänzendem weißem Licht.

Rosafarbener Strahl

Erzengel Chamuel

Farbe *Rosa* • **Ausrichtung** *Beziehungen* • **Chakra** *Herzchakra* (anahata) – *Element der Luft – unterstützt die Entwicklung höherer Emotionen*

Der ausgleichende, Rosafarbene Strahl manifestiert die Einheit von Himmel und Erde im menschlichen Herzen. Er ist das Produkt der Verbindung zwischen dem Roten Strahl und dem Weißen Strahl des spirituellen Erwachens und der Vollkommenheit.

Der Erzengel Chamuel hilft dir dabei, deine liebevollen und fürsorglichen Beziehungen zu anderen Menschen zu erneuern und zu verbessern, indem er dein Herzchakra weiterentwickelt. Dies wird durch den schönen Rosafarbenen Strahl unterstützt. Er repräsentiert unsere Fähigkeit, andere zu lieben und zu umsorgen, Liebe zu geben und zu empfangen – und dies frei von allen selbstsüchtigen Interessen. Er symbolisiert eine Liebe, die das Selbst umwandelt und durchdringt, und uns durch Mitgefühl dem Zustand emotionaler Reife näherbringt. Viele Menschen fürchten sich davor, ihr Herzchakra zu öffnen. Diejenigen, die in der Lage waren, diese Furcht zu überwinden, strahlen eine charismatische Wärme aus, die andere als beruhigend, wohltuend und erheiternd empfinden.

Der Erzengel Chamuel steht uns bei all unseren Beziehungen hilfreich zur Seite, besonders bei Beziehungssituationen, die unser Leben stark beeinflussen, wie bei einem Konflikt, einer Scheidung, einem schmerzlichen Verlust oder Jobverlust. Er hilft uns dabei, die schon existierenden, liebevollen Beziehungen in unserem Leben wertzuschätzen. Seine Botschaft lautet: „Es ist einzig und allein die Energie der Liebe in jedem Vorhaben, die anhaltenden Wert und Nutzen für die gesamte Schöpfung bringt."

Physische Assoziationen Körperregionen: Herz, Schultern, Lunge, Arme, Hände und Haut.

Er heilt jede Körperregion, die du ablehnst oder für unliebsam erklärt hast. Er heilt Verspannungen und psychosomatische Krankheiten. Er ist auch hilfreich, wenn eine Krankheit diagnostiziert worden ist, aber die Angst die physische Heilung behindert.

Emotionale und mentale Assoziationen Der Rosafarbene Strahl befasst sich mit dem Aufbau von Zuversicht und Selbstbewusstsein. Er löst sehr schnell negative Emotionen auf, wie Selbstverachtung, geringes Selbstwertgefühl, Selbsthass und Selbstsucht. Er sorgt für „innere" Fröhlichkeit, indem er dir deine einzigartigen Talente und Fähigkeiten bewusst macht und dir dabei hilft, diese Attribute anzunehmen und dich selbst zu achten. Er hilft bei Depressionen, zwanghaftem Verhalten und destruktiven Tendenzen.

Spirituelle Assoziationen Er öffnet das Herzchakra, um Heilkräfte freizusetzen. Er zieht Seelenverwandte an, mit denen du deine intimsten Gedanken und Gefühle teilen kannst. Er bereitet dich darauf vor, das Christusbewusstsein zu empfangen, den Heiligen Geist.

Der zarte Rosafarbene Strahl des Erzengels Chamuel sorgt für Fröhlichkeit und bereitet dich darauf vor, das Christusbewusstsein zu empfangen.

Türkisfarbener Strahl

Erzengel Haniel

Farbe *Türkis* • **Ausrichtung** *Selbstdarstellung durch höhere Gefühle und Emotionen – Ausdruck der Seele* • **Chakra** *Thymus – auch bekannt als Punkt der Weisheit oder Höheres Herzchakra*

Die Farbe Türkis ist eine ausgeglichene Mischung aus Grün und Blau. Sie hilft dabei, unsere Individualität zu entwickeln. In der New-Age-Bewegung ist es die Farbe des Wassermannzeitalters, das uns dazu ermutigt, nach neuem spirituellem Wissen zu forschen.

Durch seine reine Wahrnehmung ist Haniel der Erzengel der göttlichen Kommunikation. Er ist ein Engel des Kampfes. Seine Autorität hilft dir dabei, die Mission deiner Seele zu erfüllen, nämlich Gott zu preisen, zu würdigen und zu lieben und dich, indem du deiner Verbundenheit mit Gott vertraust, sich wieder mit ihm zu vereinen – dies wird auch andere inspirieren. Rufe den Türkisfarbenen Strahl des Erzengels Haniel herbei, damit er dir Stärke und Beharrlichkeit verleiht, in Momenten der Schwäche. Er wird dich durch Visionen, persönliche Offenbarungen und Fügungen leiten. Haniel ist der Beschützer deiner Seele. Er versorgt dich mit Entschlusskraft und mit der Energie, die du für die Erfüllung deines Dharmas (es bedeutet, Erleuchtung zu erlangen, indem man seinen Illusionen freien Lauf lässt) benötigst.

Die Farbe Türkis ruft die Essenz des *shunyata* herbei, die unendliche blaue Leere, die sich in alle Richtungen ausbreitet. Sie ist absolut klar, makellos und herrlich. Durch diesen blauen, sich bis in die Unendlichkeit erstreckenden Himmel können wir ein Verständnis für die sich ständig erweiternde, wahre Freiheit der Seele erlangen, die auch uns gehören kann, wenn wir unseren Horizont erweitern.

Seit Anbeginn der Menschheit werden türkisfarbene Steine für Schutzamulette benutzt.

Physische Assoziationen Körperregionen: Thymus, Kehle. Kommt bei Atembeschwerden zum Einsatz und stärkt ein geschwächtes Immunsystem. Ist hilfreich bei Müdigkeit, Gewichtsproblemen, Allergien, Diabetes, Herzkrankheiten, erhöhtem Blutdruck, Halsentzündungen, steifem Nacken, Asthma, Kopfschmerzen, nervösen Beschwerden und Schwindel.

Emotionale und mentale Assoziationen Sorgt für emotionale Freiheit, Zuversicht und innere Stärke. Beruhigt die Nerven und wirkt als natürlicher Tranquilizer. Er lindert emotionales Chaos, indem er die Emotionen in Einklang bringt. Wirkt zentrierend und mildert Panikattacken. Begünstigt tief empfundene Kommunikation.

Spirituelle Assoziationen Er erweitert unseren spirituellen Horizont und hilft uns dabei, Hindernisse in unserem Leben zu überwinden (sogar die dunklen Kräfte der Negativität). Er rüstet uns für die Errettung unserer Seelen und die Freiheit der Seele. Reinigt das Kehlchakra. Begünstigt das Channeling und die Kommunikation mit spirituellen Führern und Engeln. Fördert die Intuition und bietet Trost auf spiritueller Ebene.

Lilafarbener Strahl

Erzengel Tzaphkiel

Farbe *Lila* • Ausrichtung *Aktiviert das Engel-Chakra – sorgt für Zugang zur Führung durch Engel* • Chakra *Engel-Chakra – auch unter der Bezeichnung Fünftes Auge bekannt*

Es gibt zwei sehr bedeutende Chakren oberhalb des Dritten Auges. Eines davon ist das Vierte Auge. Im Sanskrit heißt dieses Chakra Soma, was so viel wie Wasser bedeutet. Es gleicht das Feuer des Nabelchakras aus und sorgt nach dessen Aktivierung für Ausgeglichenheit und Harmonie (siehe S. 140 für die Meditation über Sonne und Mond in Harmonie). Das Fünfte Auge, das am oberen Ende der Stirn liegt, wird im Sanskrit Lalata genannt. In der New-Age-Bewegung wird es oft als Engel-Chakra bezeichnet. Wenn es erwacht und vollständig aktiviert ist, erlaubt es dir nicht nur, Herr über dein Schicksal zu werden, sondern auch täglichen tiefgründigen Kontakt zu den Engeln herzustellen.

Das Engel-Chakra ist auf natürliche Weise mit dem blassen Lilafarbenen Strahl verbunden, denn er besteht aus dem Violetten Strahl der spirituellen Umwandlung in perfekter Verbindung mit dem Weißen Strahl der spirituellen Reinheit.

Der Erzengel Tzaphkiel ist der Engel der tiefen Besinnung Gottes und er repräsentiert den weiblichen Wasseraspekt der Schöpfung. Tzaphkiel pflegt alle Dinge und erlaubt uns kurze Einblicke in andere Realitäten. Sie beschert uns Segen, der durch den Glauben entstanden ist, unser Verständnis mehrt und uns durch spirituelles Wachstum neues Wissen offenbart. Der Erzengel Tzaphkiel vertreibt alle oberflächlichen Empfindungen und Absichten aus unserer spirituellen Entwicklung. Sie steigert Erkenntnis, Mystik und Urteilsvermögen, indem sie uns dabei hilft, die feminine Seite unseres Wesens zu entwickeln. Allerdings tut sie dies nur, wenn du in einer neuen Bewusstseinsebene wiedergeboren werden möchtest. Diese Ent-

Der zarte, Lilafarbene Strahl des Erzengels Tzaphkiel gewährt uns Zugang zur Führung durch Engel.

scheidung ermöglicht es deinem Herzen, sich vollends zu öffnen und die Reinheit deiner Seele wird offenbar.

Physische Assoziationen Sorgt für Ausgeglichenheit und Harmonie in jedem Teil des physischen Körpers. Löst Blockaden auf und lindert Kopfschmerzen.

Emotionale und mentale Assoziationen Vermindert Unruhe, Reizbarkeit und Sorgen. Dieser Strahl wird bei Heilungen im emotionalen Bereich gebraucht, da er einem aufgewühlten Geist Frieden beschert. Die Farbe Lila lässt den Gedanken und Eindrücken über andere Menschen freien Lauf. Steigert Objektivität und Konzentration. Wirkt unterstützend. Er lindert Abhängigkeit und Abhängigkeit erzeugende Eigenschaften in der Persönlichkeit.

Spirituelle Assoziationen Hilft bei inneren und außerkörperlichen Reisen, veränderten Realitätszuständen und tiefer Meditation. Das Tor zum Unbekannten. Verbindung zum Reich der Engel. Hilft bei spirituellen Erkrankungen und löst altes Karma auf.

Die Strahlen der Umwandlung in der vierten Dimension

Der Erzengel Melchizedek hilft dir dabei, deinen „Lichtkörper" oder „Merkavah Körper des Lichts" zu entwickeln. Dies ist ein Teil deiner Suche nach Erleuchtung. Diejenigen Menschen auf Erden, die ihre Schwingung durch spirituelle Praktiken erhöhen wollen, befinden sich in einem „Aufstiegsprozess".

Die Engel der Strahlen, die sieben Erzengel, lenken die Lebenskraft Gottes, um das physische oder dreidimensionale Chakrensystem zu entwickeln.

In diesem Teil des Buches wollen wir damit beginnen, unsere Chakrazentren zu entwickeln und unser Bewusstsein so zu verschieben, dass wir auch spirituelle Eindrücke wahrnehmen können (diese stammen aus der vierten Dimension). Dies hilft uns dabei, uns mit unserem wahren Wesen zu identifizieren, anstatt uns als physische Wesen mit der Aussicht auf spirituelle Erfahrung zu fühlen. Wenn wir uns spirituell weiterentwickeln, entwickeln sich auch unser physischer Körper, unser dreidimensionales Chakrensystem und auch unsere Schwingung weiter und wir werden zu „Lichtarbeitern".

Ein Lichtarbeiter ist jemand, der sich darüber bewusst ist, dass er einem höheren, spirituellen Zweck dient. Sie sind nicht materialistisch, nehmen die spirituellen Welten bewusst wahr und haben sich ihre Heilung, die Heilung anderer und die Heilung der Umwelt durch den Gebrauch subtiler Heilenergie zum Ziel gesetzt.

Der Erzengel Melchizedek steht uns auf unserem Weg der spirituellen Entwicklung hilfreich zur Seite.

Lichtarbeiter sind sich der Vernetzung allen Lebens bewusst und sie wissen, dass Selbstheilung und Selbsterkenntnis nicht nur spirituelle Befreiung für sie selbst, sondern auch für alle empfindsamen Wesen bedeutet.

Diese spirituelle Entwicklung zu einem Lichtarbeiter bewirkt eine Verdünnung des „Schleiers" zwischen den Dimensionen. Aber bevor wir die volle Erkenntnis der höheren Dimensionen erreichen und unseren „Merkavah Körper des Lichts" aktivieren können, müssen wir lernen, die umwandelnden Strahlen des vierdimensionalen Chakrensystems zu nutzen. Dieser Abschnitt erläutert eine Meditation, welche die umwandelnden Strahlen der vierten Dimension herbeiruft, um die vierdimensionalen Chakra-Strahlen in deinem physischen, dreidimensionalen Körper zu verankern.

Melchizedek ist der Engel, der dir bei diesem Vorgang assistiert und ihn überwacht. Die benutzten Farben sind hier anders, da sie Strahlen der Umwandlung der Chakren sind, die für die spirituelle Entwicklung gebraucht werden.

Die Strahlen der Umwandlung, ihre Farben und Eigenschaften

Chakra	*Dritte Dimension*	*Strahl der Umwandlung*	*Eigenschaften*
Wurzel	*Rot*	*Weiß*	*Reinigung, Auferstehung*
Sakral	*Orange*	*Violett*	*Freiheit, Vergebung*
Nabel	*Gelb*	*Rubinrot*	*Hingabe, Frieden*
Herz	*Grün*	*Pink*	*Verehrung, Göttliche Liebe*
Kehle	*Blau*	*Indigo*	*Mysterien, Wunder*
Drittes Auge	*Indigo*	*Smaragdgrün*	*Göttliche Vision*
Krone	*Violett*	*Weiß-Gold*	*Erleuchtung, Wissen*

Meditation zur Verankerung der vierdimensionalen Chakra-Strahlen

Zweck *Ruft die umwandelnden Strahlen der vierten Dimension herbei und verankert diese in deinem physischen, dreidimensionalen Körper und dem entsprechendem Chakrensystem*

Der Erzengel Melchizedek übergibt der Menschheit den „Schlüssel zum Königreich", verschlüsselt in Lichtfrequenzen, die den menschlichen Körper durchdringen. Wenn du diese höheren Dimensionen bewusst wahrnehmen möchtest, kannst du diese Meditation anwenden, um damit die umwandelnden Strahlen aus dem vierdimensionalen Chakrensystem herbeizurufen.

MEDITATIONSANLEITUNG

VORGEHENSWEISE

1 Mache es dir auf einem Stuhl bequem. Schließe die Augen. Atme tief ein und aus und entspanne bewusst jeden Teil deines Körpers.

2 Wenn du dich genügend entspannt hast, rufe den Erzengel Melchizedek herbei, den Hüter des Weiß-Goldenen Strahls, um dich zu leiten, zu beschützen und den Vorgang zu überwachen. Bitte ihn darum, die vierdimensionalen Strahlen der Umwandlung in bestimmter Reihenfolge zu dir herunter zu schicken, beginnend am Wurzelchakra und aufwärts bis zum Kronenchakra.

3 Beginne mit dem Weißen Strahl, lasse ihn dein Wurzelchakra auffüllen. Lasse die Energie in ihrem eigenen Tempo fließen. Versuche nicht, die Energie zu kontrollieren, sondern lasse sie ihren eigenen Platz finden. Wenn der Energiestrom abgeebbt ist, bist du bereit, den nächsten Strahl zu empfangen.

4 Lasse als Nächstes den Violetten Strahl des Sakralchakras herabkommen und sein Energiezentrum ausfüllen. Gehe dabei vor wie im vorangegangenen Schritt. Wenn der Energiestrom abgeebbt ist, bist du bereit, den nächsten Strahl zu empfangen.

5 Wiederhole die vorangegangenen Schritte in folgender Reihenfolge: der Rubinrote Strahl des Nabelchakras; der Rosafarbene Strahl des Herzchakras; der Indigofarbene Strahl der Kehlchakras; der Smaragdgrüne Strahl des Dritten Auges; und zuletzt der Weiß-Goldene Strahl des Kronenchakras. Mit jedem Strahl, der zu dir herabkommt, fühlst du, wie sich das jeweilige Chakrazentrum mit Energie füllt.

6 Wenn du diesen Prozess abgeschlossen hast, konzentriere dich darauf, das weiß-goldene Licht des Melchizedek einzuatmen, um all deine Energiekanäle zu reinigen, zu harmonisieren und zu verflechten – dein eigenes Labyrinth. Indem du das weiß-goldene Licht des Melchizedek in dir zirkulieren lässt, nimmt dein inneres Licht oder deine spirituelle Erleuchtung zu, was zu verbesserter Sensibilität und zu einer gesteigerten Wahrnehmung alles Mystischen in der Natur führt.

Meditation über die Strahlen der Umwandlung in der fünften Dimension

Zweck *Unterstützt die Entwicklung größerer spiritueller Gaben und fördert das Verständnis der subtilen Energieschwingungen, die spirituellen Suchern zur Verfügung stehen*

Wenn du das vierdimensionale Chakrensystem einmal entwickelt und verankert hast, bist du bereit für diese Meditation, welche die umwandelnden Strahlen der fünften Dimension herbeiruft und sie in deinem physischen Körper und dreidimensionalen Chakrensystem verankert.

Die fünfte Dimension liegt gleich hinter der vierten und hat eine feinere Schwingung als die vierte Dimension. Je höher die Dimension, desto subtiler und feiner ist die Energieschwingung. Wenn wir diese höheren Dimensionen bewusst wahrnehmen, können wir die Beschaffenheit des Universums besser verstehen, bedeutendere spirituelle Gaben entwickeln und vielleicht dem Aufstiegspfad ein wenig näher kommen, der uns näher zu Gott bringt.

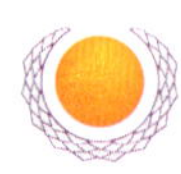

MEDITATIONSANLEITUNG

VORGEHENSWEISE

1 Mache es dir auf einem Stuhl bequem und schließe deine Augen.

2 Rufe den Erzengel Metatron herbei, den Hüter des Weißen Strahls und bitte ihn darum, dich zu führen und zu beschützen. Bitte ihn darum, dir die Strahlen der Umwandlung in bestimmter Reihenfolge herunterzuschicken, beginnend beim Wurzelchakra und aufwärts bis zum Kronenchakra. Mit jedem Strahl, der zu dir herabkommt, fühlst du, wie die Energie in den entsprechenden Chakren ansteigt.

3 Wenn du den Vorgang beendet hast, konzentriere dich darauf, das weiße, strahlende Licht des Erzengels Metatron einzuatmen, um all deine Energiekanäle zu reinigen, zu harmonisieren und zu vernetzen. Fühle dich von Engeln umgeben, da alle Informationen nun in deinen Chakrazentren verankert sind.

Die Strahlen der Umwandlung der fünften Dimension

Chakra	*Dritte Dimension*	*Strahl der Umwandlung*	*Eigenschaften*
Wurzel	*Rot*	*Platin*	*Göttliche Orientierung*
Sakral	*Orange*	*Magenta*	*Kreativität*
Nabel	*Gelb*	*Gold*	*Verbindung*
Herz	*Grün*	*Weiß*	*Christusbewusstsein*
Kehle	*Blau*	*Violett*	*Channel-Energie*
Drittes Auge	*Indigo*	*Weiß-Gold*	*Hemisphärensynchronisation*
Krone	*Violett*	*Klar (Durchsichtig)*	*Erleuchtung, Wissen*

Farben aus unserer natürlichen Umgebung

Erzengel Sandalphon

Farbe *Farben der Natur* • **Ausrichtung** *Umweltbewusstsein – persönliche und globale Verantwortung* • **Chakra** *Erdenstern-Chakra – befindet sich zwischen den Füßen – die Tiefe des Chakras variiert von Mensch zu Mensch und ist abhängig davon, wie gut du in der Ausübung deiner Spiritualität „geerdet" bist*

Die Natur hat uns mit allen Farben ausgestattet. Dies zeigt sich in der großen Anzahl von Bäumen, Pflanzen, Blumen und Kristallen. Wenn wir die Farben der Natur benutzen, um uns selbst und die Natur um uns herum zu heilen, stimmen wir uns auf die Energie des Erzengels Sandalphon ein, denn er ist der Hüter der Erde und verantwortlich für das Wohlergehen der Menschheit. Unter der Leitung Sandalphons stehen die Heilung der Erde und das Heilen aus der Entfernung.

Gemäß S. L. Mathers Werk *Der Schlüssel Solomon* ist Sandalphon der „linkshändige weibliche Cherubim der Arche". Er wird als sehr großer Engel und als göttliche Zwillingserscheinung des Erzengels Metatron beschrieben. Als Zwillinge sind sie das Alpha und Omega, der Anfang und das Ende: Ihre Gegenwart erinnert uns an den esoterischen Ausdruck „oben wie unten".

Physische Assoziationen Steigert die Prana-Lebensenergie und unterstützt die physische Gesundheit. Er hilft, die heilende Energie in den physischen Körper zu leiten, der nur dann gesund ist, wenn Stabilität und Ausgeglichenheit aufrechterhalten werden. Oft wird die heilende Energie nicht voll aufgenommen und verarbeitet, was bedeutet, dass sie sich auflöst und keinen andauernden Nutzen bringt. Stärkt das Immunsystem. Er hilft Kindern, ihre fantasievolle Kreativität auszuleben.

Der Erzengel Sandalphon nutzt die Farben von Mutter Natur, um uns und unsere Welt zu heilen.

Emotionale und mentale Assoziationen Er steigert das Prana, welches für geistige Klarheit und Scharfsinn sorgt. Begünstigt emotionale Reife. Er erlaubt es uns, den Kern jedes Problems zu erkennen und die persönliche Verantwortung für unsere eigenen Taten und Emotionen zu übernehmen. Darüber hinaus lindert er Stress und die psychologische, übersteigerte Abhängigkeit von bestimmten Menschen, Nahrung, Alkohol, Tabak und anderen suchtfördernden Substanzen.

Spirituelle Assoziationen Verankert deine spirituellen Erfahrungen. Schamanen und andere Menschen, die mit der Naturmagie arbeiten, nutzen diese Energie. Sie hilft dabei, das Selbst zu vereinen, indem sie uns von der Energie der Entfremdung und der Zerstreuung befreit.

Meditation über die Farben in der Natur

Zweck *Diese Meditation verbindet dich über den Erzengel Sandalphon mit der Erde – dieser Vorgang reinigt deine Verbindung mit der Erde und erneuert deinen physischen Körper, indem er die Prana-Energie steigert – außerdem hilft dir diese Meditation dabei, eine tief verwurzelte Spiritualität, Bewusstsein für deine Umwelt und einen Sinn für persönliche und globale Verantwortung zu entwickeln*

Wenn du mit dem Erzengel Sandalphon arbeiten willst, musst du alles Leben auf Erden respektieren und eine Beziehung zur Natur haben. Dies ist der Weg des Schamanen zur Erleuchtung. Der Erzengel Sandalphon erweckt dich aus der Trance, in der du dich vielleicht befunden haben magst. Die Realität der meisten Menschen ist von Illusion, Erinnerung, Konditionierung, Erfahrung und dem bewussten Denken „gefärbt".

Das Erdenstern-Chakra sieht wie ein regenbogenfarbener Hämatit aus: schwarz mit leuchtenden Regenbögen.

MEDITATIONSANLEITUNG

VORGEHENSWEISE

1 Reinige und weihe einen Ort für diese Meditation (siehe S. 18-19).

2 Sitze in bequemer, aber stabiler Haltung. Wenn du nicht im Schneidersitz auf dem Boden sitzen kannst, setze dich auf einen Stuhl mit aufrechter Lehne und stelle deine Füße flach auf dem Boden ab.

3 Rufe den Erzengel Sandalphon herbei, um die Meditation zu segnen, zu schützen und zu bewachen.

4 Visualisiere oder fühle, wie Wurzeln aus deinem Wurzelchakra am unteren Ende seiner Wirbelsäule herauswachsen, wenn du auf dem Boden sitzt. Sitzt du auf einem Stuhl, wachsen die Wurzeln aus deinen beiden Fußsohlen heraus.

5 Gestatte es deinen Wurzeln, dich mit dem Erdenstern-Chakra zu verbinden. Sieh, wie es zu leuchten beginnt und vor Lebensenergie pulsiert.

Stonehenge ist ein magischer Ort auf Erden, wo unsere Vorfahren den Wechsel der Jahreszeiten zelebrierten.

6 Lasse deine Wurzeln tiefer in die Erde eindringen. Sende sie weiter nach unten, tiefer und tiefer, bis deine Wurzeln den Kristall im Zentrum der Erde erreichen. Dieser ätherische Kristall besteht aus Kohlenstoff und sieht wie ein leuchtender Diamant aus, der alle vorstellbaren Farben enthält.

7 Ziehe die Energie des Diamanten durch dein Wurzelsystem nach oben, fühle, wie sie höher und höher steigt, bis es dein Erdenstern-Chakra berührt. Hier angekommen lässt die Energie dein Erdenstern-Chakra in allen vorstellbaren Farben leuchten.

8 Lasse die Energie in deinen physischen Körper fließen, fühle, wie sie jede Zelle, jedes Molekül ausfüllt, bis dein ganzes Dasein mit regenbogenfarbenem Licht ausgefüllt ist.

9 Lasse dir genügend Zeit, langsam wieder zum normalen Bewusstsein zurückzufinden.

Metallene Strahlen

Silberner Strahl Dieser Strahl ist weiblich (Yin) in der Natur, beruhigend und wohltuend. Er bezieht sich auf die Mondenergien des Erzengels Auriel und auf die Engel des Mondes. Der Silberne Strahl ermöglicht es uns, uns selbst in einem anderen Licht zu betrachten. Er erhellt und reflektiert Energie: Er ist flüssig, weich, nachgiebig und ein natürlicher Tranquilizer. Der Silberne Strahl hilft uns dabei, die flüssigen Eigenschaften des Körpers auszugleichen, genauso wie die weiblichen Hormone. Dieser Strahl regelt außerdem die weibliche, rechte Gehirnhälfte. Er unterstützt dich dabei, deine Intuition zu gebrauchen und deine Gefühle und Instinkte zu analysieren.

Goldener Strahl Als kraftvoller und männlicher (Yang) Strahl in der Natur, bezieht sich der Goldene Strahl auf die Energie der Sonne und die Engel der Sonne. Die Sonne übt einen positiven, physiologischen Einfluss auf uns Menschen aus, sie sorgt für Fröhlichkeit und positive Empfindungen, wenn wir ihr ausgesetzt sind. Dieser Strahl reinigt von parasitären Energien und hält ungewollte Energien davon ab, uns zu beeinflussen. Er schützt uns vor schäd-

In Silberschmuck verarbeitetes Bernstein (versteinertes Baumharz) wird getragen, um die Effekte des Silbernen Strahls herbeizurufen, der Energien ausgleicht, erleuchtet und reflektiert.

lichen Einflüssen. Er hilft auch bei Situationen, die die männliche, linke Gehirnhälfte betreffen, also wenn logisches und systematisches Denkvermögen erforderlich ist. Auch hilft er uns dabei, die angemessene Entscheidung zu treffen.

Kupferfarbener Strahl Der Kupferfarbene Strahl verkörpert in der Natur zwar auch das weibliche Prinzip, jedoch etwas anders als der Silberne Strahl. Er ist der dynamisch, kräftige Ur-Aspekt der weiblichen Psyche. Er vermittelt die Energie der Erneuerung, der Kreativität, der Geburt und des Mutterleibs. Der Kupferfarbene Strahl ermöglicht es uns, unsere Träume und Wünsche wahr zu machen. Er enthält uralte Erinnerungen und eine kreative Kraft, die jenseits unseres beschränkten menschlichen Fassungsvermögens liegt. Er hilft uns, Entscheidungen zu treffen, die unser Leben verändern und unsere Träume wahr werden lassen.

In Silber- und Goldschmuck verarbeitete Kristalle – In der Natur reflektiert Silber das weibliche und Gold das männliche Prinzip.

Platinfarbener Strahl Der Platinfarbene Strahl verkörpert in der Natur ebenso das männliche Prinzip, jedoch auf etwas andere Weise als der Goldene Strahl. Er bringt dem männlichen Aspekt unserer Persönlichkeit heilende Kräfte. Er hilft, Ärger und Aggressionen zu bewältigen und lässt aufgestauten Gefühlen freien Lauf. Aggressives Konkurrenzdenken wandelt er in friedliche Zusammenarbeit um. Der Platinfarbene Strahl ist sehr stechend, durchdringend, konzentriert und rein. Er kann aggressive negative Energien zu ihrer Quelle zurückwerfen und er bringt die Unwahrheit ans Licht. Auf das menschliche Energiesystem und die Umwelt wirkt er reinigend und er gibt uns die benötigten Fähigkeiten, um den Sturm des Chaos zu überdauern.

Meditation über Sonne und Mond in Harmonie

Zweck *Harmonisierung der männlichen und weiblichen Aspekte – diese Meditation bringt die rechte und linke Gehirnhälfte in Einklang, um das Vierte Auge zu aktivieren*

Diese Meditation mag etwas kompliziert erscheinen, weil du dich zuerst auf dein Sakralchakra konzentrieren musst und dann deine selbst geschaffene Energie (Lebenskraft) durch deinen spirituellen Energiekanal (verläuft vom Perineum ausgehend aufwärts bis zu deinem Kopf) in das Vierte Auge hineinleiten musst, welches sich auf deiner Stirn direkt über dem Dritten Auge befindet. Hier angekommen visualisierst du den silbernen Vollmond über deinem linken Auge und eine goldene Sonne über deinem rechten Auge.

Der Silberne Strahl bezieht sich auf die Mondenergien des Erzengels Auriel und auf die Engel des Mondes, während sich der Goldene Strahl auf die Energie des Erzengels Camael und auf andere Sonnenengel bezieht.

Der Mond ist unser nächster Nachbar und übt Einfluss auf die Gezeiten auf der Erde aus.

MEDITATIONSANLEITUNG

VORGEHENSWEISE

1 Rufe die Erzengel Camael und Auriel herbei und bitte sie um Segen und Beistand. Wähle eine bequeme, aber stabile Meditationshaltung.

2 Richte deine Aufmerksamkeit auf dein Sakralchakra (Beckenboden) und fühle bei jedem Atemzug, wie sich dein Sakralchakra mit Lebenskraft füllt. Atme die Luft tief ein und schicke den Atem bis tief ins Zwerchfell, dehne und weite die Muskeln, ziehe beim Ausatmen den Unterleib ein.

3 Wenn du diese Energie aufgebaut hast (es sollte aussehen / sich anfühlen wie ein aufgeblasener, orangefarbener Ballon), nutze die Kraft deines Willens, um die Energie durch den spirituellen Energiekanal aufwärts in dein Drittes Auge zu senden.

4 Halte deine Konzentration auf dem Dritten Auge und nehme dein Viertes Auge wahr. Visualisiere eine silberne Mondscheibe über deinem physischen linken Auge und eine goldene Sonnenscheibe über deinem physischen rechten Auge.

5 Erlaube es den beiden Scheiben, sich einander anzugleichen. So werden die beiden Scheiben zu einer einzigen, zentralen Scheibe weiß-goldener Farbe in der Position deines Vierten Auges.

6 Halte diese harmonische Energie so lange du möchtest.

7 Um diese Meditation abzuschließen, lasse die harmonische Energie durch alle deine subtilen Energiekanäle und deine Aura fließen (um sie zu reinigen). Gib dir selbst genügend Zeit, um langsam zum alltäglichen Bewusstsein zurückzukehren.

Meditation über Kreativität und Harmonie der Seele

Zweck *Harmonisierung von Kreativität und dem Ziel der Seele – der Reinkarnation*

Oft können wir den rechten Pfad im Leben nicht finden, weil wir in jungen Jahren dazu gedrängt wurden, einen für uns unpassenden Lebensweg einzuschlagen. Wenn du dein kreatives Talent einmal entdeckt hast, fließt dein Leben sanft und leicht dahin. In Zeiten, die von Stress, Depression oder Verzweiflung geprägt sind, rufen viele Menschen die Engel um Hilfe an. Manchmal empfehlen die Engel einen radikalen Umschwung im Leben. Vielleicht wohnt in dir die Seele eines Künstlers, eines Designers, eines Schriftstellers oder Poeten. Vielleicht möchtest du auch ein fremdes Land bereisen oder darin leben. Oder vielleicht möchtest du auch auf dem Land leben und deine eigene Nahrung anbauen. Alles ist möglich; lasse dich nicht von deiner Angst davon abhalten, herauszufinden, wer du wirklich bist. Lasse deine Träume wahr werden!

MEDITATIONSANLEITUNG

DU BRAUCHST

Papier und einen Stift

VORGEHENSWEISE

1 Rufe den Erzengel Uriel herbei, um dich zu segnen, zu beschützen und die Meditation zu überwachen. Bitte ihn um Erleuchtung auf deinem Lebenspfad und sage ihm, dass du die Aufgabe deiner Seele in dieser Inkarnation herausfinden möchtest.

2 Wähle eine bequeme, aber stabile Meditationshaltung. Halte Stift und Papier bereit, damit du die Informationen, die dich erreichen, gleich aufschreiben kannst. Um dich zu entspannen, konzentriere dich auf deine Atmung.

3 Massiere dein Nabelchakra, von vorn und hinten, mit kreisenden Bewegungen im Uhrzeigersinn, bis du ein kribbelndes Gefühl wahrnimmst.

4 Richte deine Aufmerksamkeit auf dein Kronenchakra oberhalb deines Kopfes und visualisiere oder fühle, wie wunderschönes, goldenes Licht dein Kronenchakra ausfüllt. Dieses Licht wurde dir vom Erzengel Uriel gesandt.

5 Schicke das goldene Licht weiter zu deinem Nabelchakra. Nimm das goldene Licht vollständig auf.

6 Wenn du bereit bist, schreibe genau auf, was dir mitgeteilt wird und wie dein Lebenspfad verlaufen sollte. Es ist sehr wichtig, nichts zu verändern oder zu verbessern, was dir mitgeteilt wird. Lasse die Worte einfach auf das Papier fließen.

7 Danke dem Erzengel Uriel für dein himmlisches, neues Leben! Gib dir etwas Zeit, zum alltäglichen Bewusstsein zurückzukehren.

Einige Bäume haben bestimmte planetarische Eigenschaften und werden für Heilungszwecke genutzt. Die Eiche wird für Stärke verwendet.

Meditation über die Violette Flamme der Umwandlung

Zweck *Umformung von niederer Energie in positive, lebensbejahende Energie*

Diese Meditation ruft die Hilfe des Erzengels Zadkiel herbei, des Hüters der Violetten Flamme der Umwandlung. Zadkiels Violette Flamme hat die höchste Schwingungsfrequenz und bringt der Seele Frieden und Freude. Sie befreit dich von eingeschränktem Verhalten, festgefahrenen Meinungen und von Vergiftungen des Karmas (siehe S. 270) sowie von Erinnerungen aus deinem früheren Leben, die mit in dieses Leben transportiert wurden.

Diese Flamme reinigt die Chakrazentren, befreit von Abhängigkeit und abhängig machenden Eigenschaften. Sie wirkt wie ein Verstärker heilender und spiritueller Energien. Wenn sie vom Erzengel Zadkiel gelenkt wird, löst sie Energieblockaden auf, die aus Ärger, Hass, Feindseligkeit, Bitterkeit, Eifersucht, Intoleranz, Scham, Furcht und Schuld entstanden sein können. Sie schützt vor allzu großer Nachgiebigkeit und Vergiftungen, die sich im emotionalen Körper eingenistet haben.

Die Farbe Violett gewährt den Zugang zu den unsichtbaren Reichen und reinigt die Chakrazentren.

MEDITATIONSANLEITUNG

VORGEHENSWEISE

1 Setze dich in Meditationsposition. Konzentriere dich auf deine Atmung und entspanne dich.

2 Wenn du dich entspannt hast, rufe den Erzengel Zadkiel mit folgenden Worten herbei: „Erzengel Zadkiel, leite die Energie der Violetten Flamme der Umwandlung in jeden Teil meines Körpers und meiner Aura, bis ich von aller Negativität gereinigt und eins mit meiner ICH-BIN-Präsenz bin."

3 Entspanne dich und lasse dich von der Energie der Violetten Flamme einhüllen. Genieße die außergewöhnliche Erfahrung, während dein Körper und deine Aura sanft im Licht gebadet werden, denn die Violette Flamme wandelt alles Negative um und reinigt alle Bereiche deines Geistes, deines Körpers und deiner Aura. Fühle, wie all deine Chakrazentren augenblicklich gereinigt werden und du von Abhängigkeit und abhängig machenden Eigenschaften gereinigt wirst.

4 Fühle, wie die Flamme Blockaden und stagnierende Energien auflöst oder umwandelt. Lasse sie deinen Geist beruhigen und den göttlichen Funken in dir entzünden. Damit unterstützt sie dein spirituelles Wachstum und wandelt negatives Karma um.

5 Wenn du siehst, dass die Violette Flamme langsam erlischt, ist die Meditation vorbei. Gib dir selbst genügend Zeit, um zum wachen Bewusstsein zurückzukehren.

Violette Kerzen unterstützen das spirituelle Wachstum und bieten Schutz vor niederen Astralwesen.

Meditation über die Rosafarbene Flamme des Herzsterns

Zweck *Ruft den Erzengel Chamuel und die Engel der Liebe herbei, um dir bei der Weiterentwicklung deines Herzchakras zu helfen*

Diese Meditation hilft dir dabei, dein Herzchakra zu entwickeln und sorgt für einen soliden und guten Kontakt mit deinen Engeln. Darüber hinaus ermöglicht sie dir, auf einer höheren Bewusstseinsebene mit ihnen zu kommunizieren. Der Erzengel Chamuel hat sich liebevolle Beziehungen als Schwerpunkt gesetzt. Eine Meditation öffnet auf natürlichem Wege einen Kanal für die Kräfte der Engel und ermöglicht es unserem Bewusstsein, sich mit dem Bewusstsein der Engel zu verbinden.

Das traditionelle Symbol für das Herzchakra ist der zwölfblättrige Lotus. Sein Inneres enthält zwei sich überschneidende Dreiecke, die im Sanskrit *trikonas* genannt werden. Sie ergeben einen perfekten sechszackigen Stern. Der Herzstern symbolisiert den Geist, der sich in Masse verwandelt und Masse, die sich in Geist verwandelt. Dies ist der „Stern", den du während dieser Meditation aktivieren wirst.

Das traditionelle Mantra aus dem Hinduismus für das Herzchakra ist das *Bija*-Mantra „YAM" (ausgesprochen i-am). Benutze es, um deinen Herzstern während der Meditation zu aktivieren.

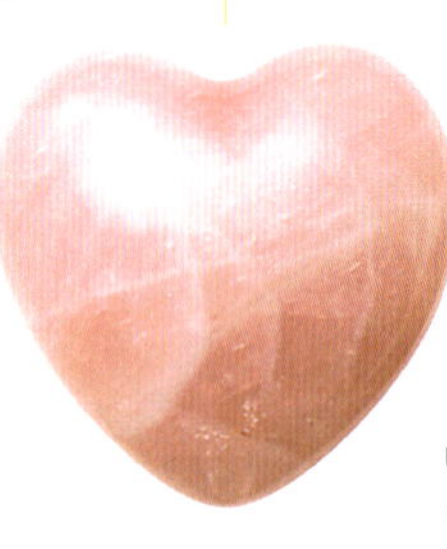

Ein Herz aus Rosenquarz als Symbol für ewige Liebe.

MEDITATIONSANLEITUNG

DU BRAUCHST

Eine rosafarbene Kerze
Beruhigende, engelsgleiche Musik

VORGEHENSWEISE

1. Entzünde deine Kerze und spiele die Musik ab, die du dir ausgesucht hast.

2. Wähle eine bequeme, stabile Meditationshaltung. Konzentriere dich auf deine Atmung und entspanne dich. Atme etwas länger und langsamer aus als ein.

3. Lasse dich von einer friedvollen Offenheit und Akzeptanz durchfließen.

4. Erlaube deinem Bewusstsein, die Ebene der Erde zu verlassen.

5. Rufe den Erzengel Chamuel und die Engel der Liebe herbei und bitte sie darum, dich mit ihrem geheiligten rosafarbenen Licht zu umgeben. Fühle, wie die Atmosphäre um dich herum warm und gemütlich wird.

6. Berühre sanft dein Herzchakra mit der linken Hand. Visualisiere, wie sich die zwölf Blütenblätter deines Herzchakras öffnen und beobachte, während sie sich öffnen, den dir innewohnenden Altar (dein allerheiligster Teil deines Bewusstseins).

7. Im Zentrum deines Altars siehst du deine rosafarbene Herzflamme. Beginne damit, das Bija-Mantra „YAM" zu singen.

8. Lade die Engel der Liebe dazu ein, in deinem Herzen zu verweilen. Sieh, wie sich die Flamme in einen schönen, golden- und rosafarbenen sechszackigen Stern verwandelt. Lasse diese wunderschöne Energie durch deinen Körper und deine Aura fließen und sende sie dann hinaus in die Welt. Sende jedem Menschen Liebe, der sie empfangen will.

9. Gib dir selbst genügend Zeit, in dein alltägliches Bewusstsein zurückzufinden, wenn die Meditation beendet ist.

ENGELSMEDITATIONEN

Die Meditationsposition

Setze dich bequem, aber stabil in den Schneidersitz und halte deine Wirbelsäule gerade. Dabei möglichst locker bleiben, besonders dann, wenn du längere Zeit meditieren willst. Lege ein kleines, festes Kissen unter dein Steißbein, damit die Energie ungehindert vom Ende der Wirbelsäule bis hinauf in den Kopf fließen kann.

Du kannst dich auch am Boden auf den Rücken legen. Halte deine Arme und Beine gestreckt, aber entspannt, und decke dich mit einer dünnen Decke zu, wenn dir kalt wird.

Wenn du dich auf einen Stuhl setzen möchtest, entscheide dich für einen Stuhl mit gerader Lehne. Stelle deine Füße flach auf den Boden, die Hände ruhen mit den Handflächen auf deinen Knien. Achte darauf, dass dein Kopf nicht nach vorne fällt, denn das behindert die Atmung.

Sich selbst „erden" Manche Menschen möchten sich erden, bevor sie meditieren oder nachdem sie meditiert haben, da dies für eine verbesserte Wahrnehmung der Erfahrung sorgt und eine bessere Selbstkontrolle ermöglicht. Wenn du auf einem Stuhl sitzt, kannst du dich erden, indem du deine Füße fest auf den Boden stellst; visualisiere dann, wie aus deinen Fußsohlen starke Wurzeln herauswachsen und dich tief in der Erde verankern. Wenn du in der traditionellen Meditationshaltung auf dem Boden sitzt, visualisiere, wie die Wurzeln unten aus deiner Wirbelsäule heraus- und tief in Mutter Erde hineinwachsen.

Sitze aufrecht und stelle deine Füße flach auf den Boden. Lege deine Hände auf die Knie und richte die Wirbelsäule auf.

Der richtige Ort zum Meditieren

Wir alle brauchen einen Ort, an den wir uns von der Welt zurückziehen können. Dein Raum oder Ort für die Meditation sollte warm, aber auch gut belüftet sein, besonders dann, wenn du mit Kerzen oder Räucherwerk arbeiten möchtest. Halte ihn sauber und schlicht; dies ist deiner Konzentration förderlich. Farbe ist für das Ambiente des Raums, in dem du meditieren möchtest, sehr wichtig: Einige Menschen bevorzugen ganz klassisch die Farbe Weiß, aber vielleicht gefällt dir zum Beispiel ein blasses Blau viel besser. Erstelle einen einfachen Engelaltar als spirituellen Beziehungspunkt oder nimm etwas aus der Natur zur Hand, zum Beispiel einen schönen Kristall.

Bestimme einen festen Platz und eine feste Zeit für deine Meditationen; die besten Zeiten sind Sonnenauf- und Sonnenuntergang. Mache es dir mit Kissen und Teppichen oder in einem gemütlichen Sessel bequem. Achte darauf, dass dir warm genug ist. Decke dich zu, falls dir kalt wird. Sorge dafür, dass du während der Meditation nicht gestört wirst – plane mindestens eine Stunde ein.

Ein Schutzkreis Einige Menschen legen vor der Meditation einen Schutzkreis an, der ungewollte Energien von außen davon abhält, den Meditierenden zu stören. Stelle dafür in den vier Himmelsrichtungen je eine Kerze auf. Achte darauf, dass sie keinen Brand auslösen. Du kannst auch mehr Kerzen benutzen, um den Kreis zu bilden, und auch Kerzen in der Farbe auswählen, die den Erzengel repräsentiert, mit dem du arbeiten möchtest.

Anstatt oder zusätzlich zu den Kerzen lassen sich auch Kristalle einsetzen. Manche Menschen stellen sich dann in den Kreis und benutzen ihren Finger oder einen Bergkristall, um zusätzlich einen Lichtkreis zu ziehen. Drehe dich dabei im Uhrzeigersinn, um den Kreis zu erzeugen, und gegen den Uhrzeigersinn, um ihn wieder aufzuheben.

Vorbereitung

Wenn du deine Meditationen einem Raum oder dem Teil eines Raums gewidmet hast, kannst du mit den Vorbereitungen beginnen. Nachfolgend sind einige Empfehlungen aufgelistet, die dir nützlich sein dürften:

- Entzünde eine Kerze in einer passenden Farbe.
- Reinige den Ort für deine Meditation mit Räucherwerk, Engelsprays oder einem Zerstäuber mit ätherischem Öl.
- Benetze deine Handflächen mit einem Tropfen ätherischen Öls. Dann reibe die Hände leicht aneinander. Atme den Duft tief ein, um dich selbst auf die Meditation einzustimmen.
- Lasse im Hintergrund engelsgleiche Musik spielen, wenn dich das nicht zu sehr ablenkt.
- Blumen eignen sich hervorragend als Opfergaben für Engel. Sie mögen auch Glocken gerne: Lasse zu Beginn und am Ende jeder Meditation eine kleine Glocke erklingen, um damit deine Meditationszeit zu bestätigen.
- Halte einen Kristall in der Hand, zum Beispiel einen Serafinit, Angelit, Coelestin, ein Prasem aus Serifos oder einen Engel-Aura-Kristall.
- Reinige deinen physischen Körper mit einem Bad oder einer Dusche und ziehe frische Kleidung an. Dies kann dabei helfen, sich empfangsbereiter zu fühlen und sich auf die Engel einzustimmen.
- Trage lockere Baumwollkleidung, die bequem sitzt und genug Bewegungsfreiheit lässt. Hebe sie dir speziell für deine Meditationen auf, denn jedes Mal, wenn du sie trägst, signalisierst du damit deinem Unterbewusstsein, dass du meditieren möchtest.
- Vermeide synthetische Fabrikate, da sie den Energiefluss in den Meridianen

Reinige deinen Meditationsort mit Engelsprays oder entzünde eine Kerze passender Farbe.

stören und eventuell negative Energien in deinem Energiesystem halten könnten. Schwarze, dunkle oder triste Kleidung stört ebenfalls die Meditation, da sie deine Schwingungsrate herabsetzt.

- Reinige auch deinen Geist, indem du „seelischen Müll" aus deinem Bewusstsein verbannst und dir Klarheit im Geiste verschaffst.

Je besser du dich auf die Meditationssitzungen vorbereitest, desto schneller wird der Kontakt zum Engelreich hergestellt. Wenn du dich erst daran gewöhnt hast, mit deinen Engeln zu kommunizieren, wirst du in der Lage sein, sofort in dein Herzzentrum einzutauchen und viele Male am Tag mit deinen Engeln Kontakt aufzunehmen.

Einstimmung auf deinen Engel

Diese Meditation stellt den Kontakt zu deinem Schutzengel her. Es ist eine Art Einstimmung, die es dir ermöglichen soll, dich deinem Schutzengel zu öffnen. Diese Beziehung führt dich sicher auf den Pfad der Erleuchtung.

MEDITATIONSANLEITUNG

VORGEHENSWEISE

1 Wähle eine bequeme Meditationshaltung. Entspanne deinen Körper, indem du dich auf deine Atmung konzentrierst.

2 Wenn du dich entspannt hast, stelle dir vor, dass du die Energie mittels deiner Atmung die Wirbelsäule hinauf- und hinunterschicken kannst.

3 Schicke die Erdenergie beim Einatmen vom Wurzelchakra hinauf zum Kronenchakra und sende beim Ausatmen die spirituelle Energie vom Kronenchakra zum Wurzelchakra. Diese Technik reinigt die Energiekanäle und löst Blockaden auf.

4 Wenn du diese Technik einmal beherrschst und sich dein spiritueller Hauptenergiekanal (entlang der Wirbelsäule) „sauber" anfühlt, sende während des Einatmens die Energie diesen Kanal hinauf bis in den Himmel. Schicke zusammen mit der Energie auch deine Dankbarkeit für alle guten Dinge in deinem Leben mit hinauf. Stelle dir dabei einen trüben Tag vor. Sieh, wie sich die Wolken langsam verziehen und ein blendend weißer Lichtstrahl vom Himmel herab auf dein Haupt fällt.

5 Nimm dieses helle Licht über deinen Kopf in deinen Körper auf. Dies ist deine Verbindung zu den Engeln.

6 Lasse das himmlische Licht durch deinen Körper fließen. Fühle, wie es jede einzelne Zelle ausfüllt.

7 Nimm den für dich bestimmten Segen der Engel auf. Fühle, wie diese positive Energie durch deinen Körper strömt. Bade sowohl das Innere als auch das Äußere deines Körpers darin.

8 Richte nun deine Aufmerksamkeit auf dein Herzchakra, über welches die Engel eine besonders starke Verbindung zu dir aufnehmen können.

9 Erlaube es deinem Geist, die bewusste Welt der Sinne zu verlassen und in eine höhere Bewusstseinsebene einzutauchen. Dies ist deine Verbindung zum unendlichen Wissen der Engel.

10 Nun ist es Zeit, den Kontakt zu deinem Schutzengel vollständig aufzunehmen. Sende den Wunsch nach einem Führer aus der Engelwelt aus dem Innersten deines Herzens, wo der göttliche Funke schlummert, hinaus in die Engelwelt.

11 Fühle, wie dein Engel näher kommt. Spüre die Veränderung, die durch deine Verbindung mit der höheren Bewusstseinsebene der Engel entsteht.

12 Stelle dir vor, wie dein Engel neben dir steht und seine Flügel ausbreitet. Spüre die bedingungslose Liebe, die dir dein Schutzengel entgegenbringt.

13 Vielleicht möchtest du deinen Engel nach seinem Namen fragen oder ihn um Anleitung bitten. Bleibe ruhig und warte geduldig auf eine Antwort.

14 Sende dein Bewusstsein zurück in die Realität, um die Sitzung zu beenden.

Engelsflügelmeditation

Menschen, die regelmäßig in die Welt der Engel eintauchen, entwickeln eine spirituelle Aura. In hellsichtigen Visionen erscheint diese oft in Form von Flügeln aus Licht. Wenn wir unsere engelsgleichen Flügel erst einmal entfaltet haben, gibt es eine Vielzahl von Verwendungsmöglichkeiten. Sie verbinden uns mit dem Reich der Engel und erhöhen unsere Schwingungsrate, die es uns ermöglicht, uns über unsere Probleme zu erheben. Wir können uns in unsere Flügel einhüllen, um uns ein Gefühl des Wohlbefindens und der Sicherheit vor ungebetenen Energien zu vermitteln.

Bei jedem Menschen haben die Flügel eine andere Form. Sie entspringen auf direktem Wege dem göttlichen Lichtfunken, der unserem Herzchakra innewohnt. Einige Flügel scheinen aus Federn zu bestehen, andere bestehen aus ätherischen Fasern, die wie Sternenlicht schimmern. Manche Flügel sind groß und entsprechen der gesamten Länge der Wirbelsäule (dies ist ein Zeichen dafür, dass alle Chakrazentren, die sich entlang der Wirbelsäule befinden, im Einklang sind). Diese Flügel können sich vom Bereich zwischen den Füßen bis über den Kopf hinaus erstrecken.

Einige Menschen nehmen ihre ätherischen Engelsflügel als weiße Federn wahr, während die Flügel anderer Menschen aus schimmernden Fasern bestehen können.

MEDITATIONSANLEITUNG

Diese Meditation wird am besten im Stehen ausgeführt.

VORGEHENSWEISE

1. Stehe mit nackten Füßen fest auf dem Boden.
2. Strecke deine Arme weit nach oben. Während du dies tust visualisiere, wie du mit den Beinen fest auf dem Boden stehst und dein Kopf bis in den höchsten Himmel hineinragt. Fühle, wie dein Körper Himmel und Erde verbindet.
3. Strecke deine Finger nach oben aus und fühle, wie dir die Hände deines Schutzengels entgegenkommen. Lasse zu, dass er seine Hände in deine legt. Dies ist eine ganz besondere Erfahrung – vielleicht möchtest du dich in dieser außergewöhnlichen Berührung einen Moment lang sonnen, während sich dein Herzchakra öffnet.
4. Wenn du bereit bist, lasse deine Engelsflügel aus dem Bereich zwischen deinen Schulterblättern wachsen. Fühle, wie sie nach oben und nach außen treiben. Spüre, wie sie sich anfühlen und wie sie aussehen.
5. Spanne deine Flügel vollständig aus. Wie auch immer du sie erlebst, lasse deinen Körper das Gefühl von Flügeln aufnehmen. Oft nimmst du in diesem Moment eine Veränderung in deinem Energiefeld wahr, da sich deine Schwingungsrate erhöht und du dich an das Gefühl von Flügeln gewöhnst.
6. Versuche, deine Flügel zu bewegen.
7. Bitte darum, dass deine Flügel gesegnet werden.

Entfalte deine Flügel und lege sie schützend um dich. Vielleicht spürst du eine Veränderung, wenn du dich langsam an sie gewöhnst.

Heiligenschein-Meditation

Diese Meditation aktiviert die transzendenten Chakren, die sich oberhalb deines Kopfes befinden, beginnend mit dem Seelenstern-Chakra, auch als „Sitz der Seele" oder Heiligenschein-Chakra bekannt. Dieses Chakra befindet sich etwa eine Handbreit über deinem Kopf und wird auch als achtes Chakra bezeichnet. Der Seelenstern enthält Informationen, die deine Seele betreffen. Sobald dieses erste transzendente Chakra erst einmal aktiviert ist, wirst du dich automatisch über die Gnosis (Erkenntnis) anstatt über eine Religion oder ein Dogma definieren.

Das Seelenstern-Chakra (oder Seelenstern) leuchtet entweder weiß wie der Mond oder ist kristallklar. Wenn es vollständig geöffnet und aktiviert ist, verbindet es sich spiralförmig mit den anderen sechs transzendenten Chakren, die linienartig oberhalb deines Kopfes angeordnet sind. Das nächste Chakra, das *Star Gateway*, ist als neuntes Chakra bekannt. Es ähnelt einem Energiestoß und sitzt am höchsten Punkt, den deine Hände oberhalb deines Kopfes erreichen können.

Das leuchtend-weiße Seelenstern-Chakra befindet sich direkt über deinem Kopf und ist mit deiner Seele verbunden.

MEDITATIONSANLEITUNG

VORGEHENSWEISE

1 Wähle eine bequeme Meditationshaltung. Entspanne dich, indem du dich auf deine Atmung konzentrierst.

2 Richte deine Aufmerksamkeit auf dein Kronenchakra. Visualisiere, wie sich die tausendblättrige Lotusblüte öffnet. Die tausend Blütenblätter sind von links nach rechts in 20 Schichten zu je 50 Blättern angeordnet. Das Kronenchakra, das normalerweise violett erstrahlt, wenn es sich öffnet, leuchtet nun weiß. Das Perikarp (Fruchtgehäuse) besteht aus purem Gold.

3 Schaue tief in das Kronenchakra. Sieh, wie die kreisrunde Sphäre des Mondes ein blasses, spiegelndes Licht ausstrahlt. Im Zentrum der Mondsphäre erkennst du ein golden leuchtendes Dreieck, das mit der Spitze nach unten zeigt. Im Zentrum des Dreiecks scheint sich ein roter Lichtpunkt zu befinden.

4 Während du den roten Lichtpunkt genauer betrachtest, fällt dir auf, dass er aus zwei Halbmonden besteht (einer über dem anderen). Über dem ersten Halbmond befindet sich ein weißer Kreis, und über dem zweiten ein Kreis aus rotem Feuer. Über den beiden siehst du einen weiteren weißen Kreis, in dem sich ein roter und ein weißer Lichtpunkt befinden.

5 Während du dich weiter darauf konzentrierst, nimmst du einen spiralförmigen Lichtschein wahr, der deinem Kronenchakra entspringt und einen Heiligenschein aus blassem, kristallklarem Licht über deinem Kopf und um ihn herum entstehen lässt. Dieser Vorgang aktiviert und formt dein Heiligenschein-Chakra.

6 Sende dein Bewusstsein zurück in die Realität, um die Sitzung zu beenden.

Tempel-Meditation

Erzengel und ihre Einflussbereiche

Erzengel Michael	*– Kräftigung, Schutz, Stärke und Wahrheit*
Erzengel Jophiel	*– Wissen, Erleuchtung und Energieerneuerung*
Erzengel Raphael	*– Heilkünste und Wissenschaft*
Erzengel Haniel	*– Arbeit mit Gruppenenergien, Kommunikation*
Erzengel Gabriel	*– Führung, Erweckung und Reinigung*
Erzengel Zadkiel	*– Umwandlung durch die Violette Flamme*
Erzengel Uriel	*– Lebenspfad, Friede und Einigkeit der Nationen*
Erzengel Metatron	*– Aufstieg und Aktivierung des Lichtkörpers*
Erzengel Chamuel	*– Beziehungen, Liebe, Schönheit und Hingabe*
Erzengel Melchizedek	*– Christusbewusstsein und spirituelle Entwicklung*
Erzengel Seraphiel	*– Säuberung des Karmas und kosmische Reinigung*
Erzengel Sandalphon	*– Erdheilung, Gebete und Fernheilung*
Erzengel Tzaphkiel	*– Kosmische Mutter, Einkehr, Pflege*
Erzengel Raziel	*– Kosmischer Vater, geheime Mysterien des Universums*
Erzengel Auriel	*– das Göttlich-Weibliche, Mondmagie, Lebensphasen*
Erzengel Muriel	*– Selbst-Reflexion, Arbeit mit Delphinen und anderen Kreaturen des Meeres*

Jeder Erzengel hat ein spirituelles Heim oder einen Tempel des Lichts, der in den Sphären über einem der Energiezentren der Erde verankert ist. Diese wurden von der „Spirituellen Hierarchie“ unter der Leitung der Erzengel eingerichtet. Jeder Tempel dient einem bestimmten Ziel und hilft dir auf deinem spirituellen Pfad. Die Ausrichtung jedes Tempels richtet sich nach der „kosmischen Tugend“, die jedem Erzengel innewohnt. Suchende spiritueller Erkenntnis, die während einer Meditation einen dieser Tempel betreten, werden genährt und inspiriert.

MEDITATIONSANLEITUNG

VORGEHENSWEISE

1 Wähle eine bequeme Meditationshaltung. Entspanne deinen Körper, indem du dich auf deine Atmung konzentrierst. Atme etwas länger und langsamer aus als ein.

2 Rufe den Erzengel an, dessen Tempel du besuchen möchtest, und bitte darum, dass deine bewusste Wahrnehmung während der Meditation dorthin transportiert wird.

3 Fühle, wie der Erzengel, den du herbeigerufen hast, sich langsam nähert. Lasse dich von seiner Energie umgeben und in sein „spirituelles Heim“ bringen.

4 Wenn du den Tempel erreicht hast, sprich aus, was du lernen magst oder wovon du inspiriert und genährt werden möchtest.

5 Der Erzengel wird dir Bescheid geben, wenn es Zeit ist, deine Meditation zu beenden. Er wird dich sicher zurück in deinen Körper und die Realität geleiten.

Meditation über das Schwert des Erzengels Michael

Jeder Erzengel hat einen Tempel, der in einer ätherischen Sphäre verankert ist (siehe S. 40-41). Der Tempel des Lichts, den du während dieser Meditation aufsuchen wirst, ist der Rückzugsort des Erzengels Michael und ist nahe dem Lake Louise in Kanada gelegen.

MEDITATIONSANLEITUNG

VORGEHENSWEISE

1 Wähle eine bequeme Meditationshaltung. Entspanne deinen Körper, indem du dich auf deine Atmung konzentrierst.

2 Wenn du dich entspannt hast, rufe den Erzengel Michael an, und zwar mit folgenden Worten:

Mächtiger Erzengel Michael, erfülle mich mit Kraft. Ich bestätige hiermit, dass ich über einen freien Willen verfüge, also wähle ich nun einen Lebenspfad der Freude und Freiheit. Wenn es meinem spirituellen Pfad dienlich ist, gewähre mir ein Schwert der Freiheit. Ich verspreche, dieses ausschließlich zum höchsten Wohle aller zu nutzen.

3 Fühle, wie dich die Energie des Erzengels Michael umgibt. Lasse dich auf einer Spirale puren Lichts nach oben tragen. Langsam hebt dich das Licht höher und höher. Du fühlst dich in den Armen des Engels absolut sicher.

4 Du wirst dich im Tempel wiederfinden und wirst dort zur Tür vom Schwertraum gebracht.

5 Der Erzengel Michael wird dich in den Schwertraum hineinführen, wo du endlose Reihen von Schwertern erblickst. Jedes ist schon den Menschen zugeordnet, denen es bestimmt ist, ein Schwertträger zu sein.

6 Der Erzengel Michael händigt dir dein Schwert aus: Der Name deines Schwerts ist in der „Sprache des Lichts“ darauf verzeichnet. Zudem verleiht Michael dir die Autorität, das Schwert zu nutzen. Auch wird dir ein spezielles, geheimes Symbol übergeben, das in deinem Energiefeld platziert wird. Dieses „kristalline“ Symbol muss ausgeglichen in deinem Energiefeld ruhen, sonst wird dein Schwert nutzlos sein.

7 Der Erzengel Michael wird dich so lange im Schwertraum verweilen lassen wie du möchtest. Dies ist ein sehr wichtiger Moment auf deinem Entwicklungspfad. Wenn du bereit bist, geleitet dich der Erzengel sanft zurück in deinen Körper.

Der Tempel des Erzengels Michael ist irgendwo über dem Lake Louise in Kanada verankert.

Entdecke deinen Lebenspfad bei der Meditation mit dem Erzengel Uriel

Uriel ist der Erzengel, den man um inneren Frieden und geistige Ruhe anruft. Der dem Erzengel Uriel geweihte Tempel des Lichts befindet sich über dem Tatra-Gebirge in Polen (siehe S. 40). Uriel schützt uns vor spiritueller Verwirrung, indem er unseren Lebenspfad erleuchtet. Sein Zeichen ist der Blitz, denn er versorgt uns mit Geistesblitzen. Wir alle werden mit einer speziellen „Gabe" geboren, die der Grund für unsere Inkarnation ist. Jedes Geschöpf auf Erden hat einen bestimmten Platz in der Welt und in der Evolution der Erde

Die kraftvolle Energie des Blitzes ist das Symbol für die Fähigkeit des Erzengels Uriel, uns Inspiration und Einsicht zu bringen.

MEDITATIONSANLEITUNG

VORGEHENSWEISE

1 Wähle eine bequeme Meditationshaltung. Schließe die Augen und entspanne dich.

2 Rufe den Erzengel Uriel an, und zwar mit folgenden Worten:

Erzengel Uriel, schenke meinem Geist und meiner Seele Frieden. Entferne alle Hindernisse auf meinem spirituellen Pfad und enthülle mir meine Bestimmung, damit ich mein Dharma erfüllen kann.

3 Lasse dich von der Energie des Erzengels Uriel einhüllen und dich auf einem Strahl rot-goldenen Lichts nach oben tragen. Langsam hebt dich die Lichtspirale höher und höher. Du fühlst dich in den Armen des Engels vollkommen sicher, während du in Uriels Tempel gebracht wirst.

4 Nun erscheint der Erzengel Uriel und fragt dich, ob du den Raum mit den Schriftrollen aufsuchen möchtest. Hier werden unzählige Schriftrollen aufbewahrt, eine für jede Person auf Erden. Auch deine Schriftrolle befindet sich hier, abgefasst in der „Sprache des Lichts". Sie enthält dein Dharma, deine Seelenvereinbarung. Diese Vereinbarung wurde schon vor deiner Geburt geschlossen, auf einer höheren Daseinsebene. Dies ist deine wahre Bestimmung im Leben.

5 Der Erzengel Uriel wird es dich wissen lassen, wenn es Zeit ist zu gehen, und er wird dich sicher zurück in deinen Körper geleiten.

Im Tatra-Gebirge in Polen ist der Tempel des Erzengels Uriel verankert.

Die „Engel des Morgens"-Meditation

Wenn du dich zu Beginn jedes neuen Tages auf die Engel der Sonne einstimmst, hilft dir dies dabei, das Glück in dein Leben einziehen zu lassen und die einfachen Freuden des Lebens schätzen zu lernen.

Der Erzengel Michael hat die stärkste Verbindung zur Sonne, aber auch andere Engel können sich von deinem neuen, fröhlichen und sonnigen Gemüt angezogen fühlen. Diese Meditation ist darauf ausgelegt, dir Ausgeglichenheit und Harmonie zu bringen und ähnelt der Hatha-Yoga-Übung „Sonnengruß", welche jedes Chakra aktivieren und mit Energie versorgen will. Diese Meditation sollte ausgeführt werden, wenn die ersten Sonnenstrahlen die Erde sanft aus dem Schlaf erwecken. Das bringt Harmonie in deine Welt und lässt dich die Schönheit und die Großzügigkeit der Erde erkennen.

Rufe die Engel des Morgens herbei, um deinen Korper mit Optimismus und Freude auf den kommenden Tag zu erfüllen. Diese Meditation ähnelt der Yoga-Übung „Sonnengruß".

MEDITATIONSANLEITUNG

VORGEHENSWEISE

1 Verbringe einige Minuten damit, tief ein- und auszuatmen.

2 Stelle dich aufrecht hin und lege deine Hände in Gebetsposition (Handflächen aneinander) vor deinem Herzchakra zusammen.

3 Atme noch mehrmals tief ein und aus und entspanne deinen Körper. Nehme das Gewicht deines Körpers und die Füße auf dem Boden bewusst wahr. Achte darauf, dass dein Gewicht gleichmäßig auf beide Füße verteilt ist und entspanne deine Knie, damit die Energie in deinem Körper frei fließen kann.

4 Strecke deine Arme beim nächsten Einatmen nach oben über den Kopf aus (Handflächen aufeinander). Lehne dich dabei leicht nach hinten, recke deine Wirbelsäule und blicke nach oben (zu deinen Händen).

5 Beuge den Rumpf beim Ausatmen nach vorn, die Beine bleiben gestreckt. Berühre den Boden mit Händen oder Fingerspitzen (eventuell leicht die Knie beugen) und verbinde dich mit Mutter Erde.

6 Richte dich beim nächsten Einatmen wieder auf und öffne die Arme nach außen – stelle dir vor, dass du die ganze Welt umarmst.

7 Lasse beim nächsten Einatmen die Energie der Engel der Sonne deinen Körper und deine Aura mit Licht, Wärme und Optimismus erfüllen.

8 Verweile so lange du willst in diesem Energiestrom. Fühle, wie der Segen der Engel in dich hineinfließt und jede Zelle deines Körpers ausfüllt.

9 Wenn du bereit bist, lege beim Ausatmen die Arme an deine Körperseiten.

Die „Engel des Abends"-Meditation

Beschließe den Tag, indem du die „Engel des Abends" willkommen heißt. Wenn das Sonnenlicht verblasst, bitte die Engel des Mondes darum, dich, die Erde selbst und alle Kinder dieser Erde in ihren silbernen Schutzmantel zu hüllen. Der Erzengel Auriel, Engel des Schicksals, und der Erzengel Gabriel, Engel der Führung, sind am stärksten mit dem Mond verbunden, aber vielleicht stößt du auch auf weitere Engel, die dich mit ihren friedvollen Mondstrahlen und inspirativen Träumen segnen. Die Engel des Mondes helfen uns dabei, die Abläufe in unserem Unterbewusstsein zu verstehen, besonders dann, wenn wir schlafen. Sie lehren uns, dass wir, indem wir uns ihrem Licht aussetzen, die Kontrolle über die verborgenen Tiefen unserer Psyche erlangen können, was, wenn sie nicht vereint sind, zu einer Fragmentierung des Wissens führt.

MEDITATIONSANLEITUNG

VORGEHENSWEISE

1 Verbringe einige Minuten damit, tief ein- und auszuatmen.

2 Stelle dich aufrecht hin und lege deine Hände in Gebetsposition (Handflächen aneinander) vor deinem Herzchakra zusammen.

3 Atme noch mehrmals tief ein und aus und entspanne deinen Körper. Nimm das Gewicht deines Körpers und die Füße auf dem Boden bewusst wahr. Achte darauf, dass dein Gewicht gleichmäßig auf beide Füße verteilt ist und entspanne deine Knie, damit die Energie in deinem Körper frei fließen kann.

4 Öffne die Arme beim nächsten Einatmen und umarme die Energie des Mondes. Spüre, wie dein Körper von der ruhigen, aber kraftvollen Energie der Engel des Mondes überflutet wird.

Rufe die Engel des Abends herbei, damit sie deinen Schlaf beschützen und deine Träume inspirieren.

5 Bitte die Engel um Schutz während der Nacht. Wenn du bedeutsame Träume wünschst, bitte die Engel darum, sie dir zu gewähren.

6 Strecke beim nächsten Einatmen deine Arme über den Kopf und führe die Hände zusammen (zwischen den Handflächen etwas Platz lassen). Fühle einen Strahl leuchtenden Mondlichts zwischen deinen Händen – wiege ihn vorsichtig hin und her und sieh, wie er sich in glitzernden Mondstaub verwandelt.

7 Senke die Arme beim nächsten Ausatmen in einer kreisförmigen Bewegung. Spüre dabei, wie deine Aura vollständig von glitzerndem Mondstaub bedeckt wird.

Ausrichtung auf deinen Stern

Viele alte Völker glaubten daran, dass die Sterne über sie wachten und ihren göttlichen Ursprung darstellten. Indem wir uns auf „unseren" Stern ausrichten, ermöglichen wir es den Energien höherer Dimensionen, aus unserem höheren Selbst in unser zelluläres Gedächtnis einzutauchen. Jeder Stern hat, wie jede Person, seine individuelle Resonanz. Die Ausrichtung auf unseren Stern führt zur Vereinigung von Körper und Geist. Wenn wir uns mit der Spirale weißen Lichts aus dem Herzen des Schöpfers verbinden, wird diese Energie in unserem Herzchakra verankert, welches wiederum unser Bewusstsein für die Sternentore zu höheren Dimensionen öffnet (ein Sternentor ist eine Öffnung zu einer anderen Dimension oder Realität). Viele Menschen, die mit dem Engelreich arbeiten, schicken ihre bewusste Wahrnehmung durch die Sternentore, um höheres Wissen, Weisheit und Verständnis zu erlangen.

MEDITATIONSANLEITUNG

VORGEHENSWEISE

1 Verbringe einige Minuten damit, tief ein- und auszuatmen.

2 Stelle dich aufrecht hin und lege deine Hände in Gebetsposition (Handflächen aneinander) vor deinem Herzchakra zusammen.

3 Atme noch mehrmals tief ein und aus und entspanne deinen Körper. Nimm das Gewicht deines Körpers und die Füße auf dem Boden bewusst wahr. Achte darauf, dass dein Gewicht gleichmäßig auf beide Füße verteilt ist und entspanne deine Knie, damit die Energie in deinem Körper frei fließen kann.

4 Visualisiere einen sternenklaren Nachthimmel. Sieh, wie Milliarden von Sternen über dir funkeln.Einer davon scheint heller zu leuchten als der Rest. Dies ist dein Stern. Während du ihn betrachtest, scheint er immer leuchtender und heller zu werden.

5 Strecke deine Arme über deinen Kopf und bitte die Engel des Lichts darum, dir dabei zu helfen, deine eigene Sternenenergie herabzurufen.

Die Ausrichtung auf deinen Stern hilft dir dabei, ein Bewusstsein für die Sternentore zu öffnen.

6 Sieh, wie das Licht spiralförmig auf dich zukommt und sich mit deinen transzendenten Chakren oberhalb deines Kopfes verbindet. Sende diese Energie mit deinen Händen abwärts. Lasse die Energie in dein Kronenchakra und deinen gesamten Körper fließen.

7 Sieh, wie du selbst weißem Sternenlicht gleich funkelst. Spüre, wieviel leichter du dich fühlst.

8 Atme einige Male tief ein und aus und werde dir deines physischen Körpergewichts wieder bewusst. Bewege Zehen und Finger, dann strecke dich. Bitte deine Engel darum, dich angemessen zu erden und dich zu beschützen.

ENGEL VIELER LÄNDER

Die Engel des Alten Testaments und ihre Wurzeln

Die ersten historischen Aufzeichnungen über geflügelte Wesen stammen aus dem Zarathustrismus (oder griech. „Zoroastrismus"), einer der ältesten Religionen der Welt. Der Prophet Zarathustra, der irgendwann in der Zeit zwischen 1700 v. Chr. und 600 v. Chr. in Persien (dem heutigen Iran) gelebt hat, reformierte die religiösen Praktiken in dieser Region, von denen einige der alten vedischen Religion im nördlichen Teil Indiens ähnelten. Im Zarathustrismus gibt es dualistische Untergruppen: eine Gruppe von sieben Geschöpfen, die den Status und die Funktion von guten Engeln haben, und weitere sieben Wesen mit bösen Eigenschaften.

Der Zarathustrismus ist von einzigartiger Bedeutung für die Geschichte der Religion, denn er zeigt Verbindungen zu westlichen und östlichen religiösen Traditionen. Die zentralen Aspekte des Zarathustrismus sind einerseits die Bedeutsamkeit moralischer Entscheidungen und andererseits die Annahme, das Leben bestehe aus einem Kampf zwischen den Mächten des Guten und des Bösen, verkörpert durch *Ahura Mazda* und seinen Gegenspieler, den dämonischen *Angra Mainyu*. Diese entgegengesetzten Kräfte sind vermutlich aus der Indo-iranischen Unterscheidung zweier Formen spiritueller Wesen hervorgegangen – den *Ahuras* und *Daevas*. Im Zarathustrismus werden die *Daevas* als dämonische und die *Ahuras* als engelsgleiche Wesen dargestellt. Ergänzend gibt es dazu noch etwa 20 weitere abstrakte Bezeichnungen, die für Emanationen oder Aspekte des *Ahura Mazda* gehalten werden. In der Literatur späterer Jahre werden sie als Erzengel-Gefolge des weisen Gottes bezeichnet.

Engel des Alten und Neuen Testaments Im Alten Testament spielen Engel als Boten Gottes eine wichtige Rolle. Im Neuen Testament sind bei allen wichtigen Ereignissen im Leben Jesu Engel anwesend und handeln als Gottes Stellver-

treter auf Erden. Von der Verkündigung (Lukas 1,26-36) bis zur Geburt Jesu (Lukas 2,8-14) und schließlich bei seiner Auferstehung und seinem Aufstieg in den Himmel (Lukas 24, 6; Johannes 20,12; Matthäus 28,6), um zur Rechten seines Vaters zu sitzen, sind Engel anwesend.

Frühe Darstellung geflügelter Geschöpfe, wie diese schützende Kraft aus dem 9. Jahrhundert v. Chr. im Palast des assyrischen Herrschers Ashurnasirpal II, tauchen in der alten Welt häufig auf.

Die jüdische Tradition

Gegründet von den Propheten Abraham und Mose, entstand das Judentum vor etwa 3500 Jahren im Mittleren Osten. Heutzutage leben 12 Millionen Juden rund um den Globus, die meisten davon in Israel und den USA. Das heilige Buch des Judentums ist die hebräische Bibel oder der *Tanakh,* davon besonders die ersten fünf Bücher, bekannt als die *Torah.*

Abraham wird als erster Patriarch der Juden bezeichnet. Der Vertrag mit Gott ist weit verbreitet und zieht sich wie ein roter Faden durch den frühen Teil der Bibel und durch die grundlegenden Säulen des Judentums. Gott schloss den ersten Vertrag mit Abraham und den zweiten Vertrag mit Mose auf dem Berg Sinai, wo diesem die Zehn Gebote anvertraut wurden. Mose ist eine der bekanntesten Personen in der Bibel und einer der einflussreichsten Propheten in der jüdisch-christlichen Theologie. Die Vision des „einen Gottes" und die zehn Gebote, die Mose von Gott erhielt, sind schon seit über 3000 Jahren die Grundfesten der menschlichen Moral. Das Manna, das die Israeliten auf ihrer Flucht in die Wüste ernährte, war das Brot der Engel, und der gesamte jüdische Glaube beruht auf der Begegnung ihrer Patriarchen mit Gottes Engeln.

Der Erzengel Michael ist der Schutzpatron des israelischen Volkes, und die Juden glauben, dass sie das erwählte Volk ihres einen Gottes sind. Die Engel jedoch sind kein rein jüdisches Konzept – die Juden entlehnten ihre Vorstellungen von Engeln bei ihren Nachbarvölkern, in besonderem Maße von den Babyloniern, als sie selbst im Exil in Babylon lebten. Alte babylonische Reliefs zeigen geflügelte Wesen, die Tempel und andere wichtige Gebäude beschützen. Diese Reliefs finden sich in Museen auf der ganzen Welt.

Moses mit den 10 Geboten *von Joos van Gent, entstanden im 15. Jahrhundert.*

Engel der Kabbala

Eine der ergiebigsten Quellen für die Engelkunde ist die Kabbala, die mystische Tradition des Judentums (siehe S. 69-99). Hinter dem Begriff verbirgt sich nicht nur ein einziges Werk, sondern eher eine Sammlung verschiedener Lehren. Jedoch gibt es zwei wichtige Gruppen von Originaltexten in der Kabbala – den *Sohar,* das „Buch des Glanzes", und den *Sepher Jesirah,* das „Buch der Schöpfung". Letzteres wird Melchizedek zugeordnet, einem Priesterkönig von Salem (später Jerusalem). Später wurde es als Offenbarung an Abraham weitergereicht, den Vater des jüdischen Volkes.

Schon seit Jahrhunderten wird die Kabbala von Mystikern genutzt, um die verschiedenen Aspekte der Schöpfung zu begreifen, und wird von ihnen (entweder durch persönliche Erfahrung oder durch spirituelle Offenbarung) als Pfad, Karte oder Weg zu Gott verstanden. Die kabbalistischen Mystiker sind der Meinung, dass diese Vision eine Manifestation einer kosmischen Kernrealität darstellt. Diese symbolisiert diejenigen Elemente, die die Struktur der Existenz, so wie sie geschaffen wurde, untermauern. Die göttliche Energie senkt sich von oben herab und lässt die zehn Sephiroth entstehen. Der Begriff „Lebensbaum" wurde im Mittelalter bekannt und ist ein kraftvolles Bild, das nicht nur die kabbalistische Tradition, sondern auch andere Kulturen beeinflusst hat – zu sehen an australischer Steinkunst, in der Tradition der Hopi oder auch bei den Kelten.

Der mystische Aspekt der Kabbala ist als *Shekinah* bekannt und bezeichnet die weibliche Manifestation Gottes im Menschen. Die Shekinah ist die „Braut Gottes" oder der „Engel der Liebe und des Segens". Als weiblicher Aspekt Gottes kennt man sie auch als den „befreienden" Engel. Für den durchschnittlichen Christen oder Juden wäre dies Blasphemie. Vielleicht war deshalb das Studium der Kabbala ausschließlich verheirateten Männern über 40 vorbehalten. Heutzutage steht es sowohl Männern als auch Frauen jedes Alters frei, die Kabbala zu studieren.

Der Ausdruck „Shekinah weilt" (oder wohnt) wird als Paraphrase im Buch

Genesis 48, 16 für „Gott" gebraucht, ausgesprochen von Israel (Jakob): „der Engel, der mich erlöst hat von jeglichem Unheil". In der christlichen Tradition ist die Shekinah der verlorene weibliche Aspekt Gottes. Im östlichen orthodoxen Glauben sind ihr viele Kirchen als „Heilige Weisheit" gewidmet. Sie ist eine der Erzengel: geflügelt, in Weiß gekleidet, auf einem Thron sitzend, eine Schriftrolle haltend (2. Henochbuch).

Der Lebensbaum verkörpert einen Aspekt der Shekinah, dem befreienden Engel im Glauben der Kabbala.

Engel des Christentums

In der katholischen Bibel werden Engel als vermittelnde spirituelle Wesen dargestellt, die bis in alle Ewigkeit zwischen Gott und den Menschen hin und her reisen. Wie der heilige Augustinus und der heilige Gregor erklärten, ist „Engel" lediglich eine „Amtsbezeichnung" und sagt weder etwas über ihr essenzielles Wesen noch über ihre essenzielle Funktion aus. Dies bedeutet, dass die Engel die Diener des Gottesthrons im Himmelreich sind. Ihre Funktion besteht darin, Gott zu unterstützen. Mehr als einmal werden die sieben Engel der Gegenwart erwähnt.

Für die Katholiken steht fest, dass die Engel ein „Kommunikationsinstrument" Gottes sind. In Jakobs Vision werden die Engel dabei beobachtet, wie sie zwischen Himmel und Erde auf- und absteigen. Ein Engel Gottes fand Agar in der Wildnis, und Engel führten Lot aus Sodom heraus. Ein Engel verkündet Gideon, dass es ihm bestimmt sei, sein Volk zu retten. Ein Engel verkündet Samsons Geburt, und der Erzengel Gabriel instruiert Daniel, obwohl er in keiner der Passagen als Engel bezeichnet wird, sondern als „der Mann Gabriel".

Derselbe Bote kündigt die Geburt von Johannes dem Täufer an und auch die Geburt des Erlösers. Die Tradition überliefert, dass er sowohl der Bote der Schäfer ist als auch derjenige Engel, der Jesus am Kreuz Kraft gespendet hat. In einer Offenbarung spricht der Engel von innen heraus zum Propheten Zacharias. Dies ist wichtig, denn hier wird deutlich, dass die Führung eines Engels von innen kommt und nicht von einer äußeren Vision.

In der Bibel wird wiederholt erwähnt, dass jede individuelle Seele einen Schutzengel hat; dies ist ein Glaubensgrundsatz vieler Katholiken. Die katholische Doktrin lehrt uns auch, dass unser Schutzengel in unserem Namen zwischen Gott und uns vermitteln kann. Sankt Ambrosius sagte: „Wir sollten die Engel anbeten, die uns als Beschützer zur Seite gestellt wurden." Die Katholiken kennen eine Engelhierarchie – Cherubim und Seraphim werden in der Bibel erwähnt. Die Erzengel finden nur bei Judas Erwähnung, aber der Heilige

Paulus listet auch andere himmlische Gruppierungen auf. Er teilt uns im Epheserbrief mit, dass Jesus erhoben wurde „hoch über alle Fürsten und Gewalten, Mächte und Herrschaften", und im Brief an die Kolosser 1,16 sagt er: „Denn in ihm wurde alles erschaffen im Himmel und auf Erden, das Sichtbare und das Unsichtbare, Throne und Herrschaften, Mächte und Gewalten; alles ist durch ihn und auf ihn hin geschaffen."

Detail eines Freskos aus dem 14. Jahrhundert von Giusto Menabuoi im Baptisterium der Stadt Padua. Dieser Engel scheint über zwei Paar Flügel zu verfügen.

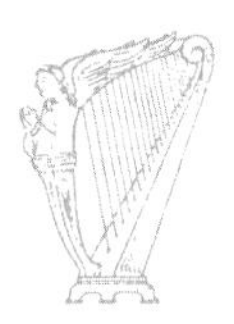

Engel im Buddhismus und im Hinduismus

Der Buddhismus basiert auf den Lehren Buddhas, des „Erleuchteten". Der Buddha Sidhatta Gotama (Sanskrit: Siddhartha Gautama) wurde etwa um 563 v. Chr. geboren. Seine Lehren – die Tripitaka – bilden die Basis für die vielen unterschiedlichen Formen des Buddhismus. Die Buddhisten glauben nicht an einen Schöpfergott. Die grundlegende Annahme des Buddhismus ist, dass wir durch die Wiedergeburten lernen, unseren Trieb nach Sein und Verwirklichung abzulegen, was zur Erleuchtung führt.

Die Buddhisten glauben ebenso, Engel seien Bodhisattvas oder „Erleuchtete" – sie sind nach höchster Erkenntnis strebende Wesen, die die „Buddhaschaft" anstreben bzw. in sich selbst realisieren, um sie zum Heil aller lebenden Wesen einzusetzen. Bodhisattvas zeigen sich den Menschen oft in Form von Lichterscheinungen oder während einer Meditation. Viele Bodhisattvas werden verehrt.

Hinduismus Obwohl einige seiner Elemente viel älter sind, entstand der Hinduismus an sich vor etwa 3000 Jahren. Die heiligen Texte des Hinduismus werden Veden genannt. Allerdings ist der Hinduismus keine einzige vereinte Religion – sie hat keinen Gründer, keinen Propheten oder einen besonderen Lehrer. Die Hindus glauben an Brahman, die universelle Seele, und an den Gott Brahma. Alle anderen Hindu-Gottheiten, wie Vishnu (die Erhaltung), Shiva (die Kraft der Zerstörung) und Krishna sind Aspekte Brahmas, des Schöpfers. Das Brahman dagegen ist die Weltenseele und lebt in allen Dingen. Es hat keine Form und ist ewig; der Ursprung des Seins, ohne Anfang und Ende. In Form des Atman (Sanskrit: Atem, Lebenshauch) befindet sich das Brahman auch in jedem Menschen.

Im Hinduismus wird nicht ausdrücklich auf die Existenz von Engeln hingewiesen, es gibt jedoch Geister, die eine ähnliche Funktion haben. Gandharvas werden oft als geflügelte Wesen dargestellt; sie sind bekannt für ihre musikalischen Talente und für ihre Macht, Illusionen zu schaffen. Manchmal werden sie als Helfer der Devas bezeichnet

Diese Abbildung aus Indien zeigt Shri Krishna, eine der Hindu-Gottheiten, die ein Aspekt des Schöpfers Brahma ist.

(engelsgleiche Gestalten, die „Gott dienenden" Götter), die den Menschen bei ihrer Suche nach spiritueller Erleuchtung helfen.

In einigen Jatakas (Lehrgeschichten aus dem Leben Buddhas) gibt es deutliche Hinweise auf Engel, zum Beispiel in folgender: Bevor die Königin Maha Maya mit dem künftigen Buddha schwanger war, wurde sie von vier Schutzengeln in den Himalaya gebracht und nach der Empfängnis von vier Engeln mit Schwertern bewacht. Darüber hinaus waren bei der Geburt Buddhas vier Maha-Brahma-Engel anwesend.

Die Dharmapalas sind die Beschützer des Dharma und tauchen oft in der Gestalt von engelhaften Wesen auf. Im tibetanischen Buddhismus werden solche himmlischen Wesen Devas genannt und erscheinen in der Gegenwart von Menschen oft als Lichtgestalten.

Engel des Islam

Im islamischen Glauben gibt es eine sehr umfangreiche Hierarchie der *Mala'ika* (Engel), deren Konzept aus Judentum und Christentum übernommen wurde. In der Tat ist der Glaube an Engel eine der sechs Säulen des islamischen Glaubens. Fol-

Eine Darstellung aus der Türkei, 16. Jahrhundert: Ein Engel bringt Abraham ein Lamm, das er anstelle seines Sohnes opfern soll.

gende Auflistung, absteigend sortiert nach Wichtigkeit, zeigt die Engelhierarchie im Islam:

- Die vier Thronträger Allahs (Hamalat al-Arsh) erscheinen als Bulle, Mensch, Löwe und Adler (dieser wurde von der Offenbarung des Johannes im Neuen Testament inspiriert).

- Die Cherubim (Karubiyum), die Gott ständig preisen.

- Die vier Erzengel: Gabriel (Jibril), der Übermittler, der Mohammed den Koran diktierte; Michael (Mikal), der Engel der Gerechtigkeit; Azrael (Izrail), der Engel des Todes (der die Seelen der Menschen vom Körper trennt); und Israfil, der Engel des Jüngsten Gerichts.

- Es gibt noch weitere niedere Engel, als Hafazah oder Hafzah bekannt, die Schutzengel.

Im Islam fungiert Jibril als Bote zwischen Gott und den Menschen und als Hüter der Offenbarung für die Propheten Gottes. Mohammed nennt Jibril im Koran dreimal beim Namen, und es sind Jibril und Mikal, die das Herz des Propheten vor seinem Aufstieg in den Himmel reinigten. Jibril führte Mohammed durch verschiedene Ebenen des Himmels bis zum Thron Gottes. Auch war es Jibril, der Mohammed bei der Schlacht von Badr (624 n. Chr.) mit Tausenden von Engeln zu Hilfe kam und ihm sagte, er solle die beiden jüdischen Stämme Banu Qaynuqa und Banu Qurayzah angreifen. As-Shaitan ist „das Böse", der islamische Teufel und der Prinz der bösen Engel oder bösen Geister. Der Koran lehrt, die Engel seien vom Licht geschaffen worden, während die Djinn (böse Engel) aus rauchlosem Feuer entstanden sind. Malik ist der Engel, der die Hölle bewacht.

Islamische Engel haben Flügel und sind wunderschön anzusehen; darüber hinaus sind sie riesig, denn der Prophet Mohammed berichtet, Jibril habe den Raum zwischen Himmel und Erde ausgefüllt. Er sah auch Jibrils wahre Form – er hatte 600 Flügel, die den Horizont verdeckten, und Perlen und Rubine fielen heraus. Die genaue Anzahl der Engel im Islam ist nicht bekannt; nur Allah allein weiß, wie viele Engel es gibt.

Die Mormonen

Die Kirche Jesu Christi der Heiligen der letzten Tage, die mormonische Kirche, wurde im Jahre 1830 in New York von Joseph Smith (1805-1844) gegründet und von Bingham Young (1801-1877) entwickelt. Die Kirche ist auf Christus ausgerichtet, aber unterscheidet sich deutlich vom Glauben der katholischen, protestantischen und christlich-orthodoxen Gemeinden. Die Mormonen glauben, dass man auch nach seinem Tod noch getauft werden kann. Ferner glauben sie, dass Joseph Smith ein Prophet Gottes gewesen sei und dass Menschen in ihrem Leben nach dem Tod selbst zu Göttern werden können.

Die heiligen Schriften der Mormonen umfassen: die Bibel; das Buch Mormon – ein weiterer Zeuge für Jesus Christus; Lehre und Bündnisse: eine Sammlung göttlicher Offenbarungen und inspirierter Erklärungen; Die Köstliche Perle: eine Auswahl der Offenbarungen, Übersetzungen und Schriften von Joseph Smith. Das Buch Mormon steht im Zentrum des mormonischen Glaubens. Die Mormonen glauben, dass dieses Buch ihnen den Umgang Gottes mit den Bewohnern des alten Amerikas erläutert, inklusive einer Erscheinung des auferstandenen Jesu bei den Völkern der Neuen Welt.

Mormon war ein Prophet und lebte auf dem amerikanischen Kontinent, wo er das Wissen der alten Zivilisationen zusammentrug. Dieses Dokument wurde auf Goldplatten niedergeschrieben, und Mormons Sohn Moroni vergrub diese zur Sicherheit irgendwo im heutigen Staate New York. Moroni kehrte im Jahr 1823 als Engel zurück und zeigte Joseph Smith (dem Gründer der Kirche) den Platz, an dem die Platten versteckt waren. Smith übertrug den Inhalt der Platten in das Buch Mormon, das zum ersten Mal im Jahre 1830 veröffentlicht wurde. Joseph Smith erlebte die Vision des Engels im Frühjahr 1820, während er im Wald betete. Er sah eine Lichtsäule, in der sich zwei Gestalten befanden.

Joseph Smith erlebte die Vision des Engels Moroni, während er im Wald betete.

Die Engel der Kelten

Als Kelten bezeichnet man eine Gruppe von Menschen indo-europäischer Herkunft, die ursprünglich vom europäischen Festland stammte und sich nach Westeuropa, den Britischen Inseln und in prä-römischer Zeit im Südosten nach Galatien (Türkei) ausdehnte, besonders die Britannier und Gallier. Die vorchristlichen Kelten verfügten über ein gut organisiertes soziales Hierarchiesystem und eine vielfältige Kultur. Allerdings hinterließen sie kaum Schriftgut, denn sie zogen die Bardentradition des Geschichtenerzählens vor. Den Druiden wurden in den alten Tagen in Visionen die Geheimnisse des Universums enthüllt. Ihnen war es nicht erlaubt, das Erfahrene niederzuschreiben, also musste alles mystische Wissen vom Lehrer zum Schüler weitergegeben werden. Was bedeutet, dass es eine sehr lange Ausbildungszeit erforderte, um ein Druidenpriester zu werden.

Die Kelten glaubten an die Wiedergeburt und an die Unsterblichkeit der Seele. Sie interpretierten die Welt mittels ihres Lebensbaums. Für die Kelten war ihr Anamchara (Engel oder Seelenfreund) Teil ihres alltäglichen Lebens. Die keltischen Engel sind spirituelle Wesen, die ein besonderes Interesse für die Menschen hegen, besonders für diejenigen, die spirituell aufgeschlossen sind oder ihre Spiritualität gerade entwickeln. Sie spielen in ihrer Funktion als Schutzengel oder Vertraute eine große Rolle, genauso wie die Krafttiere (Totems) in anderen schamanischen Traditionen. Die New-Age-Bewegung und deren Interesse an den Kulturen der Naturvölker hat auch dem Interesse an keltischen Engeln einen Aufschwung beschert.

Die Engel der Kelten existieren auf verschiedenen Ebenen. Auf der höchsten Ebene weilen die Engel, die in ständigem Kontakt zur Gotteskraft stehen, ähnlich den buddhistischen Bodhisattvas – erleuchtete Wesen, die erst später ins Himmelreich einziehen, weil sie anderen bei deren spiritueller Entwicklung helfen.

Die nächste Ebene ist voll von Engeln, die zu Gott aufsteigen, und die Engel der dritten Ebene sind uns und unserer physischen Welt am nächsten. Am leichtesten ist es, zu einem solchen Anamchara Kontakt aufzunehmen. Meditationen in der Natur – in Wäldern, an Wasserfällen oder an einem See – versprechen dabei großen Erfolg, denn diese Plätze sind voll von Anamchairde (Plural von Anamchara). Wie andere Engel auch, kann ein Anamchara in jeder angemessenen Form erscheinen, manchmal sogar in menschlicher Form. Und wenn er es für angemessen hält, hat er auch Flügel.

Keltische Engel (Anamchairde) haben ein besonderes Interesse daran, Menschen bei ihrer spirituellen Entwicklung zu unterstützen.

Legenden der Urvölker Nordamerikas und des Schamanismus

Der „Donnervogel" ist eine mythologische Figur, die in spirituellen Überlieferungen vieler Urvölker Nordamerikas zu finden ist. Der Name dieser mythologischen Figur leitet sich von der Annahme ab, dass ihre Flügelschläge Donner verursachen. Die Lakota nennen den Donnervogel *Wakinyan,* abgeleitet von den Wörtern *kinyan* = „geflügelt" und *wakin* = „geheiligt". Die Kwakiult nennen ihn *Hohoq* und die Nootka gaben ihm den Namen *Kw-Uhnx-Wa.*

Der Donnervogel ist sehr groß: Bei einer Flügelspannweite von zwei Kanulängen entfesselt er einen Sturm, wenn er fliegt, Wolken türmen sich auf, Donnerschläge hallen herab und Lichtblitze zucken aus seinen Augen. Er trägt Blitze in Form von leuchtenden Schlangen mit sich. In den Masken der Ureinwohner wird der Donnervogel vielfarbig dargestellt, mit zwei gedrehten Hörnern und zahnbewehrtem Schnabel.

Man nimmt an, dass die Donnervögel zurückgezogen auf Bergspitzen leben oder in Gruppen von Ort zu Ort reisen. Sie galten als Diener des Großen Geistes und flogen umher, um in seinem Namen Nachrichten zu überbringen.

Die Kwakiult und die Cowichan glaubten, dass einige Donnervögel

Der Donnervogel überbringt den Menschen auf der Erde die Nachrichten des Großen Geistes.

menschliche Form annehmen konnten, indem sie ihren Schnabel wie eine Maske abnahmen und aus ihrem Federkleid schlüpften. Es gibt Geschichten von Donnervögeln in Menschenform, die sogar Menschen heirateten.

Ist der mystische Donnervogel nun ein Engel (er überbringt Nachrichten und bringt Licht), ein kryptozoologischer Vogel oder gar verwandt mit dem Vogel Roch (auch Roc oder Rukh) aus persischen Legenden? Man erzählt, der Vogel Roch sei in der Lage, einen Elefanten zu erlegen und zu verspeisen. Der Donnervogel könnte aber auch mit dem Phönix aus der ägyptischen Mythologie verwandt sein – dem fabelhaften Vogel, der sich in bestimmten Abständen selbst regeneriert. In der Literatur symbolisiert er Tod und Auferstehung. Gemäß einer Legende verbrennt Phönix sich selbst, wenn er eine Lebensspanne von 500 Jahren erreicht hat, um sich schließlich als neuer Phönix aus seiner Asche zu erheben.

Dieser Donnervogel-Totempfahl steht im Stanley Park in Vancouver. Es ist eine Nachbildung aus dem frühen 20. Jahrhundert, geschnitzt von Charlie James.

Schamanismus In der Kultur der Schamanen nimmt der Heiler oft die Form eines Vogels an, um auf der Suche nach dem fehlenden Teil der Seele seines Patienten die verschiedenen Welten zu durchfliegen. Die rituellen Roben, die auch heutzutage noch von Schamanen in Sibirien getragen werden, gleichen dem Gefieder eines Vogels. Obwohl es in allen Formen des Schamanismus quer durch Asien kein gesteigertes Interesse daran gibt, Bildnisse von geflügelten Menschen herzustellen, ist der Glaube daran, dass die Schamanen fliegen können, universal.

Altes Ägypten und antikes Griechenland

In der ägyptischen Mythologie scheint es keine engelhaften Wesen zu geben, mit Ausnahme des heiligen Phönix, dem Symbol der Unsterblichkeit. Er repräsentiert die Sonne, die am Abend stirbt und an jedem Morgen wiedergeboren wird. Am Ende eines Lebenszyklus' baut er sich ein Nest aus Zweigen des Zimtbaums, setzt es in Flammen und verbrennt zu Asche, aus der sich der neue Phönix erhebt. Der neue Phönix stellt ein Ei aus Myrrhe her, in das die Asche des alten Phönix gefüllt wird und bringt dieses nach Heliopolis in Ägypten.

Die Göttin Isis benutzte ihre Flügel, um Osiris Leben einzuhauchen und ihren Sohn Horus zu empfangen.

Ursprünglich war der Phönix ein Storch oder ein Reiher mit dem Namen *Benu,* bekannt aus dem *Totenbuch*. Er wird mit dem Sonnengott Amun-Ra in Verbindung gebracht. Im alten Ägypten war die Religion ein bedeutsamer Teil des täglichen Lebens. Die Priester beteten jeden Tag zu den Abbildungen ihrer Götter (sie glaubten, die Götter würden sich in den Abbildungen manifestieren). Die Götter und Göttinnen der Ägypter verfügten oftmals über Tierköpfe: Anubis zum Beispiel galt als Gott des Todes und hatte einen Schakalkopf. Obwohl die Ägypter an viele Götter glaubten, hatten nur wenige davon Flügel: Isis benutzte ihre Flügel beispielsweise dafür, um ihrem toten Ehemann und Bruder Osiris neues Leben einzuhauchen und Horus zu empfangen. Die Göttin Nut wurde als Frau dargestellt, die ein Gefäß auf ihrem Kopf trägt und über Geierflügel verfügt, oder als Frau, die sich von Sternen umhüllt über die Erde beugt.

Griechische Engel Das Wort *daemon* aus dem Altgriechischen bedeutet so viel wie inspirierender Geist. Die Göttin Nike und ihr Sohn Eros dienten als Vorlagen für spätere Abbildungen von Engeln.

Die Statue Nike von Samothrake (ca. 220-190 v. Chr.) steht im Pariser Louvre und zeigt die Göttin des Sieges.

New Age

Die New-Age-Bewegung ist eine frei fließende spirituelle Strömung, die sich von anderen Religionen unterscheidet. Sie kennt keine Propheten, keine geheiligten Texte oder Bücher, keine Mitgliedschaften, keine religiösen Zentren, kein Glaubensbekenntnis, keine Priester, Nonnen, Pfarrer und, ganz wichtig, keine Hintergedanken.

Die New-Age-Bewegung kennt keine Propheten oder Gurus; wir sind alle ein Teil von Gott.

Die New-Age-Bewegung nutzt allerdings auch einige wechselseitig anerkannte Begriffe, wie Chakra, Aura und Chi, und viele New Ager glauben an die Reinkarnation und die Unsterblichkeit der Seele nach dem Tod. Alle Anhänger der New-Age-Bewegung definieren sich selbst als Suchende nach persönlicher

Wahrheit, nach Wissen und Weisheit. Sie streben einen ausgeglichenen Lebensstil an, hauptsächlich durch die Anerkennung und Weiterentwicklung der spirituellen Aspekte der Psyche.

Das neue Goldene Zeitalter Der Glaube an Engel und andere weiterentwickelte spirituelle Wesen nimmt mit dem Fortschreiten des Wassermannzeitalters zu. Die meisten Anhänger der Bewegung glauben an ein neues Goldenes Zeitalter, in dem die Diskriminierung von Geschlechtern, Rassen, Religionen, bestimmten Altersgruppen, Sozialständen und andere Formen der Diskriminierung enden werden. Egoismus und die Zugehörigkeit zu ethischen Gruppen und Völkern wird durch globale Verantwortung ersetzt, denn die Bewohner der Erde streben danach, Krieg, Armut, Hunger und Krankheit auszulöschen.

Der Glaube an Engel ist jedoch nicht an die New-Age-Bewegung gebunden; tatsächlich geht der Glaube an Engel zurück bis zu den Anfängen der Zivilisation. Allerdings sind viele New Ager der Meinung, dass ihre Bewegung von Engeln angeleitet wird – und zwar durch den Kontakt der Anhänger zu ihren persönlichen Schutzengeln. Zurzeit gibt es auf dem Markt viele Bücher über Engel, und alles Engelhafte scheint auf dem Vormarsch zu sein.

Viele Suchende fügen Ansichten der New-Age-Bewegung ihrem eigenen

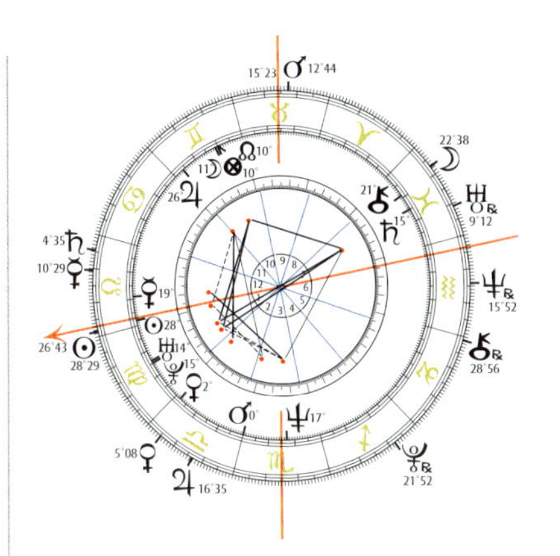

Ein neues, von Engeln geführtes Goldenes Zeitalter wird mit dem Einzug ins Wassermannzeitalter seinen Anfang nehmen.

Glaubenssystem hinzu, und alle glauben daran, dass eine göttliche Intelligenz die Geschicke der Welt lenkt. Die Bewegung nahm in den späten 1960ern ihren Anfang, aber erste Anzeichen waren bereits im 19. Jahrhundert zu erkennen, als Schriftsteller wie Elena Blavatsky (1831-1891) die Theosophische Gesellschaft aus der Taufe hoben. Auch Astrologie, Buddhismus, Channeling, Hinduismus, gnostisches Brauchtum, Heidentum, die spiritistische Lehre und der Wicca-Kult haben einen großen Einfluss auf die New-Age-Bewegung.

ENGELSVISIONEN

Berühmte Engelsvisionen in der Geschichte

In diesem Teil des Buches findest du Beispiele für einige der berühmtesten Engelsvisionen aller Zeiten, unter anderem von Hesekiel, Henoch, dem hl. Johannes und Daniel. Die Aufzeichnungen enthalten Visionen des höchsten Himmels, inklusive des Throns Gottes.

DANIEL

Ich sah, wie Throne aufgestellt wurden, und einer, der uralt war, setzte sich. Sein Kleid war weiß wie Schnee und das Haar auf seinem Haupt rein wie Wolle. Flammen waren sein Thron und dessen Räder lodernde Feuer. Und von ihm ging aus ein langer feuriger Strahl. Tausendmal Tausende dienten ihm, und zehntausendmal Zehntausende standen vor ihm.

Daniel 7,9-10

Eine Darstellung der Vision Daniels aus dem 12. Jahrhundert. Sie zeigt die vier Geschöpfe und Gott auf dem Thron aus einem Kommentar des asturischen Mönchs Beatus.

HENOCH

Und ich sah dort einen erhabenen Thron, der vom Ansehen dem Reife ähnlich war, während sein Umfang dem Kreise der glänzenden Sonne glich; und (da war) die Stimme der Cherubs. Unten von diesem mächtigen Throne her strömten Bäche lodernden Feuers. Dorthin zu sehen war unmöglich. Ein Großer in Herrlichkeit saß darauf, dessen Kleid glänzender als die Sonne und weißer als Schnee war. Kein Engel vermochte hindurchzudringen, zu schauen das Antlitz desselben, des Herrlichen und Strahlenden; auch konnte kein Sterblicher ihn ansehen. Ein Feuer loderte rings um ihn. Ein Feuer auch von großem Umfange stieg immerwährend vor ihm auf, sodass keiner von denjenigen, welche ihn umgaben, imstande war, sich ihm zu nähern, unter den Myriaden, welche vor ihm waren.

1. Buch Henoch, 18b-23a

ELIA

Und als sie miteinander gingen und redeten, siehe, da kam ein feuriger Wagen mit feurigen Rossen, die schieden die beiden voneinander. Und Elia fuhr im Wetter gen Himmel. Elisa aber sah es und schrie: Mein Vater, mein Vater, du Wagen Israels und sein Gespann! und sah ihn nicht mehr.

2. Könige, 2,11-12

Die Propheten Elia und Henoch waren beide mit Visionen Gottes und des Himmelsreichs gesegnet.

HESEKIEL

Der Thronwagen Gottes (hebräisch Merkavah) wurde zuerst im Buch Hesekiel beschrieben, das kurz nach der Ankunft der ersten vertriebenen Juden in Babylon (587 v. Chr.) verfasst wurde.

Und mitten darin war etwas wie vier Gestalten; die waren anzusehen wie Menschen. Und jede von ihnen hatte vier Angesichter und vier Flügel. Und ihre Beine standen gerade, und ihre Füße waren wie Stierfüße und glänzten wie blinkendes, glattes Kupfer. Und sie hatten Menschenhände unter ihren Flügeln an ihren vier Seiten; die vier hatten Angesichter und Flügel. Ihre Flügel berührten einer den andern. Und wenn sie gingen, brauchten sie sich nicht umzuwenden; immer gingen sie in der Richtung eines ihrer Angesichter. Ihre Angesichter waren vorn gleich einem Menschen und zur rechten Seite gleich einem Löwen bei allen vieren und zur linken Seite gleich einem Stier bei allen vieren und hinten gleich einem Adler bei allen vieren. Und ihre Flügel waren nach oben hin ausgebreitet; je zwei Flügel berührten einander und mit zwei Flügeln bedeckten sie ihren Leib. Immer gingen sie in der Richtung eines ihrer Angesichter; wohin der Geist sie trieb, dahin gingen sie; sie brauchten sich im Gehen nicht umzuwenden. Und in der Mitte zwischen den Gestalten sah es aus, wie wenn feurige Kohlen brennen, und wie Fackeln, die zwischen den Gestalten hin und her fuhren. Das Feuer leuchtete und aus dem Feuer kamen Blitze. Und die Gestalten liefen hin und her, dass es aussah wie Blitze.

Hesekiel 1,5-14

Dieser Holzstich aus dem 17. Jahrhundert zeigt Hesekiels Vision vom Thronwagen Gottes.

JOHANNES

Die Vision des Johannes vom Thron Gottes ist die einzige im Neuen Testament.

Alsbald wurde ich vom Geist ergriffen. Und siehe, ein Thron stand im Himmel und auf dem Thron saß einer. Und der da saß, war anzusehen wie der Stein Jaspis und Sarder; und ein Regenbogen war um den Thron, anzusehen wie ein Smaragd. Und um den Thron waren vierundzwanzig Throne, und auf den Thronen saßen vierundzwanzig Älteste, mit weißen Kleidern angetan, und hatten auf ihren Häuptern goldene Kronen. Und von dem Thron gingen aus Blitze, Stimmen und Donner; und sieben Fackeln mit Feuer brannten vor dem Thron, das sind die sieben Geister Gottes. Und vor dem Thron war es wie ein gläsernes Meer, gleich dem Kristall, und in der Mitte am Thron und um den Thron vier himmlische Gestalten, voller Augen vorn und hinten. Und die erste Gestalt war gleich einem Löwen, und die zweite Gestalt war gleich einem Stier, und die dritte Gestalt hatte ein Antlitz wie ein Mensch, und die vierte Gestalt war gleich einem fliegenden Adler. Und eine jede der vier Gestalten hatte sechs Flügel, und sie waren außen und innen voller Augen, und sie hatten keine Ruhe Tag und Nacht und sprachen: Heilig, heilig, heilig ist Gott der Herr, der Allmächtige, der da war und der da ist und der da kommt. Und wenn die Gestalten Preis und Ehre und Dank gaben dem, der auf dem Thron saß, der da lebt von Ewigkeit zu Ewigkeit, fielen die vierundzwanzig Ältesten nieder vor dem, der auf dem Thron saß, und beteten den an, der da lebt von Ewigkeit zu Ewigkeit, und legten ihre Kronen nieder vor dem Thron und sprachen: Herr, unser Gott, du bist würdig, zu nehmen Preis und Ehre und Kraft; denn du hast alle Dinge geschaffen, und durch deinen Willen waren sie und wurden sie geschaffen.

Offenbarung des Johannes 4,2-11

HILDEGARD VON BINGEN

Hildegard von Bingen (1098-1179) war eine berühmte christliche Mystikerin und Gelehrte, die 26 göttliche Visionen erfuhr.

Dann sah ich wieder überaus hellglänzende Luft, in der ich von all den geschilderten Sinnbildern aus wundersam verschiedenartige Musik hörte. Sie erscholl in den Freudenliedern der himmlischen Bürger, die auf dem Weg der Wahrheit tapfer aushielten …

13. Vision

Dieses Gemälde aus dem 18. Jahrhundert zeigt Johanna von Orleans und einen Engel, der ihren Schlaf bewacht.

JOHANNA VON ORLEANS

Als Johanna von Orleans (1412-1431) zwölf Jahre alt war, begann sie himmlische Stimmen zu hören, die ihr sagten, sie solle Frankreich retten. Eine dieser Stimmen gehörte dem Erzengel Michael. Johanna weigerte sich, von ihren Visionen zu berichten. Auch ihrem Beichtvater erzählte sie nichts davon, und während ihres Prozesses berichtete sie weder von ihren Erfahrungen mit den Himmelsboten noch gab sie preis, wie diese sich ihr zu erkennen gaben. Nichtsdestotrotz sagte sie zu ihren Richtern: „Ich sah sie mit diesen meinen Augen, genauso, wie ich euch sehe."

WILLIAM BLAKE

William Blake (1757-1827) war ein britischer Poet, Maler, Mystiker und Kupferstecher, der seine eigenen Bücher druckte und auch illustrierte. Aus Blakes Aufzeichnungen geht hervor, dass er schon von Kindesbeinen an Visionen von Engeln hatte und dass er sogar den Erzengel Gabriel erblickte und mit ihm sprach. Seine „prophetischen Bücher" sind das *Buch von Thel*, die *Hochzeit von Himmel und Hölle* und das *Buch von Urizen*, *Amerika*, *Milton* und *Jerusalem*. In diesen prophetischen Büchern drückt Blake seine lebenslange Annahme aus, die Seele strebe stets danach, ihre natürlichen Energien von der Vernunft und der organisierten Religion zu befreien. Unter Blakes späteren künstlerischen Arbeiten finden sich Malereien und Kupferstiche für Dantes *Göttliche Komödie*.

PÈRE JEAN LAMY

Der heilige Priester Père Jean Lamy (1853-1931) hatte viele Visionen von Engeln. Er sprach regelmäßig zu seinem Schutzengel und hatte Visionen der Vergangenheit und der Zukunft.

Ihre Gewänder sind weiß, aber von unirdischem Weiße. Ich kann es nicht beschreiben, denn es kann nicht mit einem irdischen Weiß verglichen werden; es ist viel angenehmer für das Auge. Diese leuchtenden Engel sind in ein Licht eingehüllt, das sie in solchem Maß von unserem Licht unterscheidet, dass alles andere im Vergleich dazu dunkel erscheint. Wenn du einer Gruppe von 50 Engeln ansichtig wirst, bist du starr vor Erstaunen. Sie tragen goldene Schilde, sind stets in Bewegung wie so viele Sonnen.

Moderne Begegnungen mit Engeln

Visionen von Engeln sind nicht auf längst vergangene Zeiten beschränkt – es gibt auch viele neuere Berichte über Begegnungen mit Engeln.

Die Engel von Mons Die Schlacht von Mons fand am 23. August 1914 in Belgien statt. Während des ersten erbitterten Zusammenpralls mit den herannahenden deutschen Truppen wurden die Truppen des Kaisers vom heiligen Georg und einigen geisterhaften Bogenschützen gestoppt. Andere Soldaten behaupteten, sie hätten den Erzengel Michael und seine himmlische Armee erblickt. Wiederum andere sahen drei leuchtende Wesen mit Engelsflügeln, während einige weitere Soldaten behaupteten, dass die Engel einen schützenden Lichtumhang um die britischen Truppen gelegt hätten. Da dieses Ereignis von so vielen Menschen beobachtet wurde, ist es nicht weiter verwunderlich, dass die Aussagen so unterschiedlich ausfallen. Sogar einige deutsche Gefangene gaben zu, das mystische Ereignis beobachtet zu haben und gegen die Erscheinung machtlos gewesen zu sein.

Wahr ist, dass die britischen Truppen zahlenmäßig stark unterlegen waren und sich in einer verzweifelten Notlage befanden. Aus diesem Grund hob die Sichtung der Engel wenigstens die Moral der Soldaten. Allerdings dauert die Debatte über die Wahrhaftigkeit dieser Legende nun schon seit über 90 Jahren an.

Wahrnehmungen von Engeln Engel sind eine Art Brücke zum Himmelreich. Sie existieren in einer Welt jenseits unserer normalen Wahrnehmung, die sich um uns und in uns befindet. Der Kontakt mit Engeln fällt stets unterschiedlich aus, und es ist nicht vielen Menschen vergönnt, einen Engel tatsächlich zu Gesicht zu bekommen.

Visionen von Engeln unterscheiden sich genauso: Einige Menschen sehen geflügelte Engelsgestalten mit offenen Augen, während andere Menschen die Engel mit ihrem geistigen Auge wahrnehmen.

Einige Menschen sehen farbige, umherschwirrende Lichter, die nachts ihre

Die Engel von Mons *von W. H. Margetson zeigt das außergewöhnliche Ereignis, das am 23. August 1914 von so vielen Soldaten beobachtet wurde.*

Kinder sind oft in der Lage, Engel zu sehen und können sie mit großem Detailreichtum beschreiben.

Betten umkreisen, während andere Menschen über ihr Unterbewusstsein mit Engeln in Kontakt treten, in ihren Träumen oder während einer Meditation. Wieder andere sind von einer wunderbaren Energiesignatur umgeben und fühlen sich von Engelsflügeln eingehüllt. Tiefschürfende Begegnungen mit Engeln finden oft während eines Nahtod-Erlebnisses statt oder am Krankenbett eines geliebten Menschen, wenn dieser schwer krank ist oder im Sterben liegt.

Visionen in der Kindheit Oft sind Kinder in der Lage, Engel zu sehen und sie dann mit großem Detailreichtum zu beschreiben. Ich weiß, dass ich schon immer Engel gesehen habe: In meinen frühesten Erinnerungen wurde ich jede Nacht von Engeln bewacht, aber ich wusste damals noch nicht, dass es Engel waren. Ich nannte sie „schöne Damen", und sie sangen mich Nacht für Nacht in den Schlaf.

Ich weiß, dass ich mit meinen Kindheitserlebnissen nicht allein bin, denn erst vor Kurzem berichtete mir eine meiner Schülerinnen von ihrer ersten Begegnung mit einem Engel. Bei dieser ersten Begegnung war sie neun Jahre alt und machte zu Hause eine schwere Zeit durch. Ihre frühe Kindheit war sehr schwierig. Als sie eines Nachts in ihrem Bett lag sah sie, wie sich die Zimmerdecke plötzlich auflöste und vor ihr ein wunderschöner Engel erschien, der ein blauflammiges Schwert trug. Das Gefühl von Geborgenheit und Führung, das von diesem wunderbaren Geschöpf ausging, veränderte ihr junges Leben, und sie war in der Lage, trotz ihrer schlimmen Familiensituation gesund und ohne seelische Schäden erwachsen zu werden.

Das Erstaunliche daran ist, dass ich schon vor diesem Gespräch mit ihr wusste, dass sie dem Erzengel Michael begegnet sein musste, da sie sein Zeichen in ihrem Energiefeld trägt. Ich wusste es schon in dem Moment, als sie den Raum betrat. Ich konnte es fühlen, wir lächelten uns an, und sofort entstand zwischen uns eine gewisse Erkenntnis. Ich sage zwar, das sei erstaunlich gewesen, doch in Wahrheit kann dein Leben mit Wundern, Liebe und übernatürlicher Freude erfüllt werden, wenn du den Engeln dein Herz öffnest.

Himmlische Sicht Ich habe meine himmlische Sicht nie verloren, und meine Begegnungen mit Engeln sind auch von anderen beobachtet worden, die die Engel um mich herum gesehen oder ihre Anwesenheit gespürt haben. Von meinen Erfahrungen mit Engeln ist bereits in anderen Engelbüchern, Frauenmagazinen und im Fernsehen berichtet worden – wenn ich sie alle aufzählen wollte, könnte ich damit das gesamte Buch füllen. Ich leite nun seit über 20 Jahren Engelseminare in vielen Ländern und bin Tausenden Menschen begegnet, die eine starke

Verbindung zum Engelreich haben, besonders während verschiedener Meditationssitzungen und spirituellen Heilsitzungen. Ich fragte auch die Teilnehmer meines Kristallseminars nach Erfahrungen mit Engeln. Hier sind drei ihrer Geschichten, stellvertretend für über Hundert solcher Berichte, die ich gehört habe.

Wenn wir dem Engelreich unsere Herzen öffnen, werden wir von Freude und Dankbarkeit erfüllt.

FRANS BEGEGNUNG MIT EINEM ENGEL

Im Jahr 2001 wurde mein damals 17-jähriger Sohn mit Verdacht auf akute Blinddarmentzündung ins Krankenhaus gebracht. Während ich mit ihm wartete, um ihn auf die Station zu begleiten, hatte er sehr große Angst. Ich rief die Engel an, ihm zu helfen und bei ihm zu sein. Sofort fühlte ich, wie sich die Energie im Raum veränderte. Ich konnte einen Engel am Fuße seines Krankenhausbettes fühlen (aber nicht sehen). Mein Sohn sagte darauf plötzlich: „Da steht ein großer, goldener Engel an meinem Bett." Er wurde dann sehr ruhig und fürchtete sich nicht mehr vor der Operation. Der Engel blieb die Nacht über bei ihm und machte es mir damit leichter, nach Hause zu fahren.

MARCS ERLEBNIS

Marc, ein Kunststudent, hatte einen Nebenjob als Nachtwächter. Eines Nachts wurden er und ein Kollege alarmiert, da sich Einbrecher auf dem Gelände befanden. Marc und der andere Wächter rannten zu dem Gebäude, wo sich die Einbrecher aufhielten, und sahen dort etwas, was sie zunächst nicht für möglich hielten. Direkt über ihnen glitt ein großes, leuchtendes Wesen über den sternenklaren Nachthimmel. Es schwebte noch einige Sekunden über ihnen, bevor es sich langsam über einige äußere Gebäude fortbewegte; dann verschwand es.

Marc war von der Begegnung mit dem Engel (nicht mit den Einbrechern) sehr aufgewühlt, und dies war auch noch so, als er nach Hause kam. Seine Familie wusste, dass ihm etwas Außergewöhnliches passiert war, als er ihnen aufgeregt von seinem Erlebnis berichtete, aber seine Mutter lächelte nur und sagte: „Ich habe die Engel darum gebeten, dich zu beschützen, als ich in Sorge um dich war."

TANJAS GESCHICHTE IN EIGENEN WORTEN

Meine erste bewusste Erfahrung mit Engeln hatte ich, als mein Vater plötzlich krank wurde. Ich erhielt einen Anruf von meiner Mutter, die mir sagte, dass es ihm nicht gut ginge und sie den Arzt gerufen habe, ich mir jedoch keine Sorgen machen müsste. Zwanzig Minuten später rief sie mich wieder an. Sie weinte und sagte, sein Herz habe aufgehört zu schlagen. Ich sagte ihr, ich sei bereits auf dem Weg und mein Freund und ich stiegen ins Auto und fuhren zum Haus meiner Eltern. Während der ganzen Fahrt bat ich die Erzengel Michael und Raphael darum, meiner Mutter und meinem Vater zu helfen. Mein eigenes Herz raste, weil ich so schnell wie möglich bei ihnen sein wollte, ohne übermäßig gegen die Verkehrsregeln zu verstoßen! Ich kam an eine rote Ampel. Als ich den Wagen stoppte, beruhigte sich mein Herzschlag wieder und ein überwältigendes Gefühl des Friedens überkam mich. Da wusste ich, dass es meinem Vater gut ging. Fünf Minuten später erreichte ich das Haus meiner Eltern und mir wurde mitgeteilt, dass mein Vater fünf Minuten zuvor verstorben sei. Da verstand ich plötzlich, dass diese wunderbaren Engel meinem Vater geholfen hatten, allerdings nicht im körperlichen Sinn. Für seine Seele war es Zeit gewesen zu gehen, und die Erzengel Michael und Raphael hatten ihn auf seinem Weg begleitet. Ich danke den Engeln für diese Erfahrung, denn sie hat mich auf meinen spirituellen Pfad geführt, auch wenn es mich schmerzt, dass ich meinen Vater so plötzlich verloren habe.

Auf der Fahrt zu ihrem kranken Vater bat Tanja die Erzengel Michael und Raphael darum, ihren Eltern zu helfen.

HEILUNG DURCH ENGEL

Mögliche Ursachen für Erkrankungen

Die konventionelle Medizin konzentriert sich auf das physische System unseres Körpers, beobachtet Symptome und führt zur Diagnosestellung Tests durch. Ziel ist, die Krankheit durch eine Operation oder Medikamente zu behandeln. Bevor sich die konventionelle Medizin so weitverbreitet durchsetzte, bedienten sich die Menschen noch der Heilmittel aus der Natur, um ihre Beschwerden zu behandeln. Sie wussten, dass ihr Leben von verschiedenen Energien beeinflusst war, von denen einige – die subtilen Energien – von den meisten Menschen weder gesehen noch gespürt werden können und deshalb für nicht existent gehalten wurden.

Unsere Gesundheit lässt sich als kontinuierlicher, harmonischer Energiestrom durch den Körper, den Geist, die Seele und das universelle Gewebe der Welt verstehen. Wenn wir krank werden oder uns mit einem Teil unseres Selbst unbehaglich fühlen, blockieren wir den vitalen Energiefluss auf allen Ebenen unseres Daseins. Wir befinden uns stets in einem Zustand der Veränderung und des persönlichen Wachstums. Mit unserer Seele in Harmonie zu bleiben ist ein fortwährender Balanceakt.

Wenn wir Stress ausgesetzt sind, blockieren wir den Fluss unserer Lebensenergie.

Die Lebensenergie umleiten Jede Form des Heilens oder der Therapie ermöglicht es dem Heiler, das *Qi* (die Lebensenergie) umzuleiten. Dies beseitigt die verschiedenen Ursachen für die Erkrankung, die den harmonischen Energiefluss in dir selbst in Verbindung zum Universum blockiert haben. Das Auslösen einer Erkrankung ist ein Kommunikationsmittel deiner Seele, die auf diesem Wege über deinen physischen Körper, deine Gedanken, deine Emotionen und Gefühle mit dir in Verbindung tritt. Eine Erkrankung sollte niemals als negative Erfahrung gewertet werden: Deine Seele setzt sie als Mittel ein, um deine Aufmerksamkeit zu erregen. Wenn wir gesund sind, neigen wir dazu, das Leben als etwas Selbstverständliches anzunehmen, wir werden selbstgefällig und betrügen uns mit der Annahme, unsterblich zu sein. Diese Selbstgefälligkeit bedeutet einen Stillstand der Seele und das Ende spirituellen Wachstums sowie der Seelenharmonie.

Jede Krankheit und jede Krise, die sie als Anzeichen einer Veränderung in deinem Leben mit sich bringt, gibt deiner Seele Raum, dich etwas Neues über dich selbst zu lehren. Diese Krankheit ist für dich einzigartig. Wenn du die Chance ergreifst, mit deiner Seele zu arbeiten, um so gegen dein Ungleichgewicht vorzugehen, befreist du dich von einem Zustand der Stagnation und bewegst dich auf ein spirituelles und harmonischeres Leben zu.

Gute Gesundheit ist etwas, das wir oft für selbstverständlich halten. Allerdings sollten wir dabei nicht vergessen, dass wir auf physischer Ebene sterblich sind.

Die Heilung durch Engel ist darauf ausgerichtet, uns zu der Einheit mit unserer Seele zurückzuführen. Sie zielt nicht allein auf unser Wohlbefinden ab, sondern auf vieles mehr. Dazu müssen wir auf das Flüstern unserer Seele hören, unsere Emotionen fühlen, unsere Intuition weiterentwickeln und unsere Lebensgeister wecken. Diese ganzheitliche Behandlung bringt uns Zufriedenheit und sorgt dafür, dass wir uns friedlich im Fluss des Lebens bewegen können.

Der Pfad des Wachstums

Unsere Reise durchs Leben kann manchmal schmerzlich sein, wenn unsere Seele nach Wahrheit und Reife sucht. Von Teilnehmern meiner Engelseminare höre ich immer und immer wieder, dass sie ein Gefühl der Heimkehr, der Selbsterkennung und der Verbundenheit erfahren und sich daran erinnern, wer sie wirklich sind. Hin und wieder fließen während eines Engelseminars auch Tränen der Erleichterung; diese Tränen sind stets eine positive Erfahrung.

Wir erkennen die wahre Kommunikation mit Engeln daran, wenn wir feststellen, dass wir uns nicht länger allein fühlen. Schutz, Führung, Unterstützung und Fürsorge sind nicht nur in großem Maße für uns vorhanden, sondern fließen uns aktiv zu und verbessern alle Bereiche unseres Lebens.

Obwohl die Engel definitiv keine „Schnellreparatur" vornehmen, fühlen einige Menschen eine sofortige und anhaltende Veränderung. Wenn du mit den Engeln Kontakt aufnimmst, findest du den wahren Sinn deines Lebens und gelangst auf deinen Pfad nach Hause. Es ist auch möglich, dass dich die Arbeit mit Engeln an alten Gewohnheiten und Glaubenssystemen zweifeln lässt und dich aus der Reserve lockt. Es braucht Mut, die Tore zur Heilkunst zu öffnen. Und auch die segensreichsten Veränderungen in deinem Leben können eine Herausforderung darstellen.

Zu deinem Umwandlungsprozess gehört, dass du dich einmal mehr in deine Umgebung und deinen gegenwärtigen Lebensstil einfindest. Dies schließt die Menschen mit ein, die dir am nächsten stehen – deinen Partner, deine Kinder, Familie, Freunde und Arbeitskollegen. Sie werden sich mit deinem neuen Ich vielleicht nicht immer wohlfühlen. Das bedeutet, dass sie sich eventuell auch ändern müssen und vielleicht noch nicht für diese Veränderung bereit sind. Denke zurück an eine Zeit, in der du zu einer Veränderung gezwungen wurdest. Vielleicht wurde diese Veränderung durch einen Trauerfall, eine Scheidung oder den Verlust deines Arbeitsplatzes ausgelöst. Erinnere dich daran, wie unwohl du dich dabei gefühlt hast.

Es ist wichtig, diesen Weg der Veränderung selbstsicher und zielstrebig zu beschreiten, weil andere dich vielleicht für selbstsüchtig halten könnten. Dabei ist es hilfreich, dich mit Menschen zu umgeben, die dich unterstützen und dich zu spirituellem Wachstum und zur Erneuerung deines Wohlbefindens ermutigen.

Als Teil des Umwandlungsprozesses musst du dich in deinen gegenwärtigen Lebensstil eingliedern. Dies schließt Familie und Freunde mit ein.

Vorbereitung auf eine Heilsitzung mit Engeln

Sogar die talentiertesten Heiler bestätigen den Nutzen einer Meditation, um vor der Kontaktaufnahme zu den höheren Energien der Engelwelt ihren Geist zur Ruhe zu bringen. Ansonsten gerieten sie in Gefahr, von der Erfahrung überwältigt zu werden.

Es ist ebenso wichtig, dass du, bevor du anderen hilfst, erst einmal selbst den Prozess der Selbstheilung durchläufst und dich auf die Engel einstimmst. Das ist gar nicht so schwierig; insbesondere, wenn du dich an die Meditationen in diesem Buch hältst.

Denke stets daran, dass wir uns physisch, mental, emotional und spirituell vorbereiten müssen, bevor wir einem anderen eine Behandlung anbieten können.

EINSTIMMUNG AUF DIE HEILENDE ENERGIE DER ENGEL

Auf welche Art du dich und deinen Patienten auf eine Heilsitzung vorbereitest, hat einen großen Einfluss auf die Qualität der Erfahrung und auch auf das Ergebnis. Halte dich an folgende Richtlinien, um aus deinen Heilsitzungen das Beste herauszuholen.

VORGEHENSWEISE

1 Trage lockere, weiße Baumwollkleidung, die Bewegungsfreiheit sowohl für den Behandelnden als auch den Behandelten garantiert. Synthetische Fabrikate blockieren den Energiefluss in den Meridianen und könnten Negativität beinhalten. Dunkle oder triste Kleidung senkt dein Energiefeld und das deines Patienten herab.

2 Bitte deinen Patienten darum, vor und nach der Behandlung viel Wasser zu trinken, um den Abbau von Energieblockaden und Schadstoffen zu erleichtern. Auch du solltest viel Wasser trinken, um dein Energiefeld zu reinigen.

3 Vermeide zu schwere Speisen direkt vor und nach der Heilsitzung, da dein Blut dadurch zur Unterstützung des Verdauungsprozesses abgeleitet würde.

4 Wasche deine Hände jeweils vor und nach der Behandlung eines Patienten in kaltem, fließendem Wasser, um verbliebene Restenergien zu entfernen.

5 Entspanne dich vor jeder Heilsitzung und sei zuversichtlich. Wenn du angespannt bist, wird dein Patient dies fühlen und ebenso angespannt sein.

6 Bitte deinen Patienten darum, Kontaktlinsen, Brille, Schmuck, Gürtel und alle metallischen Gegenstände, wie zum Beispiel Schlüssel, aus den Taschen zu entfernen.

7 Dein Patient sollte auf einer Massageliege oder einem Therapiesofa verweilen; ein Kissen unter dem Kopf sorgt für eine bequeme Liegeposition. Dein Sofa sollte breit und lang genug sein, damit dein Patient die Arme locker neben sich ablegen kann und auch die Füße noch Platz finden.

8 Bitte deinen Patienten darum, während der Behandlung weder Arme noch Beine zu überkreuzen, weil dies den Energiefluss blockiert.

9 Decke deinen Patienten mit einer weißen Decke zu, falls er während der Behandlung frieren sollte.

10 Gib dir etwas Zeit, dich auf die Engel einzustimmen, deren Hilfe du für die jeweilige Heilsitzung benötigst.

11 Plane genug Zeit ein, um mit dem Patienten eine energiereiche Beziehung einzugehen. Wenn deinem Patienten etwas anhaftet, das dir bedrohlich oder beängstigend erscheint, wie zum Beispiel niedere Energien, bitte sofort den Erzengel Michael um Schutz.

Aktivierung der „heilenden Hände" und des Mentalkörpers

AKTIVIERUNG DER HEILENDEN HÄNDE

Es ist wichtig, die Aufnahmebereitschaft deiner Hände zu erhöhen, bevor du eine Heilsitzung beginnst, denn so werden sie sensibler für die subtilen Energien. Außerdem sind deine Hände und Arme Verlängerungen deines Herzchakras (denke daran, wenn du jemanden umarmst). Um anderen mit der Heilkunst der Engel zu helfen, müssen wir unser Herzchakra öffnen (siehe S. 146, Meditation über die Rosafarbene Flamme des Herzsterns).

VORGEHENSWEISE

1 Wasche deine Hände in kaltem Wasser und trockne sie sorgfältig ab. Das reinigt die Hände und öffnet dein Herz, bevor du mit der Behandlung beginnst.

2 Schüttle deine Hände, um sie zu sensibilisieren. So löst du blockierte emotionale Energien und öffnest dein Herzchakra.

3 Reibe deine Handflächen einige Male zügig und kreisförmig aneinander, um das Oberflächen-*Qi* zu aktivieren.

4 Als Alternative kannst du deine Hände auch in rascher Folge öffnen und schließen, bis du die Aktivierung des Oberflächen-*Qi* spürst; oder rolle alternativ einen Bergkristall zwischen deinen Händen.

Bergkristall

AKTIVIERUNG DES MENTALKÖRPERS

Diese Übung steigert deine Wahrnehmungskraft, indem sie deinem Mentalkörper Energie zuführt. Sie verbindet dich mit dem Gelben Strahl des Erzengels Jophiel, der es dir ermöglicht, das Energiefeld deines Patienten mit Leichtigkeit wahrzunehmen. Dies ist dann besonders wichtig, wenn du zum ersten Mal lernst, die Chakren wahrzunehmen. Mit der Zeit wirst du deinen Mentalkörper nicht mehr extra mit Energie versorgen müssen, und deine Handflächen-Chakren werden eine erstaunliche Energiestruktur entwickeln.

VORGEHENSWEISE

1. Erhöhe die Aufnahmebereitschaft deiner Hände, indem du sie mit kaltem Wasser wäschst und sie sorgfältig abtrocknest. Sensibilisiere deine Hände, indem du sie schüttelst. Reibe deine Handflächen einige Male zügig und kreisförmig aneinander, um das Oberflächen-*Qi* zu aktivieren.

2. Öffne deine Hände, die Handflächen einander zugewandt, aber ca. 22 cm voneinander entfernt. Fühle, wie die Energie zwischen deinen Händen strahlt und vibriert; dann spiele mit dieser Energie (fühlt sich an wie ein klebriges Karamellbonbon).

3. Fange an, die Energie zu einer Sphäre zu formen und visualisiere sie als leuchtend gelb. Wenn die Sphäre mit Lebensenergie angefüllt ist, platziere sie im Bereich deines Nabelchakras. Dies wird deinen Mentalkörper schnell mit Energie versorgen.

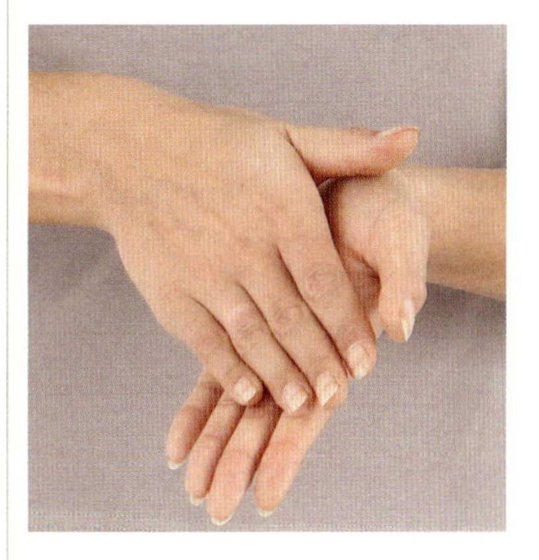

Rolle einen Bergkristall zwischen deinen Händen, um deine Handflächen-Chakren zu aktivieren.

Die Chakren spüren

Die sieben Hauptchakren liegen auf der zentralen Körperlinie. Diese Energiewirbel nehmen die Lebensenergie auf und geben sie wieder ab. Du musst jedes Chakra wahrnehmen können, um mit den subtilen Energiefeldern zu arbeiten.

WIE MAN DIE CHAKREN SPÜRT

Für diejenigen von euch, für die es eine neue Erfahrung ist, die subtilen Energiefelder zu erspüren und eine intuitive Diagnose zu stellen, beschreibe ich im Folgenden die Basisübung für das Erspüren der Chakren. Für diese Übung braucht man einen Partner. Dieser sollte mit dem Gesicht nach oben auf einem Therapiesofa liegen.

VORGEHENSWEISE

1 Bitte den Erzengel Raphael darum, deine Intuition zu stärken.

2 Atme tief durch und entspanne dich. Verbanne alle negativen Gedanken und Emotionen und konzentriere dich auf das Energiefeld deines Partners. Bleibe unvoreingenommen und positiv.

3 Lege deine Hände auf die Schultern deines Partners und lasse dir einige Minuten Zeit für die Etablierung einer energiereichen Beziehung: Dieser Einstimmungsprozess ist sehr wichtig.

4 Wenn du dich bereit fühlst, beginne damit, die Chakren deines Partners abzutasten (siehe dazu S. 102-103).

5 Beginne etwa 20 cm über dem Kopf deines Partners im Bereich des Kronenchakras. Hebe deine Hände an, die Handflächen etwa 50 cm entfernt voneinander.

6 Senke deine Hände langsam über den Kopf deines Partners und lege sie gleichzeitig zusammen. Halte inne, sobald du Widerstand spürst. Erkunde mit deinen Händen das Energiefeld des Kronenchakras. Oft fühlt man das Kronenchakra etwa 15 cm oberhalb des Kopfes, doch das variiert entsprechend der Sensibilität und der spirituellen Entwicklung.

7 Bewege dich nun zum Dritten Auge und halte deine Hände so hoch es geht über die Augenbrauen deines Partners: Deine Hände sollten etwa 50 cm davon entfernt sein. Senke deine zusammengelegten Hände langsam, bis du Widerstand spürst. Erkunde mit deinen Händen das Energiefeld des Dritten Auges. Sei dabei sehr behutsam, denn die meisten Leute auf dem spirituellen Pfad verfügen über ein besonders sensibles Drittes Auge.

8 Wiederhole diesen Prozess und erspüre so jedes Chakra, bis du alle sieben Hauptchakren lokalisiert hast.

9 Im Wurzelchakra fließt die Energie am langsamsten und ist somit am einfachsten zu spüren. Vielleicht musst du dich dafür zu Fußen deines Partners stellen. Halte deine Hände knapp unterhalb und zwischen seine Füße. Führe deine Hand langsam an den Körper deines Partners heran, bis du auf Widerstand stößt.

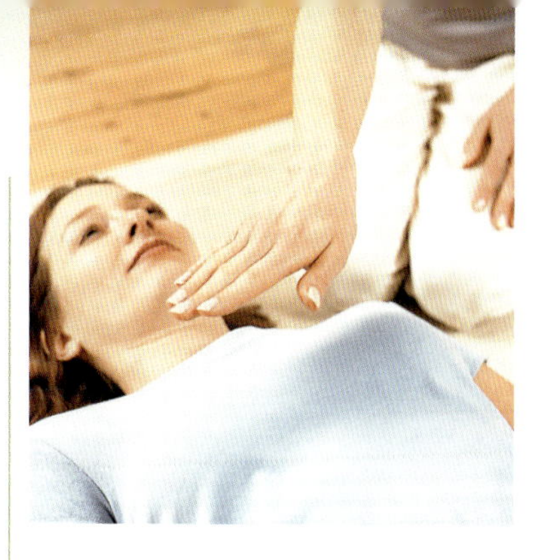

Erspüre das Kehlchakra, indem du deine Hände langsam senkst und zusammenlegst, bis du einen Widerstand spürst.

10 Ziehe dich am Ende der Sitzung von der Energie deines Partners zurück. Bitte den Erzengel Raphael darum, dich zu erden und sowohl deine Chakrazentren und Aura zu schützen als auch die deines Partners. Du kannst dir Notizen machen und diese Erkenntnisse mit deinem Partner teilen, wenn du es für angemessen hältst.

Chakren auspendeln

Zur Arbeit mit den Chakren existieren viele Techniken – eine der einfachsten ist der Gebrauch eines Pendels aus Bergkristall. Dieses simple Bergkristall-Pendel sollte etwa 5 cm lang und geschliffen sein und eine symmetrische Form haben. Am besten befestigt man es an einer Silberkette. Der Bergkristall ist deshalb eine gute Wahl, weil er über ein breites Spektrum von Heilenergien verfügt und sowohl einfach zu reinigen ist als auch leicht auf das Engelreich ausgerichtet werden kann.

Da ein Bergkristall aus Quarz besteht, wirst du schnell einen Kristall finden, der sich auf natürliche Weise mit deinem Energiefeld verbindet. Wenn du ihn nahe an deinen Solarplexus hältst, wirst du eine starke Resonanz spüren. Dann fließt deine Prana-Energie in das Bergkristall-Pendel und erfüllt es mit Energie.

Bevor du mit dem Pendeln beginnst, musst du zunächst die Schwingrichtungen für die Aussagen „Ja“ bzw. „Nein“ herausfinden. Ein Bergkristall ist dafür einfach zu nutzen.

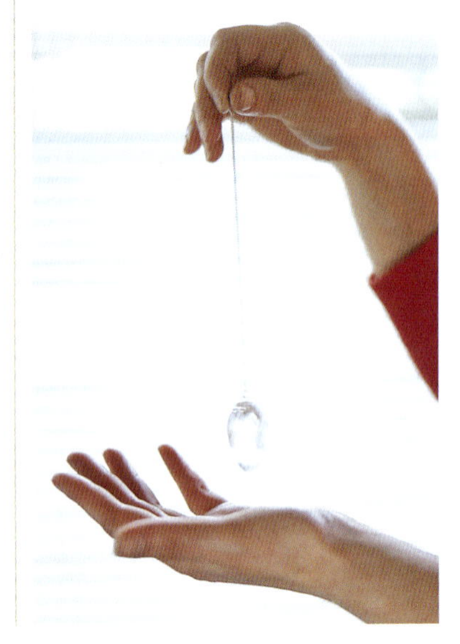

SO FINDEST DU DIE SCHWINGRICHTUNGEN DEINES PENDELS FÜR DIE ANTWORTEN „JA“ UND „NEIN“ HERAUS

Als Anfänger musst du zunächst dafür sorgen, dass das Pendel deiner Wahl mit deinem Energiefeld harmoniert. Ansonsten wird es unmöglich sein, genaue Antworten zu erhalten. Dieser Dialog mit deinem Pendel ist einzigartig. Einige Menschen stellen fest, dass ihr Pendel für die Antwort „Ja“ im Uhrzeigersinn schwingt und für „Nein“ gegen den Uhrzeigersinn. Bei dir könnte es aber auch anders sein: Wichtig ist, dass du weißt, welche Bewegungen deines Pendels „Ja“ und „Nein“ bedeuten. Zu Beginn jedes weiteren Auspendelns musst du zunächst sicherstellen, dass sich die Bewegungen deines Pendels für „Ja“ und „Nein“ nicht verändert haben.

DU BRAUCHST

Ein Bergkristall-Pendel an einer Silberkette

VORGEHENSWEISE

1 Halte die Kette, an der das Pendel befestigt ist, zwischen Daumen und Zeigefinger deiner rechten Hand. Halte deine linke Hand direkt unter das Pendel. Stelle sicher, dass sich das Pendel nicht bewegt. Wenn du das richtige Pendel für dich ausgewählt hast, sollte es nun beginnen zu „zittern“. Dies ist ein Zeichen dafür, dass das Pendel mit deinem Energiefeld harmoniert.

2 Sollte es nicht beginnen zu zittern, halte es vor dein Nabelchakra. Wenn dies auch nicht hilft, führe es aufwärts zum Herzchakra.

3 Halte dein Pendel ruhig und bitte es entweder im Geiste oder laut darum, dir die Bewegung für die Antwort „Ja“ anzuzeigen. Warte einen Moment, bis sich die Bewegung deutlich zeigt.

4 Halte dein Pendel ruhig und bitte es dann darum, dir die Bewegung für die Antwort „Nein“ anzuzeigen. Diese Bewegung wird sich von der Antwort „Ja“ klar unterscheiden.

Reinigung der Chakren

Für die Reinigung der Chakren gibt es viele Techniken. Auch hier ist der Gebrauch eines Bergkristall-Pendels eine der einfachsten, besonders dann, wenn du in Verbindung zum Engelreich stehst. Die Engel werden dein Pendel leiten, um ein mögliches Ungleichgewicht in einem der Chakren aufzuspüren. Diese Form des Pendelns lässt sich nutzen, um das gesamte Chakrensystem im Körper zu reinigen, zu stärken, zu harmonisieren, auszurichten und mit Energie zu versorgen.

Pendel aus Bergkristall oder Amethyst verfügen über ein breites Spektrum von Heilenergien.

REINIGUNG DER CHAKREN

DU BRAUCHST

Ein Pendel aus Bergkristall an einer Silberkette

VORGEHENSWEISE

1 Rufe den Erzengel Zadkiel und seine Violette Flamme der Umwandlung herbei. Diese wird jegliche Energieblockaden oder negative Energie, die beseitigt oder freigesetzt wurde, in positive Energie umwandeln.

2 Nachdem du die Antworten „Ja" und „Nein" deines Pendels überprüft hast, halte es einfach nacheinander über jedes Chakrazentrum und frage, ob das jeweilige Chakra gereinigt werden muss.

3 Beginne mit dem Kronenchakra und arbeite dich der Reihenfolge entsprechend nach unten vor. Sollte eines der Chakren der Reinigung bedürfen, halte dein Pendel darüber und lasse das Chakra vom Pendel reinigen – üblicherweise dreht sich das Pendel gegen den Uhrzeigersinn. Visualisiere die Violette Flamme über dem Chakrazentrum, während es gereinigt wird.

4 Wenn du dich durch alle Chakren hindurch gearbeitet hast, bist du bereit, sie mit positiver Heilenergie zu füllen und somit für Ausgeglichenheit und Harmonisierung zu sorgen (siehe S. 228-229, Chakren ausbalancieren).

5 Eine andere Methode zur Reinigung der Chakren besteht darin, deine Hände etwa 20 cm voneinander entfernt über den Patienten zu halten. Führe deine Hände, die Handflächen dem Patienten zugewandt, nacheinander über jedes Chakrazentrum. Fahre wie oben beschrieben ab Schritt 3 fort.

Für eine meiner favorisierten Methoden zur Reinigung der Chakren braucht man einen Federfächer und eine Edelsteinessenz, hergestellt aus dem wunderschönen Amethyst (siehe S. 283: Herstellung einer Edelsteinessenz; siehe auch S. 312, Amethyst). Besprühe jedes Chakrazentrum, das deiner Meinung nach der Reinigung bedarf, mit der Amethyst-Essenz. Benutze dann den Federfächer zur Reinigung der Chakren – bewege den Fächer aufwärts, ähnlich einem Besen.

Chakren ausbalancieren

Es gibt viele Techniken zur Ausbalancierung der Chakren; zwei davon werden hier vorgestellt.

Das Pendeln über dem Herzchakra reinigt schnell von einem emotionalen Ungleichgewicht.

AUSBALANCIEREN DER CHAKREN MITTELS EINES PENDELS

DU BRAUCHST

Ein Pendel aus Bergkristall an einer Silberkette

VORGEHENSWEISE

1 Rufe den Erzengel Raphael und seine Engel der Heilkunst herbei, bevor du beginnst.

2 Halte dein Pendel über die Chakrazentren deines Patienten. Beginne mit dem Herzchakra und arbeite dich der Reihenfolge entsprechend nach unten vor.

3 Lasse, geleitet vom Erzengel Raphael, die Heilenergien nacheinander in jedes Chakra fließen – dies geschieht üblicherweise in einer im Uhrzeigersinn verlaufenden Bewegung des Pendels.

4 Bewege dich zum nächsten Chakrazentrum, wenn dein Pendel das vorangegangene Chakra mit Heilenergie erfüllt hat. Das erkennst du daran, dass das Pendel aufhört zu schwingen.

AUSBALANCIEREN DER CHAKREN MIT DEN HÄNDEN

VORGEHENSWEISE

1 Rufe den Erzengel Raphael und seine Engel der Heilkunst herbei. Normalerweise fühlst du, wie diese Energie von oben in deinen Kopf hineinfließt und sich dann zu deinem Herzchakra weiterbewegt. Von da aus fließt sie deine Arme hinunter in deine Hände und verlässt deinen Körper durch die Handflächen-Chakren.

2 Sobald du den Fluss der Heilenergie spürst, halte deine Hände nacheinander jeweils etwa 20 cm über die Chakrazentren deines Patienten, die Handflächen dem Patienten zugewandt. Beginne mit dem Kronenchakra und arbeite dich weiter nach unten vor.

3 Mittels deiner Intuition wirst du feststellen, wann du mit dem nächsten Chakra beginnen kannst.

Die Aura

Schon die Mitglieder der alten Kulturen wussten, dass der menschliche Körper neben seiner physischen Form auch über ein pulsierendes, dynamisches Energiefeld verfügt. Aufgrund dieser Beobachtung entwickelten sie das Wissen über die subtilen Energien, die den physischen Körper umgeben und durchdringen.

Im Sanskrit wird dieses subtile Energiefeld als *kosas* (Körperhüllen) bezeichnet, während die moderne Medizin von dem biomagnetischen Energiefeld oder von der Aura spricht. Das Wort „Aura" wird vom griechischen Wort *avra* abgeleitet, das so viel wie „Brise" bedeutet. Die Aura besteht aus sieben Schichten, die den sieben Hauptchakren zugeordnet sind. Diese Schichten beginnen mit dem Sichtbaren (dem physischen Körper) und werden mit zunehmender Entfernung zum physischen Körper zu immer subtileren Schwingungen. Alle Auren sind verschieden und verändern sich ständig, abhängig von unseren Gedanken, Stimmungen, unserer Umgebung und unserem Gesundheitszustand.

Schäden in der Aura können durch Krankheiten, negative Gedankenmuster, Verunreinigungen in der Umgebung, schlechte Essgewohnheiten, Suchtstoffe und Stress entstehen. Ein Ungleichgewicht in der Aura führt zu Vitalitätsverlust, der wiederum das Energiefeld schwächt. Energieblockaden erscheinen als schwarze Gebiete in der Aura.

Schichten der Aura Jede Schicht der Aura hat ihre eigene Funktion und ihre eigene Energie. Die Schichten der Aura sind abwechselnd starr und beweglich. Die erste, dritte, fünfte und siebte Schicht sind starr, während die zweite, vierte und sechste Schicht beweglich sind. Die Schicht, die dem physischen Körper am nächsten liegt, wird Ätherkörper genannt. Dieser ist eine exakte Kopie des physischen Körpers und ist entweder blass-blau oder gräulich. Er ist von Lichtpunkten durchzogen und bewegt sich sehr schnell. In ihm werden Informationen über den Aufbau des physischen Körpers gespeichert.

Eine Aura, die einem in Pastelltönen leuchtenden Regenbogen gleicht, ist ein Zeichen für ein ausgeglichenes, freudiges Herzchakra.

Die zweite Schicht (Emotionalkörper) ist mit den Emotionen verbunden. Sie ist sichtbar als sich ständig verändernde Masse von Farben, die sich unserer Stimmung entsprechend wandelt. Die dritte Schicht wird als Mentalkörper bzw. Geistkörper bezeichnet und ist als gelbe Schicht sichtbar. Sie beinhaltet unsere Denkprozesse. Die vierte Schicht steht in Verbindung zu unserer Herzenergie. Sie leuchtet in Pastelltönen und, wenn sie vollständig entwickelt ist, als pastellfarbener Regenbogen. Die fünfte, sechste und siebte Schicht erscheinen jeweils leuchtend blau, gold und silbrig-blau bis golden schimmernd. Diese höheren Ebenen sind von der jeweiligen spirituellen Entwicklung abhängig und deshalb bei den meisten Menschen nicht leicht zu erkennen.

Die Aura erspüren

Es braucht viel Übung, um die Aura eines anderen wahrzunehmen. Die folgende Technik hilft dir dabei.

Bitte deinen Partner darum, sich auf ein Therapiesofa oder einen Tisch zu legen, um das Dritte Auge zu erspüren.

DIE AURA EINES ANDEREN ERSPÜREN

DU BRAUCHST

Einen bereitwilligen Partner

VORGEHENSWEISE

1 Bitte deinen Partner darum, sich schulterbreit (Füße ca. 30 cm voneinander entfernt) hinzustellen, die Knie sind leicht gebeugt und entspannt. Dies sorgt für einen guten Energiefluss, und die Person ist geerdet. Die Atmung erfolgt ruhig und gleichmäßig.

2 Stehe mindestens 2 m von deinem Partner entfernt und versorge deine Handflächen-Chakren mit Energie (siehe S. 220). Atme tief durch und entspanne dich. Verbanne alle negativen Gedanken und Emotionen und konzentriere dich ausschließlich auf das Energiefeld deines Partners.

3 Sieh deinen Partner an, hebe deine Hände vor deinen Körper, die Handflächen dem Partner zugewandt. Gehe nun langsam auf ihn zu. Nutze deine Konzentration und versuche, deine Aufmerksamkeit auf deine Handflächen-Chakren zu richten. Stelle dir vor, sie wären ein weiteres Paar „Augen", durch die du sehen kannst.

4 Konzentriere dich weiter auf deinen Partner und versuche, die äußerste Schicht der Aura zu erspüren. Diese ist normalerweise oval geformt, kann aber auch gestört sein. Sobald du auf das Energiefeld gestoßen bist (du fühlst dann einen Widerstand, eine Temperaturveränderung oder ein Kribbeln), gehe um deinen Partner herum und bestimme mit deinen Händen die Grenzen seiner Aura.

5 Führe deine Hände über den Kopf deines Partners und von da aus hinunter bis zu den Füßen. Gehe ganz um ihn herum; erspüre das Energiefeld und notiere dir in Gedanken, wie es geformt ist und wie es sich anfühlt.

6 Gib dir selbst und deinem Partner Zeit zu entspannen, dann versuche die nächste Schicht der Aura zu erspüren. Arbeite dich durch alle Schichten und halte zwischen den Schichten eine kurze Pause ein.

7 Vielleicht stößt du auf Bereiche in der Aura, die entweder zu heiß oder zu kalt erscheinen. Am Ende der Sitzung kannst du dir Notizen machen und diese, wenn du es für angebracht hältst, mit deinem Partner besprechen.

Die Aura ausbalancieren

Zur Arbeit mit der Aura existieren viele Techniken. Eine der einfachsten und wirkungsvollsten ist der Gebrauch eines Pendels aus Bergkristall, da dieses über ein großes Spektrum von Heilenergien verfügt. Das Bergkristallpendel erkennt auf natürliche Weise unausgewogene Bereiche innerhalb der Aura und entfernt Energieblockaden. Man nutzt das Pendeln, um jede einzelne Schicht der Aura zu reinigen, zu stärken, zu harmonisieren, auszurichten und mit Energie zu versorgen. Außerdem stopft es Löcher und Energielecks in der Aura und bietet Schutz vor neuen Schäden.

Übe diese Technik mit einem Freund oder Bekannten: Sucht nacheinander beim jeweils anderen nach Problemen und versucht dann, diese zu lösen.

Ein Bergkristallpendel hilft, das Ungleichgewicht der Aura zu beheben.

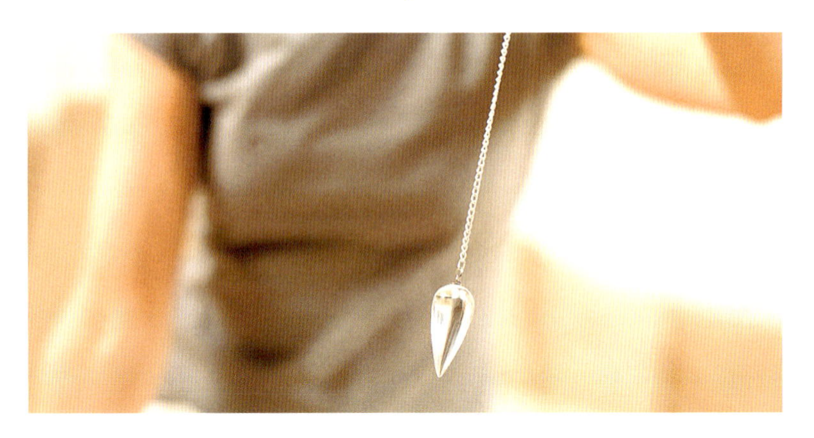

AUSBALANCIEREN DER AURA MITTELS EINES PENDELS

DU BRAUCHST

Ein Pendel aus Bergkristall an einer Silberkette

VORGEHENSWEISE

1 Bitte deinen Partner darum, sich hinzulegen. Halte dann das Pendel direkt über seinen Körper.

2 Lasse das Pendel leicht vor und zurück schwingen, ganz neutral. Wann immer das Pendel von der neutralen Schwingbewegung abweicht, ist es auf ein Ungleichgewicht gestoßen.

3 Lasse das Pendel so lange über dem Ungleichgewicht schwingen, bis es wieder in die neutrale Schwingbewegung zurückfindet oder anhält. Eine Bewegung im Uhrzeigersinn bedeutet üblicherweise eine Zuführung von Energie, während eine Bewegung gegen den Uhrzeigersinn auf eine Freisetzung von Energie hindeutet.

4 Bewege das Pendel an der zentralen Körperlinie deines Partners entlang. Beginne unterhalb der Füße und bewege das Pendel weiter, bis du oberhalb des Kopfes angelangt bist. Lasse dich vom Pendel und von deiner Intuition leiten. Sei auch bereit, das Pendel zeitweise etwas höher oder niedriger über den Körper zu halten, wenn du dich durch die verschiedenen Schichten der Aura arbeitest.

5 Begib dich an die Seite deines Partners. Gehe im Uhrzeigersinn einmal komplett um ihn herum und folge dabei der natürlichen Körperform.

6 Gehe noch einmal im Uhrzeigersinn um deinen Partner herum, halte aber diesmal ca. 45 cm Abstand zu ihm.

7 Ziehe dich am Ende der Sitzung von der Energie deines Partners zurück und bitte den Erzengel Raphael darum, dich zu erden und sowohl deine als auch die Chakrazentren und Aura deines Partners zu schützen.

Selbstheilung

Vielleicht verspürst du den Drang, einen Selbstheilungsprozess zu beginnen. Dafür musst du nicht krank sein oder Schmerzen haben. Tatsächlich aber gehen viele physische Leiden auf psychologische Ursachen zurück. Die folgende Technik hilft dabei, dich sowohl von emotionalen und mentalen Beeinträchtigungen zu heilen als auch von physischem Unwohlsein. Sie lässt sich auch bei akutem Schmerz oder Stress anwenden.

Der Erzengel Raphael als höchster Engel der Heilkunst besitzt die Kraft, alle Heiler anzuleiten. Er ist als Arzt des Engelreichs bekannt, als göttlicher Heiler, der uns hilft, uns selbst und andere zu heilen.

AUSBALANCIEREN UND HEILEN DEINER CHAKRAZENTREN

VORGEHENSWEISE

1 Beginne mit den Schritten 1-3 auf der gegenüberliegenden Seite.

2 Lege deine Hände sanft auf deinen Körper und erfülle ihn mit Heilenergie. Beginne mit dem Wurzelchakra. Wenn dein Gefühl es dir mitteilt, wiederhole den Vorgang mit deinem Sakralchakra.

3 Arbeite dich durch alle Chakrazentren und ende mit dem Kronenchakra. Verbinde dich mit deinem Höheren Selbst, während du deine Hände auf deinen Kopf legst.

4 Atme das smaragdfarbene Licht ein, um die Behandlung abzuschließen. Wenn du bereit bist, sende dein Bewusstsein zurück in die Realität.

DIE AUSFÜHRUNG EINER SELBSTHEILUNG

DU BRAUCHST

Beruhigende Musik auf CD oder Kassette und ein Gerät zum Abspielen

VORGEHENSWEISE

1 Rufe den Erzengel Raphael herbei und bitte ihn darum, deine Hände zu führen.

2 Mache es dir auf einem Stuhl bequem und sorge dafür, dass du nicht gestört wirst. Die beruhigende Musik hilft dir dabei, dich zu entspannen.

3 Bitte den Erzengel Raphael darum, dir eine Sphäre smaragdgrüner Heilenergie zu senden. Fühle, wie die Heilenergie über deinem Kopf schwebt.

4 Lasse diese Energie in dein Kronenchakra fließen; fühle, wie sie von da aus durch deinen Körper fließt und das Herzchakra einnimmt.

5 Lasse die Heilenergie deine Arme hinab fließen. Fühle, wie sie aus deinen Handflächen-Chakren strömt und deine Aura mit Energie erfüllt.

6 Lasse deine Hände vom Erzengel Raphael leiten und lege sie an die Körperstellen, die einer Heilung bedürfen. Falls du in einigen Bereichen deines Körpers Schmerzen verspüren solltest, halte deine Hände für einige Minuten über diese Bereiche. Dies sollte den Schmerz abmildern oder ganz lösen.

Heilung anderer Personen

Du und dein Patient solltet vor und nach der Behandlung viel Wasser zu trinken, um den Abbau von Energieblockaden und Schadstoffen zu erleichtern. Bereite dich vor, indem du dich entspannst und dich auf deine Atmung konzentrierst.

ANDERE PERSONEN HEILEN

VORGEHENSWEISE

1 Bitte den Patienten darum, sich auf den Rücken zu legen. Stütze Kopf und Knie mit Kissen ab.

2 Bitte den Erzengel Raphael, dir eine Sphäre smaragdgrüner Heilenergie zu senden. Sieh, wie die Heilenergie über deinem Kopf schwebt. Lasse sie in dein Kronenchakra und von da aus durch deinen Körper fließen und sich in deinem Herzchakra verankern.

3 Lasse die Energie deine Arme hinab fließen. Sie verlässt deinen Körper durch die Handflächen-Chakren. Lege deine Hände auf den Körper des Patienten – deine Hände ruhen so lange in einer Position, wie dein Gefühl es dir vermittelt. Üblich sind etwa drei bis fünf Minuten.

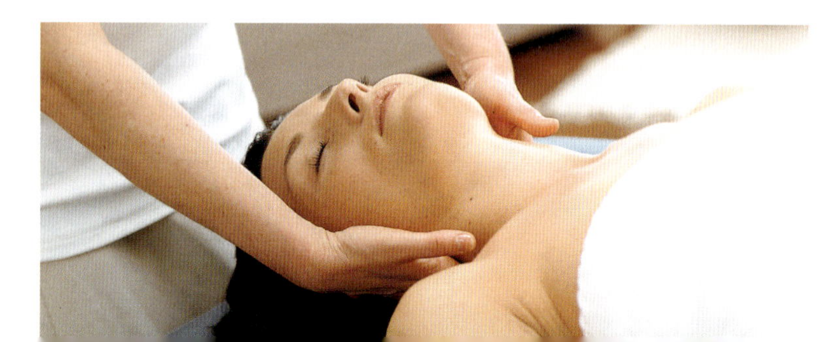

4 Nimm eine Position am Kopf des Patienten ein. Für die ersten fünf Handgriffe kannst du sitzen bleiben.

5 Lege deine Handflächen sanft auf den Kopf des Patienten und halte die Position.

6 Lege deine Hände nun auf die Augen des Patienten.

7 Stütze den Kopf leicht ab, indem du die Hände darunter legst.

8 Lege deine Hände mit den Handballen zu beiden Seiten an das Genick und deine Handflächen und Finger leicht auf die Kehle.

9 Lege nun deine Daumen an die Schlüsselbeine, Handflächen auf dem Körper, Finger zeigen Richtung Brustbein.

10 Stelle dich neben deinen Patienten, um die Bereiche Herz, Solarplexus und Bauchraum zu behandeln. Lege beide Hände in gerader Linie auf das Sonnengeflecht oberhalb des Rippenbogens.

11 Platziere nun die Hände in gerader Linie auf dem Bauch.

12 Lege beide Hände in einer Linie auf den Unterbauch, etwa auf Hüfthöhe.

13 Führe die Behandlung an den Beinen fort. Arbeite dich schrittweise das Bein hinunter. Du kannst jedes Bein einzeln oder beide zusammen behandeln.

14 Als Nächstes sind die Füße an der Reihe. Nimm dazu eine Position zu Füßen des Patienten ein. Behandle zunächst die Fußspitzen, dann lege deine Hände auf die Fußsohlen.

15 Entferne deine Hände von den Fußsohlen und halte sie in etwa 10 cm Abstand. Folge deiner Intuition, um die Ausgeglichenheit der männlichen und weiblichen Polarität deines Patienten zu überprüfen. Der rechte Fuß repräsentiert die männliche Polarität, der linke Fuß die weibliche. Halte deine Hände in dieser Position, bis die Energiebewegungen verebben. Dies stärkt die Skelettstruktur und führt deinen Patienten vollständig in seinen physischen Körper zurück, was das Ende der Behandlung einläutet.

Fernheilung

Fernheilung ist eine exzellente Möglichkeit, mit der Heilung durch Engel zu beginnen. Es ist eine kraftvolle Art der Zusammenarbeit mit dem Erzengel Raphael und ist so wirksam wie eine direkte Heilung, nur dass man die Ausrüstung der dritten Dimension (Therapieraum, Sofa) nicht braucht. Die Fernheilung ist ebenso eine gute Gelegenheit, deine multidimensionale Wahrnehmung der Heilenergien zu schulen, die uns auf Erden umgeben. In ihrer einfachsten Form kann die Fernheilung ein Gebet sein, das du für die Person sprichst, die dich um Hilfe gebeten hat. Halte das Gebet simpel und vorbehaltlos.

DIE SMARAGDGRÜNE SPHÄRE DER HEILENERGIE DES ERZENGELS RAPHAEL

VORGEHENSWEISE

1 Bestimme die Person, der du Heilenergie senden möchtest.

2 Reinige deine Hände mit kaltem Wasser und trockne sie danach gut ab.

3 Setze dich auf einen bequemen Stuhl, atme einige Male tief durch und rufe den Erzengel Raphael herbei.

4 Sensibilisiere deine Hände, indem du sie schüttelst. Reibe deine Handflächen einige Male zügig und kreisförmig aneinander, um das Oberflächen-*Qi* zu aktivieren.

5 Öffne deine Hände, die Handflächen einander zugewandt, aber ca. 20 cm voneinander entfernt. Fühle, wie die Energie zwischen deinen Händen strahlt und vibriert; dann spiele mit

dieser Energie (fühlt sich an wie ein klebriges Karamellbonbon).

6 Fange an, diese Energie zu einer Sphäre zu formen und visualisiere sie als smaragdgrün.

7 Bitte den Erzengel Raphael darum, die smaragdgrüne Sphäre zu segnen und mit seiner kraftvollen Heilenergie zu füllen.

8 Wenn du fühlst, dass die Sphäre ausreichend mit Heilenergie gefüllt ist, sende der Person die Sphäre. Stelle dir vor, wie die Person die Sphäre in sich aufnimmt, und sieh, wie sie lächelt und sich gesund und kräftig fühlt.

Es ist empfehlenswert, vor der Fernheilung die Erlaubnis der betreffenden Person einzuholen. Wenn dies nicht möglich ist, widme die Heilenergie dem höchsten Nutzen aller Menschen.

Planetarische Heilung

Viele Menschen haben den Wunsch, anderen zu helfen, besonders dann, wenn sie sich der schrecklichen Missstände in unserer Welt bewusst werden. Sie fühlen die Belastung des unvorstellbaren Leids und bitten deshalb die Engel um Hilfe.

Der Erzengel Sandalphon ist der Schutzpatron des Planeten Erde und mit der planetarischen Heilung betraut. Halte keine Emotionen zurück, wenn du eine planetarische Heilung durchführst, denn dies fördert Energieblockaden und kann deine Gesundheit gefährden. Konzentriere dich stattdessen auf die Gedanken und Emotionen, die die Bilder von schrecklichen Ereignissen in dir wachrufen. Dies lindert die Gefühle der Verzweiflung, die dich heimsuchen, und leitet die Energie dorthin, wo sie am dringendsten gebraucht wird.

Wenn wir die Erde vom All aus betrachten, ist es leicht, die Vernetzung allen Lebens zu erkennen.

AUSFÜHRUNG EINER PLANETARISCHEN HEILUNG

VORGEHENSWEISE

1 Sitze bequem auf einem Stuhl und stelle die Füße fest auf den Boden.

2 Visualisiere, wie aus deinen Fußsohlen Wurzeln wachsen und dich stärken und erden. Atme ruhig und gleichmäßig, sodass deine eigenen Energiekanäle offen sind und die Energie ungehindert fließen kann.

3 Rufe den Erzengel Sandalphon herbei und verbinde dich mit seiner Energie. Du fühlst, wie die Energie in dein Kronenchakra eintritt und weiter bis zu deinem Herzchakra vordringt, bevor sie deine Arme hinab in die Hände fließt und deinen Körper durch die Handflächen-Chakren verlässt.

4 Lasse dich von der Energie einhüllen, die oftmals als Sphäre von regenbogenfarbenem Licht wahrgenommen wird. Nun bist du bereit, die Heilenergie der Engel zu übermitteln.

5 Visualisiere, wie sich der wirbelnde Regenbogen von dir entfernt und auf das Krisengebiet zu bewegt, das du ausgewählt hast. Sieh, wie die Menschen im ausgewählten Gebiet die Energie aufnehmen und wie das Gebiet von schillerndem, regenbogenfarbenem Licht erfüllt wird.

6 Nimm auch die anderen Heiler und Gruppen, die eine planetarische Heilung vollziehen und ihre Regenbögen der Hoffnung aussenden, bewusst wahr, während du die Szenerie weiter beobachtest. Sie alle sind Kinder des Lichts – die Regenbogenkämpfer. Lasse zu, dass sich deine Energie mit der ihren verbindet und fühle, wie sich die Kraft verstärkt.

7 Viele „Lichtarbeiter" meditieren jeden Tag und senden ihre Heilenergie in Form eines Regenbogens aus. Sie wissen, dass sowohl der Planet selbst als auch Menschen in Not diese Energie in angemessener Form erhalten werden. Nun fühlst du dich als Teil dieser kraftvollen, von Engeln geleiteten Energie.

8 Ziehe dich von der Energie zurück, um die Sitzung abzuschließen. Bitte den Erzengel Raphael darum, dich zu erden und deine Chakrazentren und deine Aura zu schützen.

Das Ausbalancieren von Emotionen

Unsere Emotionen sind mit dem Element Wasser verbunden. Wasser hat für uns eine einzigartige Bedeutung, da der Großteil unseres Körpers aus Wasser besteht und das Wasser alle Nährstoffe für die Entstehung des Lebens beinhaltet.

Auf gleiche Weise sollten uns unsere Emotionen nähren und es uns ermöglichen, unser volles Potenzial auszuschöpfen – physisch, mental und spirituell. Unsere Emotionen, ähnlich dem Wasser, verändern sich ständig, wie Ebbe und Flut. Sie bereichern Körper, Geist und Seele. Manchmal können unsere Emotionen zu Eis erstarren und wir sind in einem eingeschränkten und oft auch destruktiven Zustand gefangen, der unser volles Potenzial von Freude und Kreativität unterdrückt.

Wasser kocht, wenn man es erhitzt, wird dann zu Dampf und verdunstet schließlich. Dieser Ablauf kann sich auch in Gefühlen der Wut, des Verlustes und der Leere widerspiegeln. Emotionale Belastungen entstehen, wenn wir unsere Emotionen unterdrücken oder ablehnen. Viele Menschen verfügen über beträchtliche Mengen aufgestauter emotionaler Energie, was zu Stress und Anspannung in ihrem Leben führt.

Chamuel löst den Druck Der Rosafarbene Strahl des Erzengels Chamuel nimmt dem emotionalen Stress die „Hitze". Er stellt das Gleichgewicht wieder her – ohne jedoch den Prozess der Druckverminderung zu unterdrücken. Er sorgt für Entspannung und hilft dir dabei, deinen Platz im Leben zu finden und die dir gestellten Aufgaben zu akzeptieren, ohne dass sich unbegründete Ansichten in Wut, Hass oder Verachtung verwandeln. Außerdem wirkt der Strahl motivierend, er verhindert Gefühle der Selbstgefälligkeit und verwandelt diese in friedvolle Stille.

EMOTIONALE BELASTUNGEN WEGATMEN

VORGEHENSWEISE

1 Mache es dir auf einem Stuhl bequem und sorge dafür, dass du für einige Zeit ungestört bist.

2 Rufe den Erzengel Chamuel herbei und bitte ihn darum, dir eine rosafarbene Sphäre emotionaler Heilenergie zu schicken, um emotionalen Stress, Anspannung und Belastungen abzubauen.

3 Sieh oder fühle, wie sich die rosafarbene Sphäre auf den Teil deines Körpers herabsenkt, in dem der emotionale Stress sitzt (wenn du dir nicht sicher bist, wo genau der emotionale Schmerz sitzt, bitte ihn darum, die Sphäre über deinem Herzchakra zu positionieren).

4 Während du langsam und tief einatmest, stelle dir vor oder fühle, dass die Luft durch die rosafarbene Sphäre gebündelt wird. Mit jedem Einatmen löst die rosafarbene Sphäre den Stress, die Anspannung und die emotionalen Belastungen.

5 Fühle, wie mit jedem Ausatmen die angestauten Emotionen dahinschmelzen.

6 Um diesen Prozess abzuschließen, fühle dich von der heilenden Liebe der Engel erfüllt und sieh, wie du von einer warmen, glühenden Lichtsphäre aus Rosa und Gold umgeben bist. Verweile so lange in der Lichtsphäre, wie es dir angenehm ist. Erde und schütze dich, um die Sitzung abzuschließen.

Vertraue auf diese Methode, wenn du mit Emotionen arbeitest, und atme tief und ruhig.

Beziehungen harmonisieren

Der Erzengel Chamuel und die Engel der Liebe helfen dir dabei, deine Beziehungen zu anderen Menschen zu erneuern und zu vertiefen, indem sie dich bei der Entwicklung deines Herzchakras unterstützen. Dies wird durch den wunderschönen rosafarbenen Strahl erreicht, der unsere Fähigkeit repräsentiert, andere zu lieben und zu unterstützen, bedingungslos Liebe zu geben und zu empfangen – und das ganz frei von selbstsüchtigen Motiven. Der rosafarbene Strahl verkörpert eine Liebe, die unser Selbst durchdringt und verändert und uns durch Mitgefühl dem göttlichen Verständnis ein Stück näher bringt.

Chamuel spielt auf unserem Weg zur Erleuchtung eine entscheidende Rolle. Auch wenn du mit keinem weiteren Engel arbeitest, hat Chamuel die Fähigkeit, dich auf seinen Schwingen unendlicher Liebe nach Hause zum „Einen Herz“ zu bringen. Viele Menschen fürchten sich davor, ihre Herzen zu öffnen. Diejenigen aber, die diese Furcht überwinden konnten, strahlen eine charismatische Wärme aus, die andere als bestätigend, beruhigend und aufmunternd empfinden.

Chamuel unterstützt uns bei all unseren Beziehungen, besonders in Situationen, die unser Leben verändern, wie bei einer Scheidung, einem Trauerfall oder einem Jobverlust. Er hilft uns dabei, die liebevollen Beziehungen, die wir zu anderen Menschen haben, wertzuschätzen.

Die Botschaft des Erzengels Chamuel lautet: „Es ist einzig und allein die Energie der Liebe in jedem Vorhaben, die anhaltenden Wert und Nutzen für die gesamte Schöpfung bringt. Wenn du erst einmal wahre Liebe und Mitgefühl für dich selbst empfindest, hast du die Kraft, bedingungslos zu lieben; sofort wird negative Energie in positive, nutzbringende Heilenergie umgewandelt.“

METHODE ZUR HARMONISIERUNG

VORGEHENSWEISE

1 Setze dich auf einen bequemen Stuhl und sorge dafür, dass du einige Zeit ungestört bleibst.

2 Rufe den Erzengel Chamuel herbei und bitte ihn darum, dir zwei Sphären mit seiner rosafarbenen Heilenergie zu senden.

3 Behalte eine davon für dich und sende die andere zu der Person, deren liebevolle, harmonische Beziehung zu dir gestärkt, verbessert oder erneuert werden soll.

4 Halte deine eigene rosafarbene Sphäre in deinen Händen und schaue hinein. Das wird dir dabei helfen, dich selbst besser zu erkennen. Schaue nicht nur mit deinen Augen, sondern auch mit deinem Herzen.

5 Nutze die rosafarbenen Sphären des Erzengels Chamuel in jeder Situation, die dir aggressiv oder bedrohlich erscheint, die über Konfliktpotenzial verfügt. Bitte den Erzengel Chamuel darum, alle Beteiligten einzuhüllen. Dies wird die Spannungen vermindern und zu einer friedvollen Lösung führen.

Inspiration und Erleuchtung

Die Heilenergie der Engel verfügt über eine Art „natürliche Intelligenz" und fließt zu Hilfesuchenden – das Wissen der Engel liegt jenseits unseres Verständnishorizonts.

Der Sonnenstrahl des Erzengels Jophiel erleuchtet den Pfad unseres Lebens, indem er uns dabei hilft, das Offensichtliche zu hinterfragen, um so ein besseres Verständnis für verschiedene Situationen in unserem Leben zu erlangen. Er ist sehr gut bei der Lösung von Problemen – er unterstützt uns dabei, das Leben von einem anderen Standpunkt aus zu betrachten.

Jophiels Energie kann immer dann genutzt werden, wenn du geistige Klarheit brauchst, besonders, wenn du kurz vor einer Prüfung stehst, einen neuen Job beginnst oder neue Informationen und Fähigkeiten erwirbst.

Bei der Behandlung anderer Menschen mit Heilenergie aus dem Engelreich gibt es einige Kernpunkte zu beachten. Vertraue auf den Erfolg der Behandlung und erlaube es den Engeln, deine Heilenergie zu leiten. Konzentriere dich während einer Heilsitzung auf deine Atmung. Die Person, die Heilung benötigt, ist der eigentliche Heiler. Der Ausführende fungiert dabei als eine Art Kanal für die Heilenergie der Engel.

TECHNIKEN ZUR ÜBERMITTLUNG VON ERLEUCHTUNG UND INSPIRATION

DU BRAUCHST

Einen Partner, mit dem du üben kannst

VORGEHENSWEISE

1 Bevor du beginnst, lege zusammen mit deinem Partner fest, auf welchen Bereich sich die Erleuchtung bzw. Inspiration beziehen soll. Vielleicht fühlt sich dein Partner auf kreativer Ebene blockiert, leidet unter Antriebslosigkeit und fehlendem Enthusiasmus oder benötigt einen neuen Blickwinkel zur Lösung eines bestehenden Problems.

2 Bitte deinen Partner darum, sich mit dem Gesicht nach oben auf ein Therapiesofa zu legen. Stütze Kopf und Knie mit Kissen ab, damit er bequem liegt. Halte eine Decke bereit, falls dein Partner frieren sollte.

3 Setze dich auf einen Stuhl mit aufrechter Lehne neben das Sofa, nahe dem Kopf deines Partners.

4 Wenn du es dir auf dem Stuhl bequem gemacht und deine Füße fest auf den Boden gestellt hast, rufe den Erzengel Jophiel herbei und bitte ihn, dir eine goldene Sphäre voller Energie für die Vermittlung von Inspiration und Erleuchtung zu senden.

5 Die goldene Sphäre wird sich von oben herabsenken und über deinem Kopf innehalten. Fühle deine Verbindung zum Erzengel Jophiel. Sei dir bewusst, dass er den Vorgang leiten wird.

6 Lege deine Hände auf den Kopf deines Partners. Deine rechte Hand ruht unterhalb des Kopfes am Übergang zwischen Schädel und Nacken, deine linke Hand liegt auf dem Kronenchakra an der Oberseite des Kopfes.

7 Sieh oder visualisiere, wie die goldene Sphäre von ihrer Position oberhalb deines Kopfes aus in den Kopf deines Partners eintritt. Halte deine Konzentration und sieh, wie sie sich im Körper und der Aura ausbreitet und deinen Partner in einen goldenen Schimmer einhüllt.

8 Nimm dir für diesen Prozess 20 Minuten Zeit. Teile die Einsichten, die du während der Sitzung erlangt hast, mit deinem Partner.

Schutz

Erzengel Michael ist der Schutzpatron der Menschheit. Er ist der Oberbefehlshaber aller Erzengel und führt die himmlischen Streitkräfte, seine „Legionen des Lichts", gegen das Böse (die von Dämonen inspirierten Laster Wut, Hass, Negativität, Grausamkeit, Feindschaft und Streit). Er kann als unser übergeordneter Schutzengel angesehen werden.

Der Erzengel Michael ist ein Wesen von ehrfurchtgebietender Herrlichkeit und glänzendem Licht, der in vielen Darstellungen ein weißes Pferd reitet (dieses verkörpert die reine, ursprüngliche, spirituelle Kraft) und eine sich windende Schlange mit der Lanze aufspießt. Damit erschlägt der Erzengel symbolisch die niederen Aspekte der menschlichen Persönlichkeit, unsere Selbstzerstörungswut, in der Angst und Bedrängnis regieren, und ermöglicht es unserer Seele, auf einer höheren Ebene, dem Phönix gleich, als geflügelter Drache des ultimativen Wissens daraus hervorzugehen.

Schutz erbitten Bevor du mit einer Heilsitzung beginnst, solltest du den Erzengel Michael und seine Legionen des Lichts um Schutz bitten. Damit die Heilung gelingen kann, muss sich dein Patient unter Umständen von schmerzlichen bewussten und unterbewussten Erinnerungen befreien. Dies passiert im Laufe einer Heilsitzung oft plötzlich. Das kann bedeuten, dass dein Patient seine Erinnerungen noch einmal durchlebt – möglicherweise genauso schmerzvoll, wie es das Ereignis selbst war.

Da wir unsere Patienten darum bitten, ihre Emotionen anzunehmen und dafür auch Schmerz in Kauf zu nehmen, damit sie ihn kontrollieren und dann schließlich loslassen können, ist es möglich, dass sie sich ärgerlich, aufgewühlt oder angegriffen fühlen. Der Schutz des Erzengels Michael aber befähigt uns, weiterhin offen zu sein und unsere bedingungslose Liebe weiterzugeben.

DER SCHUTZMANTEL DES ERZENGELS MICHAEL

VORGEHENSWEISE

1 Rufe den Erzengel Michael immer dann herbei, wenn du dringend Schutz benötigst. Er wird seinen schützenden Mantel um dich legen.

2 Wähle dazu die folgenden Sätze: „Erzengel Michael! Hilf mir! Hilf mir! Hilf mir! Erzengel Michael. Schütze mich vor allem Unheil."

3 Stell dir vor, wie sich der Schutzmantel des Erzengels Michael um dich legt. Visualisiere einen dunkelblauen Mantel mit einer Kapuze, der dich (oder einen geliebten Menschen) von Kopf bis Fuß einhüllt.

Ein weißes Pferd repräsentiert die pure, ursprüngliche, spirituelle Kraft, die mit Weisheit genutzt wird.

Harmonisierung der männlichen und weiblichen Polaritäten

Die Chinesen nutzen das Konzept Yin und Yang, um die Balance innerhalb des körperlichen Energieflusses zu beschreiben. Yin und Yang sind sich ergänzende Polaritäten, die ständig interagieren. So kann keine in Isolation von der anderen existieren. Ihre gegenseitige Affinität hat einen direkten Einfluss auf Gesundheit und Harmonie.

Yin ist weiblich, negativ, kalt, innerlich, sanft, abwärts gerichtet, dunkel, nachgiebig und bedeutet Reaktion. Yang ist männlich, positiv, aktiv, äußerlich, hart, aufwärts gerichtet, heiß, leicht, kraftvoll und bedeutet Aktion. Wir sind dazu in der Lage, diese beiden sich augenscheinlich im Konflikt miteinander befindlichen Gegensätze auszubalancieren oder zu harmonisieren, indem wir verstehen, dass auf jede Aktion eine Reaktion folgt und dass die natürlichen Gesetze der Vernunft überschritten werden wir „sind" im „Moment". Wir sind nicht unsere Vergangenheit (Aktion), wir sind nicht unsere Zukunft (Reaktion), wir sind einfach.

Yin / Yang ist das taoistische Symbol der universellen Kraft – Yin ist die aufnahmefähige, kalte, weibliche Kraft, während Yang die aktive, heiße, männliche Kraft bezeichnet.

Das Verständnis der Ewigkeit Wenn wir einmal den „Moment" ergriffen haben, und sei es auch nur für eine Sekunde, erlangen wir das Verständnis der Ewigkeit, den ewigen Moment „Jetzt". Wir durchdringen Newtons physikalische Gesetze, betreten das Reich der Quantenphysik, in der alles eins ist, in der die uralten Mysterien enthüllt werden und wir die Weisheit in der ultimativen Wahrheit erkennen.

Um die Dualität zu verlassen und in den Moment zu gelangen, müssen wir eine Bitte an Metatron richten, der unser Kronenchakra öffnen wird und unsere transzendenten Chakren über unseren Köpfen aktiviert, womit er uns beispielloses spirituelles Wachstum und kosmische Alchemie bringt.

Wenn du bereit bist, mit dem Erzengel Metatron zu arbeiten, bist du bereit für die „ultimative" Heilenergie der Engel. Die Verbindung mit Metatron wird die Gegensätze in Einklang bringen, die harmonisiert werden müssen, bevor eine Balance entstehen kann.

AUSBALANCIEREN DER POLARITÄTEN

VORGEHENSWEISE

1 Wähle eine bequeme Sitzhaltung und atme ganz natürlich, sodass deine Energiekanäle geöffnet sind und die Energie leicht fließen kann.

2 Bitte den Erzengel Metatron darum, dir seine Sphäre aus purem weißem Licht zu senden. Wenn du dich mit dieser Energie verbindest, visualisiere oder fühle, wie sie hoch über deinem Kopf in Form einer Lichtsäule schwebt.

3 Wenn das Licht herabsteigt und deinen ganzen Körper mit einer Lichtsäule umhüllt, wird auch jedes einzelne der transzendenten Chakren über deinem Kopf aktiviert, integriert und ausgerichtet. Dies verursacht eine Aufnahme von Informationen, die mit der Zeit und bei wiederholter Nutzung deinen „Lichtkörper" beleben und die Illusion der Dualität deines „Egos" zu einem Ende bringen werden.

Spirituelles Wachstum fördern

Um unsere Wahrnehmung von Engeln zu stärken, müssen wir unser Bewusstsein erweitern. Wenn wir mit dem Erzengel Gabriel arbeiten, lehrt er uns, durch Gebete, Rituale, Meditationen und Träume Kontakt mit dem Engelreich aufzunehmen. Manche Menschen verlieren sich in intellektuellen Betrachtungen von Engeln und versuchen, sie logisch zu erklären. Gabriels Himmelskörper ist der Mond. Er benutzt diese passive, weibliche, intuitive Energie, um uns bei der Interpretation unserer Träume und Visionen zu unterstützen. Ferner nutzt er die magische Energie des Mondes, um die Menschen während des Schlafs zu inspirieren.

Seit Anbeginn der Zeit wird der Mond als ein Symbol der Führung angesehen. In einigen Mythen wird behauptet, der Mond habe einen starken Einfluss auf alle Lebewesen. Je voller der Mond, desto mehr Einfluss hat er auf den Geist und die psychischen Kräfte.

HERSTELLUNG EINES MAGISCHEN MONDAMULETTS

Dieses Amulett umgibt dich mit einem kraftvollen Energiefeld, wenn du es dir umhängst, bei dir trägst oder es nachts in deiner Nähe hast. Es schützt die Aura.

DU BRAUCHST

Einen blauen Mondstein
Ein weißes Teelicht (in einem Gefäß, falls du dich draußen aufhältst)

VORGEHENSWEISE

1 Führe dieses Ritual am besten an einem Montag aus, dem Tag, der dem Mond gewidmet ist. Wähle eine Zeit, in der der Mond zunimmt, denn dies fördert den Nutzen von Zaubersprüchen zum Ziele des Wachstums und der Anziehungskraft (du versuchst, spirituelles Wachstum herbeizurufen). Dieses Ritual wird am besten draußen ausgeführt. Falls du es dennoch vorziehst drinnen zu bleiben, sorge dafür, dass du den Mond durch ein offenes Fenster sehen kannst.

2 Entzünde das Teelicht, bevor du mit dem Ritual beginnst. Bitte den Erzengel Gabriel darum, dir Kraft zu schenken und den Ablauf des Rituals zu überwachen.

3 Halte den Mondstein in deiner weiblichen, intuitiven, linken Hand.

4 Wähle eine bequeme Meditationshaltung.

5 Atme einige Male ruhig und tief durch, wobei die Ausatmung langsamer sein sollte als die Einatmung. Stelle dir vor oder fühle, wie du die Energien des Mondes einatmest.

6 Fühle, wie sich dein Körper mit dem Licht des Mondes füllt.

7 Wenn deine Intuition es dir mitteilt, atme diese Energie in den Mondstein.

8 Halte den Mondstein an dein Herzchakra und bitte den Erzengel Gabriel, ihn mit seiner magischen Energie aufzufüllen. Halte den Stein dann an dein Drittes Auge und bitte den Erzengel Gabriel um seinen Segen.

9 Hänge dir den Mondstein jeden Tag um den Hals, trage ihn bei dir oder lege ihn nachts in deine Nähe, um dein spirituelles Wachstum zu fördern.

Die Vergangenheit loslassen

Um inneren Frieden zu finden, müssen wir die Schmerzen der Vergangenheit loslassen. Wenn wir nur zurückblicken und uns an die schwierigen Zeiten in unserem Leben erinnern, blockieren wir unser spirituelles Wachstum und beschränken unsere Möglichkeiten für zukünftiges Glück. Die Sehnsucht nach Vergangenem, Heimweh, das nagende Gefühl, eine gute Gelegenheit nicht wahrgenommen zu haben, unerfüllte Träume und Ziele blockieren unsere Lebensenergie ebenfalls.

In Zeiten, in denen die negativen Gedanken an einen dauerhaften Verlust vorherrschen, kann die Vergangenheit manchmal übermäßig ideal erscheinen, was unsere Verbindung zur momentanen Lebenssituation schwächt. Wenn du an einem Tiefpunkt in deinem Leben angelangt bist, ausgelöst durch einen schweren persönlichen Verlust oder ein großes emotionales Trauma, werden dich das folgende Ritual und die Anrufung der vier großen Erzengel dabei unterstützen, wieder in das Zentrum deines Seins zu treten.

Der Kreis aus Kristallen ist ein Symbol für die Erde, wo alle lebenden Dinge ebenbürtig und heilig sind.

DER GEHEILIGTE ENGELSZIRKEL

Dieser Zirkel ist in den meisten Traditionen heilig und repräsentiert die Reise des Lebens. Er ist ein Zirkel der Kraft, ähnlich dem traditionellen „Medizinrad" der Ureinwohner Nordamerikas.

VORGEHENSWEISE

1 Stelle aus Teelichtern oder Kristallen einen Zirkel her, oder ziehe ihn einfach in Gedanken – visualisiere ihn als feurigen Kreis.

2 Setze dich in die Mitte deines Zirkels, das Gesicht nach Osten gerichtet.

3 Rufe nacheinander jeden der vier Erzengel herbei, in Gedanken oder laut, und warte, bis du ihre Anwesenheit spürst, bevor du den nächsten anrufst.

4 Wähle die folgenden Worte: „Vor mir Raphael, Engel des Ostens" (visualisiere ein grünes Licht mit einer goldenen Aura); „Hinter mir Gabriel, Engel des Westens" (visualisiere ein orangefarbenes Licht mit einer weißen Aura); „Zu meiner Rechten Michael, Engel des Südens" (visualisiere ein gelbes Licht mit einer indigoblauen Aura); „Zu meiner Linken Uriel, Engel des Nordens" (visualisiere ein rotes Licht mit einer violetten Aura).

5 Konzentriere dich nun auf dein Herzchakra und erkenne dort den Davidstern – zwei ineinander fassende Dreiecke (das Symbol des Herzchakras und der Ausgeglichenheit).

6 Bitte in Gedanken jeden der vier Erzengel, dir dabei zu helfen, die Vergangenheit ruhen zu lassen. Dies trägt dazu bei, ein positives Leben im Jetzt und in der Zukunft aufbauen zu können. Danke den Engeln und lasse die Energien los.

Umwandlung

Die Heilenergie des Erzengels Zadkiel und seiner Engel der Freude hilft uns dabei, zurückliegende schmerzliche Erinnerungen, Einschränkungen, Energieblockaden, negative Wesenszüge and Suchtzustände umzuwandeln. Entscheide dich für etwas, von dem du dich befreien willst, und rufe dann den Erzengel Zadkiel herbei. Bitte ihn darum, dir seine Violette Flamme der Umwandlung zu schicken. Die Violette Flamme ist spirituelle Energie auf höchster Frequenz (violett ist das kurzwelligste und schnellste Licht und symbolisiert einen Übergang zwischen dem Sichtbaren und dem Unsichtbaren). Zadkiel wandelt niedere Energien in positive, lebensbejahende Energien um. Die Farbe Violett

Bitte den Erzengel Zadkiel darum, dir während des Schlafens seine Violette Flamme der Umwandlung zu senden.

repräsentiert seit jeher die göttliche Alchemie und die Umwandlung von Energie der festen physikalischen Ebene in die unmanifestierte göttliche Ebene.

Der Gebrauch der Violetten Flamme
Die Violette Flamme kommt bei der Heilung durch Engel auf vielerlei Arten zum Einsatz – nicht nur was uns selbst betrifft, sondern auch unsere Patienten. Die Farbe variiert von blassem Silber-Lila bis zu dunklem Amethyst. Gebrauche sie, um alle Bereiche deines Körpers, Bewusstseins und der Emotionen zu reinigen. Außerdem ist die Violette Flamme während einer Heilsitzung wichtig für die Reinigung der Chakrazentren und der Aura.

Benutze die Violette Flamme, um vor einer Meditation deinen Geist zu klären, zu beruhigen und zu befreien – und auch zur Behandlung von Schlaflosigkeit und Albträumen.

SELBSTHEILUNGSTECHNIK

VORGEHENSWEISE

1 Wähle eine bequeme Sitzhaltung und sorge dafür, dass du nicht gestört wirst.

2 Atme tief und ruhig, lasse jede Art von Anspannung aus deinem physischen Körper entweichen.

3 Bitte den Erzengel Zadkiel in Gedanken darum, dir seine Violette Flamme der Umwandlung zu schicken.

4 Sieh oder fühle, wie du komplett von der Violetten Flamme umgeben und eingehüllt wirst. Wenn die Violette Flamme langsam schwächer wird und schließlich erlischt, ist die Sitzung vorüber.

ANDERE HEILEN

Rufe zu einem beliebigen Zeitpunkt während einer Heilsitzung den Erzengel Zadkiel herbei und bitte ihn darum, einen bestimmten Bereich (dieser kann von physischer, emotionaler, mentaler oder spiritueller Art sein; eines der Chakrazentren oder eine Ebene der Aura) zu reinigen. Sieh, wie dieser Bereich von der Violetten Flamme umhüllt wird, und lasse die Flamme jede Art von negativer Energie oder Blockaden komplett aufnehmen und umwandeln.

Die Engel der Akasha-Chronik: Frühere Leben erforschen

Der Zugang zur Akasha-Chronik ist eine bedeutende Möglichkeit, die menschliche Seele mit Energie zu versorgen und eine Verbindung zum Höheren Selbst herzustellen. Dies hilft dir dabei, etwas über deine früheren Leben, dein Dharma, den Sinn des Lebens und Parallelleben zu erfahren.

Die Chronik unterstützt dich auch dabei, Eindrücke deiner früheren und zukünftigen Leben zu erlangen, sowie einen Blick auf die Evolution des Planeten, religiöse und andere Prophezeiungen zu werfen. In seiner Rolle als kleiner YHVH (das Tetragrammaton) ist der Erzengel Metatron der Hüter und Beschützer der Akasha-Chronik.

Das Wort *akasha* ist Sanskrit und bedeutet so viel wie „grundlegende Substanz" oder „weltumspannendes Gedächtnis". Dieses Archiv wird auch als „Buch des Lebens", „Kosmisches Gedächtnis", „Bibliothek des Lebens", „Bibliothek des Lichts", „Kollektives Unterbewusstsein", „Universelles Gedächtnis der Gottheit" oder „Aufzeichnungen der Seele" bezeichnet (siehe S. 56-57). Die Chronik existiert jenseits von Zeit und Raum und enthält Informationen über alles, das war, ist und sein wird.

Metatron um Rat bitten Unsere Schutzengel haben die Möglichkeit, in unserem Namen den Erzengel Metatron und die Akasha-Chronik zu befragen. Da diese Aufzeichnungen die Erinnerungen der Natur an jedes Ereignis auf Erden, an die Taten jedes einzelnen Menschen und alle Paralleluniversen enthalten (laut einiger alter Lehren existieren Milliarden von Paralleluniversen), ist die Akasha-Chronik der Kosmos, nicht das Chaos.

Die meisten Menschen erhalten nur über mentale und astrale Welten Zugang zur Akasha-Chronik (Jungs „kollektives Unterbewusstsein"), wenn wir jedoch mit unserem Höheren Selbst und unserem Schutzengel arbeiten, haben wir Zugang zu allen Ebenen, Realitäten und Dimensionen, die die Akasha-Chronik umgibt und durchdringt. Nur durch die Hilfe von Wesen höherer Ebenen können wir dieses „Speichermedium Licht" entschlüsseln, aus dem die Akasha-Chronik besteht.

Mit der Hilfe unseres Höheren Selbst, unseres Schutzengels und Metatrons werden die „Verschlüsselungen“ vom menschlichen Verstand oft als Symbolik oder als Bibliothek wahrgenommen, in der Bücher und Schriftrollen aufbewahrt werden. Wenn wir unseren menschlichen Verstand jedoch hinter uns lassen, werden die Informationen aus dem „Speichermedium Licht“ an unser Herzchakra und die DNA übermittelt. Dort werden sie entschlüsselt und als höhere Form einer „intelligenten Energie“ gespeichert, die uns zu persönlicher Weiterentwicklung, Klarheit und Führung verhilft. Außerdem wird das kollektive Unterbewusstsein des Planeten beeinflusst und dessen Entwicklung unterstützt.

Der Erzengel Metatron ist der Hüter der Akasha-Chronik, Gottes universellem Gedächtnis. Der Zugang zu dieser Chronik kann dir bei der Erkenntnis deines spirituellen Pfads helfen und ermöglicht es dir, frühere und parallele Leben zu erforschen.

Reise in frühere Leben

Um eine Reise in unsere früheren Leben zu unternehmen, müssen wir mit unserem Höheren Selbst und unserem Schutzengel in Kontakt treten, der sich in unserem Namen an den Erzengel Metatron wendet. Dieser wiederum wird die Akasha-Chronik befragen. Da diese den Kosmos der Natur verkörpert, beginnen wir die Einigkeit allen Lebens zu begreifen – das „Gesetz der Einheit". Die Akasha-Chronik besteht, damit jeder Einzelne ohne Vorbehalte und Verurteilungen in die Realität der Einigkeit reisen kann.

Wenn sie sich mit der Akasha-Chronik verbinden, erhalten die meisten Menschen Zugang zu den früheren Leben und Ereignissen, die den stärksten emotionalen Einfluss auf sie hatten. Diese Ereignisse wirken sich auch auf ihr momentanes Leben aus.

Denke immer daran, dass die Zukunft nicht feststeht und wir sie durch die Änderung unseres Verhaltens und unserer Gedanken beeinflussen können. Die Dinge, auf die wir uns persönlich und im planetarischen Zusammenhang konzentrieren, lassen wir wahr werden.

Lasse dich von deinem Schutzengel mit Liebe und schützendem Licht umgeben, wenn du Zugang zu Metatron und der Akasha-Chronik erlangen möchtest.

EINE REISE IN FRÜHERE LEBEN UNTERNEHMEN

VORGEHENSWEISE

1 Mache es dir an einem ungestörten Ort bequem.

2 Konzentriere dich auf deine Atmung und entspanne deinen Körper, indem du deine Ausatmung länger werden lässt als die Einatmung. Fahre mit dieser Atemtechnik noch etwas länger fort und beruhige deinen Geist.

3 Rufe deinen Erzengel herbei und fühle die Verbindung zu deinem Höheren Selbst.

4 Lasse dich von den Flügeln deines Schutzengels einhüllen und dich von seinem liebevollen Schutz und seiner Unterstützung erfüllen.

5 Trenne dich von allen Verurteilungen und Vorurteilen, sowohl dir gegenüber als auch gegenüber anderen. Bitte deinen Schutzengel um Hilfe, falls dir das schwer fallen sollte.

6 Wenn du geistige Klarheit erreicht hast bitte deinen Schutzengel darum, mit dem Erzengel Metatron in Verbindung zu treten.

7 Sobald du die Verbindung fühlst (in Form einer dich umgebenden Lichtsäule) bitte darum, dass dir eines deiner vergangenen Leben gezeigt wird, das einen besonderen Einfluss auf dein momentanes Leben hat.

8 Erlaube dir selbst, dieses vergangene Leben zu sehen oder anders wahrzunehmen. Denke aber daran, dass eine Selbstverurteilung deine Aufmerksamkeit trüben oder deine Fähigkeiten, die Informationen aufzunehmen, blockieren könnte.

9 Wenn du dein vergangenes Leben klar wahrnehmen kannst, kehre in die Realität zurück. Bringe dich selbst langsam aus diesem veränderten Bewusstseinszustand zurück.

10 Denke daran, Geduld mit dir selbst zu haben – es braucht viel Übung, um verwertbare Ergebnisse zu erlangen.

11 Schreibe deine Erfahrungen in dein Tagebuch als Referenz und Hilfe für spätere Meditationen.

Schädliche Energien beseitigen

Eine beschädigte Aura begünstigt den Einfluss schädlicher Energien (auch als negative Wesenheiten oder Parasiten bekannt). Schäden an der Aura können durch Krankheiten, eine negative Lebenseinstellung, Verunreinigungen, Suchtzustände, Stress, psychische Attacken, emotionale Belastungen, schlechte Atemtechniken oder vernachlässigte spirituelle Reinheit entstehen. Auch Löcher, größere Lücken und Risse in der Aura sind weit verbreitet, was viele gar nicht wissen. Diese Beschädigungen können zu einem Energieverlust führen und den Körper somit schwächen.

Wenn deine Aura beschädigt ist, kann dieser Zustand Wesenheiten anlocken, die dir Lebensenergie entziehen. Der Befall durch parasitäre Wesenheiten, die sowohl den Geist als auch das Verhalten des „Wirts" beeinflussen, ist in jeder Religion bekannt und auch in jeder „heiligen" Schrift dokumentiert.

Untypisches Verhalten Der Parasitenbefall kann dazu führen, dass du ein für dich untypisches Verhalten an den Tag legst. Die Veränderungen können leicht, aber auch dramatisch sein und beinhalten oft eine „neue" Abhängigkeit. Suchtzustände und negative Gedankenmuster können eine Art „Eigenleben" entwickeln und sich in Form einer Besessenheit äußern.

Symptome für den Befall durch Parasiten sind: unerklärliche Erschöpfung, Albträume, plötzlich auftretende Nervosität oder Depression, Wahrnehmung von Stimmen in deinem Kopf, Selbstmordgedanken, Stimmungsschwankungen oder Veränderungen der Persönlichkeit, Unschlüssigkeit, Verwirrung, nachlassende Konzentration, Gedächtnislücken, impulsives Verhalten und unerklärliche physische Symptome oder Krankheiten. Keines dieser Symptome ist ein gesichertes Anzeichen für den Einfluss schädlicher Energien, solltest du jedoch einige davon an dir selbst feststellen, könnte es darauf hindeuten, dass du einen ungebetenen Gast beherbergst.

Wenn ein Individuum erst einmal einen Parasiten angelockt hat, finden auch weitere Parasiten den Weg dorthin.

Diese parasitären Energien müssen nicht nur entfernt, sondern auch von den Engeln zum „Licht“ geführt werden. Oft sind sie verwirrt. Einige von ihnen wurden irregeführt und haben erst zu spät erkannt, dass sie für ihr Verhalten selbst verantwortlich sind. Deshalb fürchten sie den Zorn Gottes und meiden das Licht.

Parasitäre Energien, Energieablagerungen oder andere Energieblockaden können, wie auch Fesseln, die deine Energie und deine Wahrnehmung herabsetzen, durch die Hilfe und Unterstützung des Erzengels Michael und seiner „Legionen des Lichts“ gelöst werden. Unter ihnen sind einige Engel, deren Aufgabe es ist, verlorene oder fehlgeleitete Seelen zurück zur „Quelle“ zu führen, wo sie Heilung erfahren.

Bitte den Erzengel Michael darum, parasitäre Energien, die negativen Gedankenmuster anderer Menschen und weitere Energieblockaden zu entfernen.

Mit der Hilfe des Erzengels Michael Fesseln durchtrennen

Erzengel Michael und seine „Legionen des Lichts" sind darauf spezialisiert, Fesseln zu durchtrennen, von Energieablagerungen zu reinigen und parasitäre Energien zu entfernen. Einige Parasiten haben das Ziel, uns emotional zu beeinflussen, während andere einen sexuellen, physischen, mentalen oder spirituellen Einfluss ausüben. Energievampirismus ist weit verbreitet, und diese Wesen ernähren sich von unserer Energie – wir alle kennen Menschen, deren Anwesenheit uns ausgelaugt fühlen lässt. Üblicherweise ernähren sich diese „Energievampire" über unser Nabelchakra, aber auch jedes andere Chakra kann betroffen sein. Einige Wesen befallen zunächst ein Chakra und befallen von da aus auch weitere Chakren.

Wir selbst können uns in emotionalen Knoten verstricken, wenn wir an früheren Beziehungen, vergangenem Leid, Traumata oder Missbrauch festhalten. Dies

Indem wir negative Energien beseitigen und Fesseln durchtrennen, können wir mit unserem Leben fortfahren und Freude und Erneuerung genießen.

bindet einen großen Teil unserer Energie. Und eben diese Energie müssen wir befreien.

Emotionale Altlasten behindern uns, senken unsere Schwingungsrate (siehe S. 18-19) und verursachen ungelösten emotionalen Stress und Blockaden in unserem Energiesystem, wodurch unser Energiefeld geschwächt wird. Wann immer wir negative Emotionen oder Energien beseitigen, müssen diese durch die Heilenergie der Engel ersetzt werden.

TECHNIK ZUR BEFREIUNG VON FESSELN

Während der folgenden Anwendung kannst du das Schwert des Schutzes und der Wahrheit des Erzengels Michael entweder als goldenes Schwert oder als saphirblaue Flamme visualisieren.

VORGEHENSWEISE

1. Setze dich bequem hin und sorge dafür, dass du ungestört bist.
2. Visualisiere, wie aus deinen Fußsohlen Wurzeln wachsen, um dich zu erden und zu stärken.
3. Atme langsam und natürlich.
4. Rufe den Erzengel Michael und seine „Legionen des Lichts" an; verbinde dich mit ihrer Energie. Bitte den Erzengel Michael darum, alle Fesseln zu durchtrennen, Energieablagerungen zu entfernen und parasitäre Energien zu beseitigen.
5. Fühle, wie sich der Erzengel Michael durch alle deine Chakrazentren und deine Aura arbeitet.
6. Sei dir des Vorgangs bewusst und fühle, wie die Fesseln durchtrennt oder parasitäre Energien zum Licht geführt werden.
7. Um diese Heilsitzung zu beenden, bitte den Erzengel Michael darum, dich in seinen blauen Mantel zu hüllen, der auf sanfte Weise alle Löcher oder Risse in deiner Aura schließen wird und dir Schutz gewährt bis der Prozess abgeschlossen ist.

Bestärkung durch Engel

Erzengel Michael und seine Engel verleihen uns Stärke, wenn wir sie um Hilfe bitten. Diese Bestärkung hilft uns dabei, unsere Angst und andere negative Gefühle zu überwinden, die uns davon abhalten, unser volles Potenzial auszuschöpfen. Negative Emotionen schwächen unseren Geist. Selbstbegrenzende Ausflüchte blockieren unseren Kontakt zu den Engeln und halten unser wahres Ich davon ab, ein leibhaftiges Wesen unbegrenzter Liebe und unbegrenzten Lichts zu sein.

Durch die Aktivierung des Blauen Strahls des Erzengels Michael (siehe S. 112-113) erhältst du Mut, Ausdauer, Wahrhaftigkeit, Standhaftigkeit, Stärke und die Fähigkeit, die Kontrolle über dein Leben zu übernehmen. Wenn du den ersten Strahl des göttlichen Willens und der göttlichen Kraft beherrschst, befreit er dich von den Schatten der Illusion.

Durch die Bekräftigung der Engel wird die Negativität, die uns zurückhält, beseitigt und wir können wieder die Kontrolle über unser Leben übernehmen.

AKTIVIERUNG DES ERSTEN STRAHLS

VORGEHENSWEISE

1 Setze dich bequem hin und sorge dafür, dass du nicht gestört wirst.

2 Atme gleichmäßig und natürlich, löse alle Anspannung in deinem Körper.

3 Rufe den Erzengel Michael herbei und bitte ihn um sein Geschenk der Bestärkung, den Ersten Strahl des göttlichen Willens und der göttlichen Kraft.

4 Richte deine Aufmerksamkeit auf dein Herzchakra – führe dein Bewusstsein hierher und siehe, wie die Flamme in deinem Herzen stärker und heller zu leuchten beginnt. Vielleicht spürst du auch ein Gefühl von Ausweitung und Wärme.

5 Lasse diese Flamme und deine bewusste Wahrnehmung deinen Hauptenergiekanal bis in dein Kronenchakra hinaufsteigen.

6 Werde dir der Lichtsäule, die dich umgibt, bewusst. Diese Säule aus Licht ist dein Schutz. Wenn du nach oben blickst, wirst du erkennen, dass sie kein Ende zu nehmen scheint.

7 Lasse dein Bewusstsein durch diese Lichtsäule nach oben steigen, bis sie die Pyramide erreicht, in der sich das Reich deines Höheren Selbst und deiner Seelenfamilie befindet.

8 Hier siehst du, wie deine Seelenfamilie, Engel und aufgestiegene Wesen an einem Tisch aus Kristall sitzen. Nimm auch du Platz am Tisch. Diskutiere mit ihnen, wie du neue Stärke gewinnen und dein göttliches Geburtsrecht als ein Mitglied der „Legionen des Lichts“ annehmen kannst.

9 Gestatte es dem Prozess, sich auf natürliche Weise zu entfalten. Wenn er abgeschlossen ist, sende dein Bewusstsein zurück in deinen physischen Körper und in die Realität.

Reinigung des Karmas

Miasmen sind Energie-Verunreinigungen, die in jedem Teil unseres Energiesystems stecken und sowohl emotionale als auch mentale Beschwerden sowie physische Krankheiten auslösen können. Es gibt vier grundlegende Arten: das Karma betreffende, erworbene, vererbte und planetarische Verunreinigungen.

Das Wort *karma* entspringt dem Sanskrit und bezeichnet die Summe aller Taten einer Person, die sie sowohl in diesem Leben als auch in einem früheren Leben verübt hat. Das Prinzip des Karmas ermöglicht es jedem Menschen, den ganzen Umfang aller Perspektiven im Leben auszuschöpfen. Es ist ein zentrales Prinzip in allen Religionen des Ostens, und ähnliche Konzepte sind auch in den Religionen des Westens bekannt. Im Christentum wird beispielsweise vermittelt, dass du andere so behandeln sollst, wie du selbst behandelt werden möchtest.

Karma-Miasmen sind Überbleibsel von Taten aus früheren Leben, die sich im Ätherkörper eingenistet haben und sich möglicherweise zu Krankheiten, Schmerzen oder anderem Leid, sowohl in diesem

Gute Taten ziehen gutes Karma an. Indem wir den Engeln unsere Herzen öffnen, entwickeln wir den Wunsch, anderen zu helfen.

Leben als auch in zukünftigen Leben, weiterentwickeln können. Diese Vorbelastungen bestimmen oft unsere Einstellung und unser Verhalten in diesem Leben. Sie behindern die Entwicklung unseres Bewusstseins und ziehen sowohl negative Menschen als auch Situationen an.

Erworbene Miasmen sind akute oder ansteckende Krankheiten, oder auch petrochemische Gifte, gegen die wir in diesem Leben zu kämpfen haben. Nach einer akuten Phase einer Krankheit setzen sich diese Rückstände in den feinstofflichen Körpern ab und machen dich für weitere Krankheiten anfällig.

Vererbte Miasmen sind Verunreinigungen, die dir von deinen Vorfahren weitervererbt wurden. Sie können genetischer Natur sein oder ihren Ursprung in einer ansteckenden Krankheit haben. Planetarische Miasmen befinden sich im kollektiven Bewusstsein des Planeten auf der ätherischen Ebene. Sie können physische oder feinstoffliche Körper beeinträchtigen.

TECHNIK ZUR REINIGUNG DES KARMAS

Die Violette Flamme (siehe S. 144) lässt sich nutzen, um alle Arten von Miasmen zu beseitigen, und ist besonders effektiv bei der Reinigung von Karma-Miasmen.

VORGEHENSWEISE

1 Setze dich bequem hin und sorge dafür, dass du nicht gestört wirst.

2 Atme gleichmäßig und natürlich, löse alle Anspannung in deinem Körper.

3 Bitte in Gedanken den Erzengel Zadkiel darum, dir seine Violette Flamme der Umwandlung zu senden, um dich von deinen Karma-Miasmen zu befreien.

4 Sieh oder fühle, wie du komplett von der Violetten Flamme umgeben und eingehüllt wirst. Wenn die Violette Flamme langsam schwächer wird und schließlich erlischt, ist die Sitzung vorüber.

Führung

Engel haben viele Aufgaben, doch eine der wichtigsten ist die Erteilung von weisen Ratschlägen. Oft bitten wir Freunde, Familienmitglieder oder Kollegen um Rat. Auch gibt es Menschen, die zu Beratern oder Verhaltenstherapeuten ausgebildet wurden und ihr Leben damit verbringen, anderen dabei zu helfen, Verluste, Ablehnung und destruktive Beziehungen zu verarbeiten.

Manchmal müssen wir unsere eingeschränkte, dreidimensionale Gedankenwelt verlassen und nach höheren Quellen der Führung suchen – wir brauchen einen erweiterten Blickwinkel auf die Dinge und wollen versuchen, das Bild im Ganzen zu erkennen. Dein Schutzengel stellt die Verbindung zu deinem Höheren Selbst her, wo alles verstanden wird. Manchmal stehen wir dem Problem zu nah und prüfen wiederholt jedes einzelne Detail, bis wir emotional ausgelaugt sind.

Es gibt Zeiten, in denen wir nicht bereit sind, unsere Probleme mit Beratern zu besprechen oder in denen wir unsere Familie und Freunde nicht mit unseren Schwierigkeiten belasten wollen. Dies ist die beste Zeit, um unseren Schutzengel um spirituelle Führung zu bitten.

FÜHRUNG ERBITTEN

VORGEHENSWEISE

1 Wähle eine bequeme Meditationshaltung und entspanne dich.

2 Schließe deine Augen und atme entspannt durch; lasse die Ausatmung länger werden als die Einatmung.

3 Konzentriere dich auf dein Kronenchakra und fühle die Verbindung zu deinem Höheren Selbst. Bitte dein Höheres Selbst darum, dir eine Lichtsphäre zu senden, die dich während dieser Sitzung umhüllt und schützt (die Sphäre kann in jeder Farbe erstrahlen. Notiere dir die Farbe, denn dein Höheres Selbst schickt dir meistens die Farbe, die du geradc am dringendsten benötigst, um Ausgeglichenheit und Heilung zu erlangen).

4 Rufe deinen Schutzengel herbei und bitte ihn um spirituelle Führung.

5 Visualisiere, wie du einem leeren Stuhl gegenübersitzt. Lade deinen Schutzengel ein, auf dem Stuhl Platz zu nehmen. Du nimmst ein leuchtendes Licht wahr, das sich vor dir zu manifestieren beginnt. Sieh, wie das Licht größer wird und die Form deines Engels annimmt.

6 Fühle die Barmherzigkeit, die dein Engel ausstrahlt. Öffne ihm dein Herz und berichte deinem Engel in Gedanken, was dich bedrückt.

7 Sei offen für die Einblicke, die du von ihm erhältst. Sei bereit, die Vorschläge deines Engels in die Tat umzusetzen.

8 Wenn du bereit bist, kehre in die Realität zurück.

Engel geben uns Rat, wenn wir bereit sind, ihnen zuzuhören, und sie ermöglichen es uns, das Bild im Ganzen zu betrachten.

Spirituelle Gaben annehmen und weiterentwickeln

Wenn wir einen Aspekt unseres Wesens ignorieren entstehen Bruchstücke. Wenn wir uns nicht ausreichend um unseren physischen Körper kümmern, wird er krank, und wenn wir unsere emotionalen Bedürfnisse ignorieren entsteht Stress. Wenn wir unsere Spiritualität ständig verdrängen und uns auf weltliche Besitztümer beschränken, erleben wir spirituelle Armut.

In den vergangenen Jahren entwickelte sich ein gesteigertes Interesse an Meditationen, Yoga, Reiki und anderen aktiven Möglichkeiten, Stress zu bekämpfen und bei der Entspannung zu helfen. Durch diese Techniken haben viele Menschen damit begonnen, sich dem Spirituellen zu öffnen und ihren Lebensstil zu

Indem du dein Herzchakra öffnest und heilst, bist du in der Lage, spirituelle Gaben zu empfangen und weiterzuentwickeln.

verändern. Sie haben gelernt, jeden Aspekt ihres Wesens kennenzulernen und zu akzeptieren.

Wir alle werden nicht nur mit einem Schutzengel geboren, sondern auch mit unglaublichen spirituellen Gaben, die unser göttliches Geburtsrecht verkörpern. Um diese Gaben zu akzeptieren und weiterzuentwickeln, musst du dein Herzchakra öffnen und heilen, damit du immer von einem Platz der Liebe aus arbeitest.

TECHNIK ZUR ANNAHME DER GABEN

VORGEHENSWEISE

1 Wähle eine bequeme Meditationshaltung und entspanne dich.

2 Schließe deine Augen und konzentriere dich auf deine Atmung. Verlangsame sie ein wenig und atme tiefer als normal.

3 Rufe den Erzengel Chamuel herbei, um dir zu helfen, dich zu beschützen und die Sitzung zu überwachen.

4 Berühre dein Herzchakra im Zentrum deiner Brust und visualisiere dessen 12 Lotusblätter. Wenn du sie ansiehst, achte darauf, ob manche von ihnen beschädigt sind – einige können sogar geschlossen sein.

5 Bitte den Erzengel darum, die Blätter zu öffnen und die beschädigten zu reparieren. Die übliche Farbe der Lotusblätter ist grün, aber wenn wir uns spirituell weiterentwickeln ändern sie ihre Farbe in ein wunderschönes Rosa. Achte darauf, wie viele von den Blättern bei dir bereits rosa sind.

6 Kehre in die Realität zurück, um die Heilsitzung zu beenden. Wiederhole diese Meditation in späteren Sitzungen so oft, bis alle Lotusblätter deines Herzchakras rosa sind, dein Herzchakra vollständig geöffnet ist und du glücklich bist, deine spirituellen Gaben weiterzuentwickeln.

Seelenrettung

Manchmal sorgen traumatische Erlebnisse oder akute bzw. länger andauernde Krankheiten dafür, dass wir uns mit uns selbst nicht mehr wohlfühlen. Es ist so, als hätten wir einen Teil von uns verloren oder würden auseinanderbrechen. Das Gefühl, sich selbst verloren zu haben, kann aus dem Verlust oder der Zersplitterung der Seele herrühren. Einige Menschen, die unter dem Verlust der Seele leiden, klagen über Gedächtnislücken, besonders Ereignisse in der Kindheit betreffend, als die Seele noch leicht so erschreckt werden konnte, dass sie „entschlüpfte". Manchmal geben wir freiwillig einen Teil von uns einem geliebten Menschen, besonders in einer romantischen Beziehung.

Der Pfad zur Erholung der Seele wird Seelensuche oder Seelenrettung genannt. Indem wir mit dem Engelreich zusammenarbeiten und eine Brücke des Lichts errichten, können diese die Bruchstücke unserer Seele zu uns zurückrufen, wo sie wieder integriert werden. Dies sorgt oft für dramatische Veränderungen der physischen, mentalen und emotionalen Gesundheit.

Der Erzengel Haniel benutzt den Türkisfarbenen Strahl der tief empfundenen Kommunikation, um die Bruchstücke deiner Seele wieder zusammenzufügen.

ANLEITUNG ZUR SEELENRETTUNG

Der Erzengel Haniel ist der Beschützer deiner Seele und wird die Bruchstücke deiner Seele finden.

VORGEHENSWEISE

1 Wähle eine bequeme Meditationshaltung und entspanne dich.

2 Schließe deine Augen und konzentriere dich auf deine Atmung. Entspanne deinen Körper.

3 Rufe den Erzengel Haniel herbei. Fühle, wie du dich mit seiner Energie verbindest (türkis). Sieh oder fühle, wie du vollkommen von seinem Licht umhüllt und geschützt wirst.

4 Wenn du eine starke Verbindung aufgebaut hast, bitte ihn darum, auf der Suche nach den Bruchstücken deiner Seele alle Dimensionen zu durchqueren.

5 Wenn einige der Bruchstücke zu dir zurückkehren wollen (manchmal möchten sie das auch nicht), siehst du, wie sie über die Brücke des Lichts zu dir zurückreisen. Oft scheint es, als würden die Bruchstücke deine Gestalt annehmen. Sie erscheinen in dem Alter, in dem du diesen bestimmten Teil von dir verloren hast.

6 Vielleicht verspürst du den Drang, dich mit dem verlorenen Bruchstück zu unterhalten, besonders dann, wenn es sich weigert, zu dir zurückzukehren. Wenn dich deine Emotionen über den Verlust überwältigen sollten oder du dich nicht in der Lage fühlst, dich in angemessener Weise auszudrücken, bitte den Erzengel Haniel um Hilfe. Er benutzt den türkisfarbenen Strahl der tief empfundenen Kommunikation und kann dadurch sehr überzeugend sein.

7 Wenn alle Bruchstücke deiner Seele, die bereit waren zurückzukehren oder die du zurückholen wolltest, wieder integriert sind, kehre in die Realität zurück.

ENGEL UND KRISTALLE

Die Magie der Kristalle – Verbindung zur spirituellen Welt und zum Himmel

Kristalle und Edelsteine werden schon seit Tausenden von Jahren als Dekoration und Körperschmuck sowie für Heilung, Schutz, Magie und religiöse Zeremonien genutzt. Sie gehören zu den schönsten und langlebigsten physikalischen Substanzen der Natur und repräsentieren den geringstmöglichen Zustand der Unordnung. Alle kristallinen Strukturen bestehen aus einer mathematisch präzisen dreidimensionalen Anordnung von Atomen. Ein solches Kristallgitter bietet ein hohes Maß an Stabilität. Darüber hinaus verleiht es den Kristallen ihre einzigartigen Farben, ihre Härte und ihre physikalischen, geometrischen und energetischen Besonderheiten.

Kristalle und Edelsteine haben die unglaubliche Fähigkeit, Licht zu absorbieren, zu speichern, zu reflektieren und auszustrahlen. Sie tun dies in Form von intelligenten konstanten Energiefeldern, die den Fluss der Lebensenergie im physischen Körper und im subtilen Energiesystem eines Menschen steigern. Wenn wir diese konstante Energie oder Kristallresonanz bei der Behandlung von dysfunktionalen Energiesystemen in stimmiger und konzentrierter Form einsetzen, können sie für Stabilität und Ausgleich sorgen.

Malachit, ein Mineral, das zur Herstellung vieler Objekte dient, wurde von den alten Ägyptern zu einem heilenden Puder zerstoßen.

Mit dem Himmelreich verbunden
Kristalle entstammen dem Schoß der Mutter Erde, die sie mit ihrer einzigartigen Aura der Geheimnisse und Magie umgibt. Sie verlieren ihre Farbe, Leuchtkraft, Schönheit und ihren Wert nie. Deshalb wurden sie in vielen alten Zivilisationen mit der spirituellen Welt und dem Himmelreich in Verbindung gebracht. Aufzeichnungen gemäß wird der Gebrauch von Edelsteinen in Form von Schmuckstücken mindestens auf das Paläolithikum zurückdatiert. Vermutlich stammen die ersten schriftlichen Aufzeichnungen über die Heilkraft von Kristallen aus dem alten Ägypten, wo man detaillierte Rezepte für den Gebrauch von Edelsteinen, wie den Malachit, zu Heilzwecken entwickelte.

Darüber hinaus steht uns das niedergeschriebene Wissen der ayurvedischen und tantrischen Gelehrten des indischen Subkontinents zur Verfügung, die schon früh das unglaubliche Potenzial dieser schönen Steine erkannten. Sie wurden sogar als Schutz vor schädlichen Einflüssen „verschrieben“ und entweder in Form von Schmuck getragen oder als Pasten und Oxide zur Beeinflussung der Aura eingenommen. Auch wirken sie durch das Nerven-, das Lymph- und das *Nadis*-System (Kanäle, durch die das Prana fließt).

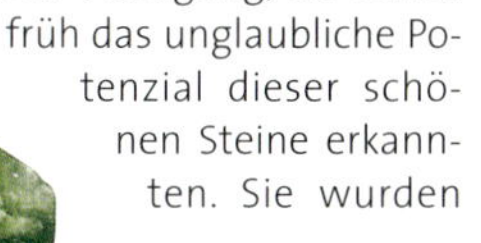

Kristalle werden auch in der Bibel häufig erwähnt, und in den Kreisen der Metaphysik wird angenommen, dass bestimmte Kristalle auf natürliche Weise mit dem Engelreich in Verbindung stehen. Diese Verbindung wird durch ihre Farbe, engelsgleiches Erscheinen oder ihren Namen, wie zum Beispiel Angelit oder Coelestin (lat. „Himmelblau“), hergestellt. Darüber hinaus kann die starke Resonanz, über die sie verfügen, ihren Träger auf natürliche Weise mit den höchsten spirituellen Ebenen verbinden.

Auswahl, Pflege und Reinigung

Die Suche nach dem passenden Kristall mag eine ernüchternde Aufgabe darstellen, da man sich mit einer großen Auswahl konfrontiert sieht. Da jedoch alle Edelsteine und Kristalle auf eine bestimmte Resonanz abgestimmt sind und über ganz spezielle Eigenschaften verfügen, besteht die Möglichkeit, sie in einem Buch nachzuschlagen und sich für den Edelstein oder Kristall zu entscheiden, der für die gegebenen Umstände am passendsten erscheint.

Alternativ kannst du auch nach einem Kristall suchen, der dich anzieht: Traue deiner Intuition. Durch Auspendeln oder Kinesiologie („Muskeltest") lässt sich herausfinden, ob deine intuitive Wahl die richtige war. Außerdem kannst du deine Hand über den Kristall halten um herauszufinden, ob du seine Energie spürst.

Falls zwischen dir und dem Kristall eine starke Energieverbindung besteht, gibt es verschiedene Möglichkeiten, dies festzustellen: Du fühlst eine Art „elektrische Spannung" oder ein Kribbeln auf der Haut, deine Finger oder Hände pulsieren, du empfindest plötzlich Wärme oder Kälte, eine Hitzewallung strömt durch deinen Körper oder du fühlst dich vom Energiefeld des Kristalls eingehüllt. Wenn du dir immer noch unsicher bist, für welchen Kristall du dich entscheiden solltest, nimm einen Bergkristall, den „Hauptheilstein", weil du ihn so programmieren kannst, dass er fast jede gewünschte Funktion ausführt.

Pflege Erlaube zu keiner Zeit, dass eine andere Person deinen persönlichen Kristall oder dein Schmuckstück berührt, weil dies zu einer Verunreinigung mit fremden Schwingungen führt, die wahrscheinlich nicht mit deinem Energiefeld übereinstimmen.

Bewahre deinen Kristall sorgfältig auf und verpacke ihn gut – wenn Steine verschiedener Härte zusammen gelagert werden, beschädigen die härteren die weicheren Steine, selbst dann, wenn alle geschliffen sind. Einige Kristalle, wie der Coelestin und der Kunzit, können ihre Farbe verlieren, wenn sie dem Sonnenlicht ausgesetzt sind.

Reinigung Es ist sehr wichtig, deinen Kristall vor und nach dem Gebrauch zu reinigen. Damit stellst du sicher, dass alle verbliebenen Disharmonien beseitigt werden und dein Kristall wieder mit positiver Energie aufgeladen wird. Entscheide dich für eine deinem Kristall angemessene Reinigungsprozedur.

Die Reinigung mit Räucherwerk ist eine alte, aber wirksame Form der Reinigung, sowohl für dich als auch für den Raum, in dem du Meditationen oder Heilsitzungen durchführst. Halte deinen Kristall in den Rauch, damit verbliebene Disharmonien entfernt werden können. Wenn du dich drinnen aufhältst, öffne ein Fenster, um die stagnierende Energie rauszulassen. Auch verschiedene Klänge bieten eine effektive Möglichkeit zur Reinigung, besonders dann, wenn mehrere Kristalle auf einmal gereinigt werden sollen. Benutze dafür eine Klangschale, eine Glocke, tibetische Zimbeln oder eine Stimmgabel.

Es gibt auch spezielle Produkte für die Reinigung von Kristallen und deren Umgebung. Diese Kristall-, Engel- oder Aromatherapie-Reiniger sind als Zerstäuber erhältlich.

Herstellung einer Edelsteinessenz Edelsteinessenzen enthalten nichts weiter als energetisiertes Wasser. Entscheide dich für einen Kristall, nimm destilliertes Wasser, Weinbrand, klare Glasschüsseln, eine große braune Flasche, eine kleinere Flasche und eine Pipette dazu. Reinige deinen Kristall und sterilisiere das Equipment. Lege den Kristall in eine Schüssel mit destilliertem Wasser. Falls der Kristall wasserlöslich sein sollte, lege ihn in eine leere Schüssel und diese dann in eine mit Wasser gefüllte Schüssel. Lasse das Ganze etwa 2-3 Stunden in der Sonne stehen. Fülle das Wasser in die braune Flasche und gebe etwa doppelt so viel Alkohol dazu. Entnehme dann mit Hilfe der Pipette sieben Tropfen des Edelsteinwassers, gib diese in die kleine Flasche und fülle diese Flasche mit ⅔ destilliertem Wasser und ⅓ Alkohol auf. Dies ist deine Edelsteinessenz. Versehe beide Flaschen mit einer Aufschrift.

In Notfällen können Kristalle auch mit Leitungswasser gereinigt werden, obwohl das nicht ideal ist.

Weihe deinen Kristall

Nachdem du dir einen Kristall ausgesucht und diesen gründlich gereinigt hast, solltest du ihn weihen, um ihn vor negativen Energien zu schützen. Halte ihn in deiner Hand und sprich in Gedanken: „Nur positive Energie auf höchster Ebene soll durch dieses Heilwerkzeug fließen."

Programmierung Normalerweise können nur Bergkristalle modifiziert oder „programmiert" werden, da andere Kristalle von vornherein über eine spezifische Resonanz oder natürliche Signatur verfügen. Halte deinen Kristall einfach an dein Drittes Auge, um ihn zu programmieren, und konzentriere dich auf den Zweck, den er erfüllen soll. Behalte deine positive Einstellung bei, während der Kristall die Energie aufnimmt. Du kannst das Ziel der Programmierung auch laut aussprechen; zum Beispiel so: „Ich programmiere diesen Kristall auf Heilung" (oder auf Liebe, Wohlstand, Meditation, Traumdeutung oder einen anderen Zweck deiner Wahl). Wenn du einmal einen Kristall programmiert hast, wird er dem gewählten Zweck folgen, bis du oder jemand anders ihn umprogrammiert.

Energieversorgung Alle Kristalle und Edelsteine können mit zusätzlicher Energie aufgeladen werden, was sie zu einem noch kraftvolleren Heilungs- oder Meditationsintrument macht. Einige Kristalle werden bevorzugt über die Energie der Sonne aufgeladen, während andere dazu Mondlicht benötigen. Die meisten Kristalle lassen sich auch mit Hilfe von Reiki aufladen. Andere Kristalle beziehen über Klänge, Gewitter, Farben oder aus dem Engelreich zusätzliche Energie. Außerdem kannst du deinen Kristall in eine Pyramide legen, um ihn mit Energie aufzufüllen. Ebenso denkbar ist eine Zeremonie: Bitte dafür die Engel des Lichts, der Liebe und des Schutzes darum, den Kristall mit ihrer Energie zu erfüllen.

Programmiere den Kristall auf Schutz und benutze ihn, um von deinem Computer ausgehende, negative Energien zu blockieren.

Engel-Aura-Kristall

- **Farbe** *Opaleszent*
- **Beschaffenheit** *Natürlicher Quarzkristall in Verbindung mit Platin; leuchtet in blassen Regenbogenfarben*
- **Vorkommen** *Überall erhältlich*
- **Fundort** *Maschinell hergestellte Beschichtung eines natürlichen Quarzkristalls*
- **Engel** *Dein Schutzengel und die „Kristallengel", eine Gruppe von himmlischen Wesen, die den Menschen, die während ihrer Meditations- und Therapiesitzungen mit Kristallen arbeiten, hilfreich zur Seite stehen und sie leiten*

Natürliche Erscheinung eines Engel-Aura-Kristalls

Attribute: Der Engel-Aura-Kristall ist auch als Opal-Aura-Kristall bekannt. Sein beeindruckendes Farbspiel, das alle Regenbogenfarben umfasst, stimmt schnell auf das Reich der Engel ein, in dem Liebe und Licht vorherrschen. Sie reinigen und beleben deinen Geist, der dein Energiefeld mit „süßen", in allen Regenbogenfarben schimmernden Schutzsphären überströmt. Dieser Kristall transportiert dein Bewusstsein in den „inneren Tempel" deines Höheren Selbst, wo das Wissen deines Schutzengels aufbewahrt wird.

Psychologischer Einfluss: Zeigt dir die Schönheit der Dinge. Macht dich empfänglich für die Energien der Feen und Naturgeister. Verleiht all deinen Aktivitäten Leichtigkeit und Spontaneität. Erweckt die spirituelle Wahrnehmung.

Mentaler Einfluss: Wird genutzt, um Stress, Verwirrung, Apathie, Starrheit, Unnachgiebigkeit, Verunsicherung und Intoleranz entgegenzuwirken.

Emotionaler Einfluss: Löst Hemmungen. Heilt Stress und stressbedingte Beschwerden. Sorgt für eine friedvolle Lösung emotionaler Probleme und zerstreut Zwietracht.

Physischer Einfluss: Reinigt den physischen Körper und unterstützt den Entgiftungsprozess, der bei der Einstimmung auf höhere Schwingungen einsetzt.

Heilkraft: Kann dabei helfen, alle Beschwerden zu heilen, besonders chronische Leiden und Schwächezustände, die auf schulmedizinische oder alternative medizinische Behandlungen nicht ansprechen. Steigert die Kondition und hilft gegen das Burnout-Syndrom.

Anwendung: Trage diesen Kristall bei dir, um deine Aura zu stärken und zu schützen und werde so zu einem Leuchtfeuer der Liebe und des Lichts. Lege ihn auf jedes beliebige Chakra und lasse dich von deiner Intuition leiten. Besonders hilfreich ist die Anwendung innerhalb des Kronenchakras und der transzendenten Chakrazentren. Ergibt eine hervorragende Edelsteinessenz. Lädt sich mit der Energie des Vollmonds auf. In einem weißen Seidentuch aufbewahren.

Anmerkung: Kann in Silber, Gold oder Platin eingefasst werden. Ist gut mit einem Amethyst, Morganit, Phenakit, Aquamarin oder Danburit zu kombinieren.

Serafinit

Ein polierter Serafinit

- **Farbe** *Olivgrün, mit Weiß durchzogen*
- **Beschaffenheit** *Die weißen Streifen ähneln oftmals silbernen Federn*
- **Vorkommen** *Überall erhältlich; auch unter der Bezeichnung Clinochlorit bekannt*
- **Fundort** *Weltweit, Qualitätsmuster erhältlich aus Ostsibirien, Russland*
- **Engel** *Die Seraphim*

Attribute: Serafinit ist die New-Age-Bezeichnung für Clinochlorid. Diese Bezeichnung setzt sich aus dem griechischen Begriff *klino* (unebenmäßig) und chloros (grün) zusammen. Der Name Serafinit geht auf die weißen Streifen zurück, die oft wie silbrige Engelsfedern, Engelsflügel oder Engelsgestalten aussehen. Da sich der Serafinit leicht zerteilen und polieren lässt, wird er oft zu Scheiben, Schmucksteinen mit Cabochonschliff (gewölbter Schliff), Heilstäben und Anhängern verarbeitet. Der Serafinit ist einer der wichtigsten Heilsteine unserer Zeit. Er ermöglicht den Kontakt zu den höchsten Bereichen der Heilung. Außerdem dient er zur dynamischen Reinigung der beiden Hauptenergiekanäle – der weiblichen Ida und des männlichen Pingala –, durch die die Energie die Wirbelsäule hinauffließt. Sie bringt Stabilität und die Yin-Yang-Balance zum Herzchakra, was der Öffnung und der Verbindung mit dem Kronenchakra dient.

Psychologischer Einfluss: Hilft bei Enttäuschungen in Herzensangelegenheiten. Vermittelt eine positive Einstellung zum Leben und unterstützt dich bei dem Vorhaben, das Begehren deines Herzens mit den wahrhaftigen Wünschen deiner Seele in Einklang zu bringen.

Mentaler Einfluss: Beseitigt Gedankenmuster, die sich im Geistkörper abgelagert haben und bietet eine ausgezeichnete Hilfe für diejenigen, die sich ausgegrenzt oder orientierungslos fühlen.

Emotionaler Einfluss: Hilft bei der Vertreibung von negativen Emotionen. Besonders nützlich in den stürmischen Phasen einer Beziehung, da er dir hilft zu erkennen, welche Emotionen wirklich deine sind und welche auf dich projiziert werden.

Physischer Einfluss: Heilt alle Ebenen des Körpers, da er blutreinigend wirkt. Entspannt die Schultern und den oberen Brustbereich und verbessert die Lungenfunktion, was wiederum die Sauerstoffzufuhr des Blutes steigert.

Heilkraft: Wirkt als Katalysator für die Heilung von langwierigen physischen Beschwerden.

Anwendung: Lege ihn auf dein Herzchakra oder trage ihn für längere Zeit in Form eines Anhängers. Ergibt eine fabelhafte Edelsteinessenz.

Coelestin / Celestit

- **Farbe** *Himmelblau, Weiß oder zweifarbig, gelegentlich vermischt mit Rot oder Gelb*
- **Beschaffenheit** *Klingenförmige, rhombische oder pyramidenartige Kristallbildung*
- **Vorkommen** *Weitverbreitetes Strontiummineral aus der Barytgruppe*
- **Fundort** *USA, Madagaskar, Sizilien, Deutschland*
- **Engel** *Wächter des Himmels*

Rhombische Kristallbildung eines Coelestins

Attribute: Die Bezeichnung Celestit leitet sich von dem lateinischen Begriff *caelestis* ab, der auf die blassblaue Farbe des Himmels verweist. Darüber hinaus wird der Stein auch als Coelestin oder Celestin bezeichnet. Man nutzt ihn für die bewusste Kontaktherstellung zum Engelreich. Er bringt inneren Frieden, Gelassenheit, Ruhe und hilft bei der Konzentration auf die höchsten Ebenen des göttlichen Lichts. Er ist einer der Hauptedelsteine der New-Age-Bewegung und sorgt für spirituelle Erweiterung und die Harmonie der Seele. Der Coelestin hat eine starke Verbindung zu den Wächtern des Himmels, die als riesige Wesen des Lichts die Geschicke des Kosmos lenken.

Psychologischer Einfluss: Diejenigen Menschen, die mit der hohen Schwingung des Coelestins arbeiten, sind mit einem sonnigen, harmonischen und freudigen Gemüt gesegnet. Du kannst ihre Verbindung zum Engelreich förmlich sehen. Der Stein sorgt für eine tagtägliche dynamische Verbindung und für eine konstante Kommunikation mit den Engeln.

Mentaler Einfluss: Beseitigt egoistische Wünsche und eröffnet neue mentale Pfade, besonders dann, wenn die Kreativität blockiert ist. Der Coelestin macht diejenigen, die ihn mit sich führen, zu charmanten, vergnüglichen und wundervollen Menschen, mit denen man gern zusammen ist. Er verbessert die Kommunikationsfähigkeit und ermöglicht Visionen von einer Welt in Harmonie – vom Weltfrieden.

Emotionaler Einfluss: Der Coelestin übt einen eigenartigen Einfluss auf die Emotionen aus. Er wirkt so beruhigend und besänftigend, dass er schon fast als Schlafmittel durchgeht. Ferner hilft er Menschen, die unter inneren Konflikten leiden, da sie den Stress und das Unwohlsein anderer Menschen in sich aufnehmen. Diese „menschlichen Schwämme" reagieren nahezu „allergisch" auf andere Menschen – was sie von ihnen fern hält und dadurch zu Isolation und Ausflüchten in Fantasiewelten führen kann.

Physischer Einfluss: Senkt den Blutdruck. Lindert Magenbeschwerden. Hilft bei allen Formen von nervösem Stress.

Heilkraft: Löst Schmerzen, bekämpft Toxine und hilft bei Fieber und Entzündungen.

Anwendung: Lege ihn auf dein Kehlchakra, das Dritte Auge oder das Kronenchakra oder trage ihn als Anhänger. Ergibt eine fabelhafte Edelsteinessenz (benutze die indirekte Methode – siehe dazu S. 283). Setze den Stein niemals für längere Zeit dem Sonnenlicht aus, da er sehr schnell verblasst und durchsichtig wird.

Angelit

- **Farbe** *Durchsichtig bis Himmelblau, Violett*
- **Beschaffenheit** *Opak und durchzogen mit weißen Flügeln*
- **Vorkommen** *Überall erhältlich unter der Bezeichnung Anhydrit*
- **Fundort** *Deutschland, Mexiko, Peru und Neu-Mexiko*
- **Engel** *Das gesamte Himmelreich*

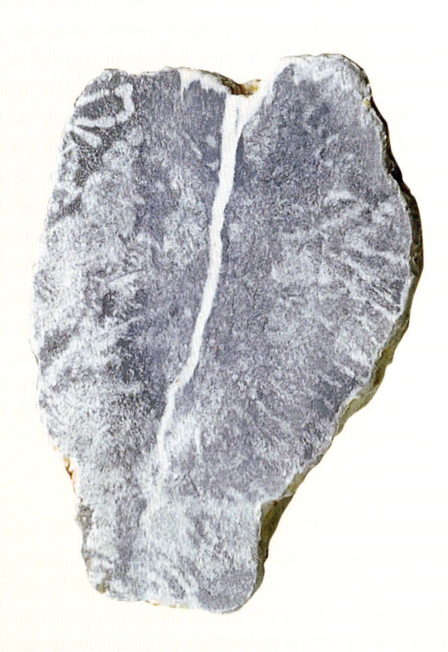

Eine polierte Scheibe aus Angelit

Attribute: Der Angelit wird auch Anhydrit genannt. Diese Bezeichnung entstammt dem Griechischen und bedeutet „ohne Wasser". Ein Angelit entsteht aus einem Coelestin, der über Millionen von Jahren hohem Druck ausgesetzt war und dem das Wasser entzogen wurde. Für die New Ager gilt er als Stein des Wassermannzeitalters und wurde während der „Harmonic Convergence" im Jahr 1987 in Peru bekannt, als die „Kinder der Erde" an geheiligten Orten auf der ganzen Welt zusammenkamen, um das Neue Goldene Zeitalter willkommen zu heißen. Der Angelit wird für die bewusste Verbindung mit dem Engelreich benutzt. Man stimmt sich über die himmlische Schwingung dieses blassen, himmelblauen Steins darauf ein. Er bringt inneren Frieden, Gelassenheit, Ruhe und hilft bei der Konzentration auf die höchsten Ebenen des göttlichen Lichts.

Psychologischer Einfluss: Bekämpft die Angst, die Wahrheit zu sagen. Verstärkt freundliches Auftreten und hilft dabei, Sozialbewusstsein und emotionale Tiefe zu fördern. Er ist kein leichtfertiger Kristall und wirkt sehr bodenständig und solide. Bringt Weisheit und wirkt gegen Gewalt und Brutalität.

Mentaler Einfluss: Unterstützt dich dabei, dich selbst zu akzeptieren und ist auch hilfreich bei der Akzeptanz von Charakterzügen, die dir Seelenqualen bereiten. Erdet dich zu jeder Zeit und hilft dir dabei, die Dinge loszuwerden, die dir nicht länger von Nutzen sind.

Emotionaler Einfluss: Verbessert telepathische Fähigkeiten, was dir ermöglicht, mit anderen auf einer höheren emotionalen Ebene zu kommunizieren.

Physischer Einfluss: Senkt den Blutdruck, lindert Sonnenbrand und hilft bei Schilddrüsenüberfunktion. Sorgt für einen ausgewogenen Flüssigkeitshaushalt im Körper und vermindert dabei überschüssiges Körpergewicht. Lindert Abdominal- und Lungenbeschwerden.

Heilkraft: Ein Massagestein aus Angelit löst, angewandt an Händen und Füßen, Blockaden in den Meridianen und entfernt alle weiteren Energieblockaden.

Anwendung: Lege ihn auf dein Kehlchakra, das Dritte Auge oder das Kronenchakra oder trage ihn als Anhänger. Ergibt eine fabelhafte Edelsteinessenz (benutze die indirekte Methode – siehe dazu S. 283). Der Angelit verbessert die Ergebnisse von Klangheilungen und Gesangesübungen, die für den Ausgleich der Chakrazentren konzipiert wurden.

Azeztulit

- **Farbe** *Farblos oder Weiß*
- **Beschaffenheit** *Opak oder durchsichtig*
- **Vorkommen** *Selten*
- **Fundort** *North Carolina, Vermont*
- **Engel** *Engel des Azez*

Ungeschliffener Azeztulit

Attribute: Der Azeztulit gehört zwar zur Gruppe der Quarzkristalle, allerdings verfügen seine Energien über sehr viel mehr Potenzial als die eines gewöhnlichen Quarzkristalls. Diese Unterart des Quarzes beinhaltet eine außergewöhnliche Lichtenergie, von der behauptet wird, sie sei von einer engelähnlichen Macht aktiviert worden, bekannt als die Azez. Diese Gruppe interdimensionaler Engelwesen steht in Verbindung mit der „großen Zentralsonne“ und hat sich in vielen der Hauptenergiewirbel innerhalb der irdischen Ätherwelt „verankert" – auch in den Anden, dem Himalaja und anderen Gebirgsketten. Die Azez dienen einer Energiesignatur, die als das „Namenlose Licht" bekannt ist. Der Azeztulit wiederum dient den Azez als Gefäß und Kanal. Er ist ein sehr kraftvoller Stein, der sowohl Veränderungen des Bewusstseins als auch bewusste interdimensionale Reisen ermöglicht. Diejenigen, die ihn bei sich tragen oder damit meditieren, sind mit dieser Energie verbunden und werden zu einem Teil des „Namenlosen Licht"-Netzwerks, was das Bewusstsein der ganzen Welt steigert.

Psychologischer Einfluss: Eröffnet uns den Zugang zu weiteren Realitätsebenen und verbessert die bewusste Wahrnehmung. Aktiviert die Aufstiegspunkte – so können wir uns den anderen Reichen und der Vielzahl von weiteren Realitäten öffnen, die denselben energetischen Raum einnehmen. Die Aufstiegspunkte liegen an der Basis unseres Hauptenergiekanals, im Hara (Gravitationszentrum des menschlichen Körpers), und im Zentrum des Gehirns (Epiphyse).

Mentaler Einfluss: Bringt einen großen Fortschritt bei mentalen Prozessen – Anwendung deshalb nur nach einer gründlichen Reinigung des Geistkörpers. Dabei solltest du dich von mentalen Störungen und schädlichen Energien befreien sowie von vererbten Miasmen und von Verunreinigungen, die aus einem früheren Leben stammen.

Emotionaler Einfluss: Unterstützt dich bei der Beseitigung von negativen Emotionen, wenn du für deinen Aufstieg ins kosmische Bewusstsein und zur Erleuchtung bereit bist.

Physischer Einfluss: Kann genutzt werden, um jede einzelne Körperzelle mit Heilenergie zu erfüllen. Verbessert alle Beschwerden des physischen Körpers, besonders dann, wenn der Azeztulit als Kanal für die Heilenergie genutzt wird.

Heilkraft: Kann für jede Art von physischen Beschwerden genutzt werden, die eine strukturierte Heilung des Körpers benötigen.

Anwendung: In allen Chakren anwendbar.

Moldavit

- **Farbe** *Flaschengrün*
- **Beschaffenheit** *Transparent, glatt, schrammig, körnige oder farnartige Oberfläche*
- **Vorkommen** *Selten*
- **Fundort** *Tschechische Republik, Deutschland*
- **Engel** *Engel der Umwandlung*

Natürliche Form des Moldavits

Attribute: Der Moldavit gehört zu den Tektiten (Gestein extraterrestrischen Ursprungs) und entstand vor etwa 15 Millionen Jahren bei einem Meteoriteneinschlag im Gebiet des heutigen Tschechien. Die Zusammensetzung des Moldavits ist auf der Welt einzigartig, und so kursieren verschiedene Theorien zu seiner Entstehung. Ausgelöst durch die enorme Hitze und den großen Druck geschehen bei einem Meteoriteneinschlag viele wundersame Dinge. Eine Theorie besagt, Tektite seien durch Meteoriteneinschläge entstandene Glasformationen. Archäologen haben Tektitvorkommen und einzelne Tektite in Höhlen entdeckt, die auf ein Alter von mindestens 25.000 Jahren geschätzt werden.

Psychologischer Einfluss: Der Moldavit gilt als „heiliger Gral", als „Smaragd der Erleuchtung", der aus dem Himmel der spirituellen Umwandlung fiel. Der Moldavit bewirkt nachhaltige Bewusstseinsveränderungen.

Mentaler Einfluss: Metaphysisch gesehen tragen wir den „Lichtkörper" in uns (siehe S. 128), der codierte Informationen enthält. Wenn wir einen Moldavit in der Hand halten, werden diese Daten abgerufen und bewirken eine Umstrukturierung oder Umprogrammierung unseres Geistes.

Emotionaler Einfluss: Der Moldavit verfügt über eine „heiße" und „schnell fließende" Energie, die emotionale Belastungen ans Tageslicht bringt – oft in Form von Tränen oder anderen emotionalen Ausbrüchen. Außerdem erweckt er die „Sternenkinder" (Wesen von anderen Planeten, die sich für eine physische Inkarnation auf unserem Planeten entschieden haben, um uns bei unserer spirituellen Entwicklung zu helfen), die nach der Sicherheit ihrer kosmischen Heimat streben.

Physischer Einfluss: Unterstützt die Heilung aller physischen Beschwerden.

Heilkraft: Der Moldavit ist ein Diagnosewerkzeug. Eine Aversion gegen den Moldavit oder die Farbe Grün deutet auf eine Ablehnung von Emotionen hin. Dies beschreibt eine tiefe Angst davor, unsere Herzen der bedingungslosen Liebe zu öffnen. Der Moldavit löst diese versteckten Ängste, die psychologische und physische Beschwerden hervorrufen können. Wenn diese Ängste erst einmal angenommen und durch die Akzeptanz bedingungsloser Liebe vertrieben worden sind, kann die wahre Heilung beginnen.

Anwendung: Herzchakra oder Drittes Auge

Kunzit und Hiddenit

- **Farbe** *Zartrosa, Pink (Kunzit); Blassgrün (Hiddenit)*
- **Beschaffenheit** *Transparent oder transluzent mit Streifen*
- **Vorkommen** *Überall erhältlich*
- **Fundort** *USA, Brasilien, Madagaskar*
- **Engel** *Shekinah*

Kunzit in seiner natürlichen Form

Gerommelter Hiddenit

Attribute: Der Kunzit trägt den blassrosafarbenen bis lilafarbenen Strahl der spirituellen Liebe in sich – die wahre Liebe einer Mutter zu ihrem Kind –, die stets bedingungslos ist und die egoistische Selbstverliebtheit umgeht. Der Hiddenit trägt den blassgrünen Strahl der Heilung des Herzens in sich. Es ist nicht der kraftvolle Smaragdgrüne Strahl, sondern eher ein Strahl eines noch zerbrechlich wirkenden Neuanfangs. Er ist weich und dezent, wie ein Flüstern, das verspricht, dass alles gut werden wird. Sowohl der Kunzit als auch sein Schwesterstein Hiddenit verkörpern die Kraft der Shekinah, der Königin des Himmels (siehe S. 77), auch bekannt als Engel der Erlösung. Shekinah gilt als femininer Aspekt des Erzengels Metatron oder als weibliche Manifestation Gottes im Menschen, als göttlicher Aspekt, der uns innewohnt. Shekinah wird auch „Braut Gottes" genannt. Im Sinne des Neuen Testaments ist Shekinah die Pracht, die von Gott ausgeht.

Psychologischer Einfluss: Die Kombination aus Hiddenit und Kunzit ermöglicht uns die Kontaktaufnahme mit dem Teil unseres Selbst, der schon immer in Kontakt mit dem Göttlichen stand. Sie aktivieren den uns innewohnenden Geist Gottes, der uns aus dem Schatten der Illusion heraus zur Vollständigkeit und Einigkeit führt.

Mentaler Einfluss: Der kombinierte Gebrauch von Hiddenit und Kunzit sorgt dafür, dass wir uns sicher fühlen, was uns dabei hilft herauszufinden, wer wir wirklich sind und warum wir hier sind. Lindert Depressionen und alle manisch bedingten Störungen.

Emotionaler Einfluss: Der kombinierte Nutzen von Hiddenit und Kunzit besteht in der Heilung der Emotionen, die den Tiefen unseres Herzens entspringen. Zusammen unterstützen sie Neuanfänge und fördern tiefe Heilung. Sie erinnern uns daran, dass eine Veränderung im Leben auch positive neue Möglichkeiten mit sich bringen und innere Blockaden lösen kann.

Physischer Einfluss: Heilt das Nervensystem. Stoppt Panikattacken.

Heilkraft: Wahre Heilung auf allen Ebenen unseres Wesens – hilft uns dabei, einfach nur wir selbst zu sein, unabhängig von allen äußeren Einflüssen und physischen Einschränkungen. Das in uns wohnende Göttliche, Shekinah, erwartet deinen Ruf. Als göttliche Mutter harrt sie geduldig aus, bis wir eines Tages aus unserer Trance erwachen und nach Glückseligkeit streben.

Anwendung: Im Bereich des Herzchakras.

Opal

- **Farbe** *Edelopale sind vielfarbig. Gemeine Opale können jede Farbe haben, sind jedoch nicht opaleszent*
- **Beschaffenheit** *Opak mit farbigen Nuancen*
- **Vorkommen** *Häufig, jedoch sehr teuer*
- **Fundort** *Weltweit; die besten Exemplare stammen aus Australien*
- **Engel** *Pistas Sophia (Engel des Glaubens und des Wissens)*

Feueropal

Gerommelter rosafarbener Opal

Attribute: Der Opal ist im eigentlichen Sinne kein Kristall, da er über keine kristalline Struktur verfügt (reguläre Anordnung von Atomen). Es gibt zwei Arten von Opalen – Edelopale und gemeine Opale. Gemeine Opale sind nicht vielfarbig, können aber jede einzelne Farbe von Transparent über Weiß bis zu Schwarz haben. Der vielfarbige (meistens regenbogenfarbige) Edelopal wird mit dem Engel Pistas Sophia in Verbindung gebracht. Einige Gnostiker gehen davon aus, dass sie die Mutter der höheren Engel ist. Die höheren Engel sind die Engel der Strahlen, die vor dem Thron Gottes weilen. In Indien wird der Opal als Göttin des Regenbogens verehrt, die zu Stein wurde, als sie vor den Avancen der anderen Götter floh.

Psychologischer Einfluss: Der Opal kann emotionale Empfindungen verstärken. Einige geheimnisvolle Opale enthalten die Wunder des Himmels – leuchtende Regenbögen, Blitze und Feuerwerke. Sie wirken inspirierend und werden von Künstlern benutzt, um himmlische „Geistesblitze" zu erhalten. Edelopale wirken sehr motivierend und sind eine wunderbare Hilfe zur Visualisierung, besonders dann, wenn du diese zu Heilzwecken gebrauchst. Edelopale aktivieren darüber hinaus unser Seelensternchakra, das erste transzendente Chakra oberhalb unseres Kopfes.

Mentaler Einfluss: Opale zeigen dir genau, welche mentalen Ereignisse in der Vergangenheit für deine jetzige emotionale Unausgeglichenheit verantwortlich sind. Sie bringen Licht ins Dunkel.

Emotionaler Einfluss: Ein Opal öffnet den Zugang zu den Wundern der Heilung – er zeigt dir, wie du in deinem Leben Wunder wahr machen kannst. Ein Opal reinigt und heilt alte emotionale Wunden.

Physischer Einfluss: Hilft bei Hormonschwankungen. Bringt Stärke, lindert physische Erschöpfung und das emotional oder mental bedingte „Burnout-Syndrom".

Heilkraft: Stärkt die Willenskraft, erneuert den Lebenswillen, lindert Fieber und hilft bei physischer und spiritueller Sicht und Einsicht.

Anwendung: Platziere oder trage ihn über dem Herzchakra oder so, wie deine Intuition es dir vorgibt. Ein Opal ergibt eine wunderbare Edelsteinessenz (siehe S. 283: Herstellung einer Edelsteinessenz).

Prasem aus Serifos

- **Farbe** *Blassgrün bis Dunkelgrün*
- **Beschaffenheit** *Lang, schmal, opak bis transparent*
- **Vorkommen** *Selten; in speziellen Läden erhältlich*
- **Fundort** *Serifos (griechische Insel)*
- **Engel** *Erzengel Seraphiel*

Natürlicher Prasem aus Serifos

Attribute: Der Prasem ist eine Varietät des Quarzes und stammt von der wunderschönen griechischen Insel Serifos, die nach dem höchsten Engelorden benannt ist. Die schönen blass- bis dunkelgrünen Kristalle sorgen für Harmonie, Ausgeglichenheit und emotionale Stabilität. Sie gehören zu den Kristallen des Paradieses und stellen schnell eine Verbindung zu den Heilkräften des Engelreichs her. Sie werden genutzt, um das Herz zu öffnen, zu reinigen und zu aktivieren, was dafür sorgt, dass du Liebe und Mitgefühl für dich selbst und andere empfinden kannst. Der Prasem aus Serifos wirkt beruhigend und wohlig auf die Emotionen und hilft somit, ein gebrochenes Herz zu heilen. Der Prasem ist auch eine ausgezeichnete Unterstützung für Menschen, die sich in ihrem physischen Körper nicht wohlfühlen. Denn er verhilft diesen Menschen permanent zu einer bewussten Wahrnehmung des höheren Engelreichs.

Psychologischer Einfluss: Hervorragend geeignet, um alle Ebenen des Seins von Miasmen zu reinigen. Stellt schnell eine Verbindung zum Heilpotenzial des Engelreichs her.

Mentaler Einfluss: Befreit von Verunreinigungen auf mentaler Ebene, die sonst zu physischen Krankheiten führen könnten.

Emotionaler Einfluss: Heilt emotionale Schwankungen, indem er die Sinne für das Wirken der Natur empfänglich macht. Hilft besonders gut gegen Kummer durch Verrat oder Ausgrenzung.

Physischer Einfluss: Hilft Menschen, die sich in ihrem physischen Körper unwohl fühlen, indem er sie mit der Erdschwingung verbindet. Er sorgt dafür, dass du das Leben wieder in vollen Zügen genießen kannst und dich in deinem physischen Körper wohlfühlst.

Heilkraft: Verstärkt den Lebenswillen. Verbessert Herz- und Lungenfunktion. Stärkt das Immunsystem und unterstützt die Zellregeneration.

Anwendung: Lege den Prasem in den Bereich deines Herzchakras.

Diamant

- **Farbe** *Weiß, Gelb, Braun, Rosa, Blau, Grün, Violett oder Schwarz*
- **Beschaffenheit** *Mit Facettenschliff klar, wird meist in Form achteckiger Kristalle entdeckt*
- **Vorkommen** *Überall erhältlich, aber teuer, auch in unbearbeitetem Zustand*
- **Fundorte** *Afrika, Brasilien, Australien, Indien, Russland, USA*
- **Engel** *Erzengel Metatron*

Rohdiamanten

Geschliffener Diamant

Attribute: Der Begriff Diamant leitet sich von dem griechischen Wort *adamas* ab, was soviel wie „unverwundbar" bedeutet und damit die Härte und Widerstandsfähigkeit des Edelsteins bezeichnet. Man sagt, der Diamant bringe seinem Träger Reinheit, Liebe und Freude; deshalb gilt er traditionsgemäß als Zeichen der Furchtlosigkeit. Die italienische Bezeichnung *amante de Dio* bedeutet „der Gott liebt". Der Diamant ist die härteste natürliche Substanz auf Erden und wurde früher eingesetzt, um Vergiftungen entgegenzuwirken. Und tatsächlich: Energie und Leuchtkraft des Diamanten sind in der Lage, dein Energiefeld vor der „giftigen Energie" anderer zu schützen.

Psychologischer Einfluss: Der Diamant richtet die Sinne schnell auf das Himmelreich aus, indem er dunkle Areale innerhalb deiner Aura aufspürt. Er verstärkt das Licht der Seele, welches unser Licht hell in die Welt hinaus scheinen lässt. Diamanten verhelfen bei allen Bestrebungen zum Erfolg, indem sie die Leuchtkraft der Aura verstärken. Dies lässt dich attraktiver erscheinen und du erhältst mehr Möglichkeiten, dich weiterzuentwickeln.

Mentaler Einfluss: Bringt Klarheit in die mentalen Prozesse und stärkt deine Fähigkeit, an positiven Gedanken festzuhalten. Der Diamant intensiviert die Kraft deiner Gedanken und Gebete.

Emotionaler Einfluss: Wirkt wie ein Spiegel der Emotionen – er wird dunkel, wenn du verärgert bist. Er zeigt dir deinen wahren emotionalen Gesundheitszustand und hilft dir dabei, mit deinen Emotionen zu arbeiten, indem er deine Schwingungsrate verbessert.

Physischer Einfluss: Der Diamant ist ein „Allheilmittel", denn er bessert sämtliche Beschwerden. Er lindert Allergien und alle chronischen Erkrankungen, die auf eine Dysfunktion des Immunsystems zurückzuführen sind.

Heilkraft: Stärkt den ganzen Körper.

Anwendung: Trage ihn auf die Art, die deine Intuition dir vermittelt. Diamanten können mit Weißgold oder Gelbgold verarbeitet werden. Außerdem lassen sie sich gut mit anderen Edelsteinen kombinieren, zum Beispiel mit Rubinen, Smaragden oder blauen Saphiren.

Tansanit

- **Farbe** *Blau bis Lavendel, mit Spuren von dunklem Violett*
- **Beschaffenheit** *Klar*
- **Vorkommen** *Selten; es wird angenommen, dass die Vorkommen in etwa 10 Jahren erschöpft sein werden*
- **Fundort** *Tansania*
- **Engel** *Erzengel Tzaphkiel*

Gerommelter Tansanit

Attribute: Der Tansanit ist trichroistisch: Das bedeutet, dass er von verschiedenen Seiten betrachtet in unterschiedlichen Farben leuchtet. Von der einen Seite wirkt er blau, von einer anderen lavendelfarben und von der dritten bronzefarben. Diese Farbveränderungen unterstützen den Eintritt in veränderte Realitätszustände und ermöglichen radikale Bewusstseinsveränderungen. Da der Tansanit die Schwingungssignatur des Benutzers steigert, erweitert er dessen persönliches *mandala* und ermöglicht so den Erhalt von Informationen aus der Akasha-Chronik. Der Tansanit kann bei äußeren wie inneren Reisen benutzt werden. Die Steigerung deiner Schwingungsrate führt dazu, dass du erkennst, wie sich der Schleier zwischen den verschiedenen Bewusstseinszuständen hebt. Dies verhilft dir zu einer verbesserten Kommunikation mit Engeln, aufgestiegenen Meistern, geistigen Führern und anderen erleuchteten Wesen aus den Dimensionen, zu denen dein normales Bewusstsein keinen Zugang erhält.

Psychologischer Einfluss: Steigert die spirituelle Wahrnehmung. Er verstärkt den Glauben und das Verständnis der universellen Wahrheit, indem er Weisheit und spirituelle Ausgeglichenheit vermittelt.

Mentaler Einfluss: Verbannt alles, was der spirituellen Entwicklung hinderlich ist. Er steigert die Erkenntnis, den Glauben an das Mystische und das Urteilsvermögen, indem er dir dabei hilft, die weibliche intuitive Seite der Natur vollständig zu entwickeln. Dies ermöglicht dir wiederum, dein Herz vollständig zu öffnen und die Reinheit deiner Seele auf Erden für die Freiheit und Erlösung aller zu manifestieren.

Emotionaler Einfluss: Die Heilenergie des Tansanit bringt dich an einen Ort fernab der physischen Welt unseres Planeten, wo du lernst, dich selbst zu heilen, indem du deine Vergangenheit loslässt und inneren Frieden findest.

Physischer Einfluss: Kehrt den Altersprozess um.

Heilkraft: Bringt Stärke und Erneuerung.

Anwendung: Lege den Tansanit auf dein Drittes Auge.

Rutilquarz

Gerommelter Rutilquarz

- **Farbe** *Klar bis rauchig, durchzogen mit goldenen, rötlichen oder braunen Adern*
- **Beschaffenheit** *Quarz mit eingeschlossenen Spuren von Rutil*
- **Vorkommen** *Überall erhältlich, besonders in geschliffener Form*
- **Fundort** *Weltweit*
- **Engel** *Erzengel Melchizedek*

Attribute: Rutilquarz ist auch unter der Bezeichnung „Engelshaarquarz“ bekannt und erhielt diese Bezeichnung aufgrund der feinen goldfarbenen Rutileinschlüsse. Dieser Kristall wird schon seit ewigen Zeiten als kraftvoller Talisman verwendet und ist als „Erleuchter der Seele“ bekannt. Er macht den Weg frei für weitere Taten, indem er auf Hindernisse und negative Einstellungen aufmerksam macht. Der Rutilquarz unterstützt den Erhalt der Lebenskraft und stellt somit die natürliche Schwingung und die Vitalität wieder her. Er beseitigt Barrieren, Ängste und Phobien, die die spirituelle Entwicklung aufgehalten haben. Nutze den Rutilquarz, um Veränderungen, eine Verjüngung und neue Wege voranzutreiben. Er reinigt die Aura und füllt sie mit spirituellem Licht.

Psychologischer Einfluss: Perfekter Ausgleich des kosmischen Lichts, was spirituelles Wachstum und die Einbindung von Energien begünstigt.

Mentaler Einfluss: Der Rutilquarz macht den Weg frei für weitere Vorhaben, indem er negative Emotionen aufzeigt, die tief im Neuralnetz verwurzelt sind.

Emotionaler Einfluss: Stellt uns genügend Energie zur Verfügung, um Barrieren einzureißen, die bisher unser emotionales Wachstum behindert haben.

Physischer Einfluss: Unterstützt das Leben und die Lebenskraft. Er wird gebraucht, um die Schwingung und die Vitalität des Körpers wiederherzustellen, was perfekte Gesundheit garantiert.

Heilkraft: Lindert alle Beschwerden, inklusive Allergien, Lungenbeschwerden, chronische Beschwerden, und beseitigt schädliche Energien.

Anwendung: Bei der Behandlung spricht jedes Chakra auf ihn an. Der Rutilquarz hat allerdings eine besondere Verbindung zum Nabelchakra.

Iolit

- **Farbe** *Indigoblau oder Honiggelb*
- **Beschaffenheit** *Klein; klar oder transluzent*
- **Vorkommen** *Weitverbreitet, in speziellen Geschäften erhältlich*
- **Fundort** *Sri Lanka, Madagaskar, Burma und Indien*
- **Engel** *Erzengel Raziel*

Gerommelter Iolit

Attribute: Der Iolit ist die Edelsteinvariante des Cordierits und auch unter der Bezeichnung Wassersaphir bekannt. Bei Ioliten wird oft Pleochroismus (die Eigenschaft, Licht nach mehreren Richtungen in verschiedene Farben zu zerlegen) beobachtet, sodass sich mitunter bis zu drei verschiedene Farben in einem Stein erkennen lassen. Der Iolit ist für die New-Age-Bewegung der Stein der Prophezeiungen und der Visionen. Er garantiert die vollständige Entwicklung der Psyche und sorgt für Integration, aber nur dann, wenn die fünf niederen Chakren vollständig ausgeglichen sind; sonst besteht die Gefahr einer Desorientierung.

Psychologischer Einfluss: Der Iolit und die geheimen Mysterien des Erzengels Raziel sind nicht für jeden geeignet. Sie führen den Anwender in das Reich des Himmels, in dem Wissenschaft und Mystik ein und dasselbe sind – das Quantenuniversum.

Mentaler Einfluss: Diese umwerfenden Erkenntnisse aus der Arbeit mit dem Iolit und dem Erzengel Raziel brauchen Zeit, um in alle Ebenen deines Seins integriert zu werden. Ansonsten wirst du feststellen, dass du dich komplett unausgeglichen fühlst.

Emotionaler Einfluss: Beseitigt Streitigkeiten und Co-Abhängigkeiten. Hilft dir dabei, gegen Suchtzustände anzugehen.

Physischer Einfluss: Lindert Bronchitis, Asthma und andere chronische Lungenbeschwerden. Senkt zu hohen Blutdruck. Lindert Rückenprobleme, einen Hexenschuss, Schmerzen im Bereich des Ischiasnervs und sonstige Wirbelsäulen- oder neurologische Beschwerden. Reinigt Energie und wandelt sie um.

Heilkraft: Verbessert die Hirnfunktion. Lindert Kopfschmerzen und Schlaflosigkeit.

Anwendung: Wende den Iolit im Bereich des Kehlchakras, des Dritten Auges oder des Kronenchakras an. Alternativ kannst du ihn auch als Anhänger oder Ring tragen. Der Iolit ist besonders wirksam, wenn er für längere Zeit getragen wird. Er lässt sich gut in Gelbgold einfassen.

Amethyst

- **Farbe** *Verschiedene violette Schattierungen*
- **Beschaffenheit** *Prismatisch, durchsichtig, kommt einzeln oder in Büscheln vor*
- **Vorkommen** *Überall erhältlich*
- **Fundort** *Afrika, Deutschland, Italien, USA, Mexiko, Brasilien, Kanada, Uruguay*
- **Engel** *Erzengel Zadkiel*

Einzelner Amethyst

Attribute: Der Name „Amethyst" leitet sich vom griechischen *amethystos* ab und bedeutet soviel wie „nicht betrunken". Diese Bezeichnung entstammt möglicherweise dem Glauben, dass der Amethyst die Auswirkungen des Alkohols unterdrücke. Überzeugender ist jedoch die Auslegung, dass die Griechen damit auf die Farbe einiger ihrer Weine anspielen wollten. Die wunderschöne Farbe dieses Steines ist einmalig. Obwohl ein Quarz immer violett sein muss, um Amethyst genannt zu werden, findet sich eine Vielzahl von Violett-Schattierungen.

Psychologischer Einfluss: Die hohe Schwingungsrate verbessert den Erfolg bei Meditationen.

Mentaler Einfluss: Beruhigt den übermäßig aktiven Geist und sorgt für Konzentration. Vertieft das Verständnis von grundlegenden Problemen.

Emotionaler Einfluss: Wirkt beruhigend. Wird genutzt, um Stress und emotionale Erschöpfung zu lindern. Ferner bekämpft der Amethyst Suchtzustände und suchtfördernde Eigenschaften der Persönlichkeit.

Physischer Einfluss: Der Amethyst verfügt über ein breites Spektrum von Heilenergien und ist somit eine effektive Unterstützung bei der Behandlung verschiedenster Beschwerden. Er kann an jeder schmerzenden Körperstelle eingesetzt werden, um die Schmerzen zu lindern. Er hilft auch bei Kopfschmerzen und Migräne – Menschen, die häufig unter Kopfschmerzen leiden, bewahren einige Amethystkristalle in ihrem Kühlschrank auf, damit sie bei Gebrauch kühl sind. Lege den kühlen Amethyst auf deine Schläfen.

Heilkraft: Verfügt über ein breites Spektrum von Heilenergien und gilt somit als eine Art „Allheilmittel". Der Amethyst kann auch für die Fernheilung verwendet werden.

Anwendung: Lege den Amethyst auf dein Drittes Auge oder das Kronenchakra, um die Balance wiederherzustellen. Vertraue auf deine Intuition und wende den Stein auch an weiteren Stellen deines Körpers oder deiner Aura an. Lege ihn unter dein Kopfkissen oder auf den Nachttisch, um Albträume und Schlaflosigkeit fernzuhalten. Ein einzelner Amethyst oder ein Büschel von Kristallen reinigt deine Umgebung von stagnierender Energie. Wende ihn auch in Räumen an, in denen sich vorher viele Menschen aufgehalten haben.

Blauer Topas

- **Farbe** *Verschiedene Blauschattierungen*
- **Beschaffenheit** *Transparentes Pegmatitgestein*
- **Vorkommen** *Überall erhältlich*
- **Fundort** *Afrika, Deutschland, Italien, USA, Mexiko, Brasilien, Kanada, Uruguay*
- **Engel** *Erzengel Haniel*

Gerommelter blauer Topas

Attribute: Legenden behaupten, der blaue Topas schütze vor Verzauberung und verbessere die Sicht. Es wurde auch angenommen, der Topas ändere seine Farbe, wenn vergiftete Speisen oder Getränke in der Nähe wären. Seine mystischen Heilkräfte veränderten sich mit dem zunehmenden und abnehmendem Mond: Ihm wurde die Heilung von Schlaflosigkeit, Asthma und Blutungen zugeschrieben. Die alten Griechen glaubten, er könne die Stärke des Trägers erhöhen und ihn in Notzeiten sogar unsichtbar machen. In Mexiko wurde der Topas als Stein der Wahrheit genutzt. Heutzutage trägt man ihn, um die „vergifteten" Gedanken anderer Menschen aufzuspüren.

Psychologischer Einfluss: Fördert das tiefgehende Verständnis und die Akzeptanz der universellen Gesetze. Er inspiriert und sorgt für Aufheiterung. Der Topas verhilft zu deutlicher Kommunikation und sorgt dafür, dass der rationale Verstand auch bei stärkster Provokation die Oberhand behält.

Mentaler Einfluss: Wirkt beruhigend und inspirierend. Er verhindert das Aufstauen von Ärger, Feindseligkeit und Bitterkeit.

Emotionaler Einfluss: Löst emotionale Verklemmungen. Hilft dir dabei, stressige Situationen aus der Distanz zu betrachten, was zur Entstehung neuer Verhaltensmuster führt.

Physischer Einfluss: Der blaue Topas sorgt für eine klare Kommunikation. Er wird genutzt, um ein ausgeglichenes Kehlchakra zu schaffen und lindert somit Halsschmerzen und Beeinträchtigungen der Schilddrüsenfunktion.

Heilkraft: Sorgt für Ausgeglichenheit und Ruhe, sowohl im physischen Körper als auch in den feinstofflichen Körpern.

Anwendung: Lege ihn auf dein Kehlchakra, das Dritte Auge oder das Kronenchakra. Der blaue Topas kann auch in Form eines Anhängers oder Rings, eingefasst in Weiß- oder Gelbgold, getragen werden. Der natürliche, blassblaue Topas ist ein Edelstein, der sich hervorragend für das Channeling eignet und dich mit geheimen Weisheiten und uraltem Wissen verbindet.

Rosenquarz

Natürlicher Rosenquarz

- **Farbe** *Rosa*
- **Beschaffenheit** *Transparent bis transluzent*
- **Vorkommen** *Überall erhältlich*
- **Fundort** *Brasilien, Madagaskar, USA, Indien*
- **Engel** *Erzengel Chamuel*

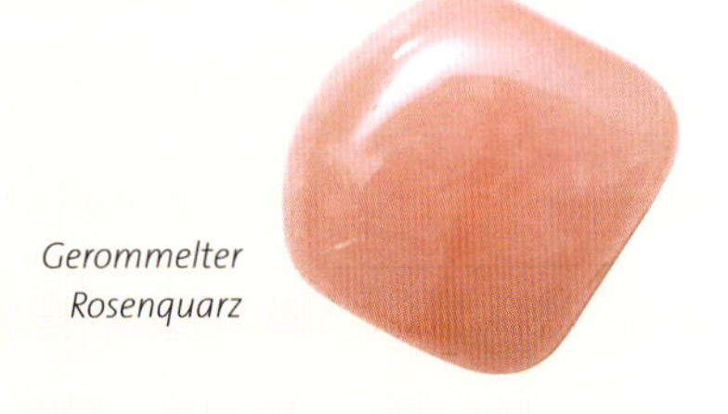

Gerommelter Rosenquarz

Attribute: Der Rosenquarz ist die verführerischste Variante des Quarzes – er trägt die Farbe der Liebe. Dieser Stein übermittelt eine sanfte, beruhigende Energie, die dich die wahre Bedeutung der Liebe lehrt. Auf natürliche Weise ist er mit dem Herzchakra und den Emotionen verbunden. Er kümmert sich um alle Emotionen des Herzens und hilft uns somit dabei, liebevolle Beziehungen aufzubauen. In Form eines Talismans wird er benutzt, um einen Seelenverwandten zu finden.

Psychologischer Einfluss: Kann unsere empathische Verbindung zu anderen Menschen stärken und hilft uns bei all unseren Beziehungen; besonders in Situationen, die das Leben grundlegend verändern, wie im Falle einer Scheidung oder bei schmerzlichen Verlusten. Der Rosenquarz hilft uns dabei, schon bestehende liebevolle Beziehungen in unserem Leben wertzuschätzen.

Mentaler Einfluss: Beruhigend und wohltuend; verhindert das Aufstauen von negativen Gefühlen wie Hass, Ärger oder Feindseligkeit.

Emotionaler Einfluss: Wenn du zum ersten Mal einen Rosenquarz benutzt, kann dies dazu führen, dass eine Menge unterdrückter Emotionen mit einem Mal ans Tageslicht gelangen. Dies hilft dir dabei, diese Emotionen zu akzeptieren und dich von ihnen zu lösen. Löst sehr schnell negative Emotionen wie Selbstverurteilung, geringes Selbstwertgefühl, Selbsthass und Selbstsucht auf. Befreit von aggressiven Verhaltensmustern.

Physischer Einfluss: Öffnet das Herz, was für die Heilung sehr hilfreich ist. Verbessert die Fruchtbarkeit.

Heilkraft: Löst emotionalen Stress, der sich in einem Bereich des Körpers festgesetzt hat. Der Rosenquarz ist wohltuend für Neugeborene und auch schon für ungeborene Kinder.

Anwendung: Lege den Rosenquarz auf dein Herzchakra oder jeden anderen Teil deines Körpers, in dem sich Stress oder Schmerz angesammelt hat. Trage den Rosenquarz in Form eines Ringes, eines Anhängers oder einer Kette, um dir durch kritische Zeiten hindurch zu helfen.

Smaragd

- **Farbe** *Grün*
- **Beschaffenheit** *Transparent bis transluzent*
- **Vorkommen** *Überall erhältlich*
- **Fundort** *Brasilien, Indien, Kolumbien, Simbabwe, Madagaskar, Russland*
- **Engel** *Erzengel Raphael*

Natürlicher Smaragd

Smaragd mit Facettenschliff

Attribute: Der Smaragd wird seiner wunderschönen Farbe und seiner mystischen Eigenschaften wegen schon seit mindestens 4000 Jahren hoch geschätzt. In der Offenbarungsgeschichte der Bibel heißt es, der Thron Gottes bestehe aus Smaragden. Das legendäre, mystische Wissen des ägyptischen Gottes Thoth war auf Smaragdtafeln verzeichnet. Tatsächlich ist der Smaragd voller Mystik.

Der Smaragd ist eng mit dem Planeten Merkur verknüpft, dem Boten der Götter der vedischen Astrologie. In anderen Kulturen brachte man ihn mit der Göttin Venus in Verbindung. Cleopatra schätzte ihre Smaragde mehr als alle anderen Edelsteine. Ägyptische Mumien wurden oft zusammen mit einem Smaragd vergraben, als Symbol für die ewige Jugend. Auch heute noch werden Smaragde auf der ganzen Welt hoch geschätzt – und das mit Recht, denn kein anderer Edelstein verfügt über ein solch hohes Potenzial an Heilenergie.

Psychologischer Einfluss: Fördert Einigkeit und bedingungslose Liebe. Verbessert den Intellekt, stärkt den Charakter und sorgt für Harmonie und Wohlstand.

Mentaler Einfluss: Verbessert das Gedächtnis, ist ein Stein des Wissens und der Einsicht.

Emotionaler Einfluss: Der Smaragd verbessert die emotionale Belastbarkeit und Anpassungsfähigkeit. Er hilft gegen Eifersucht, Feindseligkeiten, Selbstsucht und Hypochondrie.

Physischer Einfluss: Der Smaragd öffnet dein Herz für die Heilung und hilft dir dabei, dich zu erholen. Lindert Klaustrophobie.

Heilkraft: Der Smaragd lindert Erkrankungen der Galle und wirkt Toxinen entgegen. Das verbessert die Leber- und Nierenfunktion und ist dem allgemeinen körperlichen Wohlbefinden dienlich. Der Smaragd wirkt wie ein „Frühlings-Elixier": Er bringt Frische, mindert Herz- und Lungenbeschwerden und hilft uns bei der Aufnahme der Prana-Energie.

Anwendung: Lege den Smaragd auf dein Herzchakra oder dein Drittes Auge. Normalerweise wird er in Gelbgold eingefasst und in Form eines Rings am kleinen Finger der rechten Hand getragen, um die Kommunikationsfähigkeit zu verbessern und Schüchternheit zu überwinden.

Citrin

- **Farbe** *Gelbe und orangefarbene Schattierungen*
- **Beschaffenheit** *Prismatische Kristalle, transparent, einzeln oder in Büscheln*
- **Vorkommen** *Natürlich entstandener Citrin ist selten*
- **Fundort** *Brasilien, Indien, USA, Madagaskar, Russland, Frankreich*
- **Engel** *Erzengel Jophiel*

Natürlicher Citrin

Attribute: Der Großteil dieser gelben oder bräunlich-gelben Quarzart, die in der Vergangenheit fälschlicherweise oft als „Topas" verkauft wurde, entsteht aus wärmebehandeltem Amethyst. Der Citrin erhielt seinen Namen vom französischen Wort *citron*. Natürlich entstandene Citrine haben meist eine blassgelbe oder dunkelgelbe Farbe. Im Altertum wurde dieser Stein zum Schutz vor Schlangengift und den schädlichen Gedanken anderer getragen. Der Citrin ist ein Edelstein von leuchtender Farbe, der im Bereich des Nabelchakras für Ausgeglichenheit sorgt und den Geistkörper reinigt und stärkt. Er hat die Farbe des Sonnenscheins, und als solcher fördert er die Entstehung positiver Energie und leitet sie weiter. Der Citrin sorgt für eine „sonnige, freudige Stimmung".

Psychologischer Einfluss: Nimm einen Citrin zur Hand, wenn du Energie und Lebenslust verloren hast oder wenn du dich verwirrt oder zerstreut fühlst. Wenn dir Sorgen und Pflichten schwer auf den Schultern lasten oder wenn du deine Kraft und dein Gefühl für dich selbst verloren hast, und du möchtest, dass die Freude wieder in dein Leben einzieht, bringt dir der Citrin neuen Schwung, er verleiht Enthusiasmus und Selbstbewusstsein.

Mentaler Einfluss: Wenn du dich ausgepowert fühlst und sogar die kleinste Aufgabe zu einem unüberwindlichen Hindernis zu werden scheint, sollte der Citrin zum Einsatz kommen. Auch sehr hilfreich ist er, wenn du negative Gedanken oder suchtfördernde Verhaltensweisen loswerden möchtest, wenn du dich ängstlich fühlst und voller Selbstzweifel bist.

Emotionaler Einfluss: Der Citrin sorgt für positive Gefühle, Freiheit, Lachen und Freude und steigert die Selbstkontrolle. Er baut dein Selbstbewusstsein auf und sorgt für Wohlbefinden. Auch regt er die Konversation an und verbessert die Kommunikation. Hilft bei Schüchternheit und spendet Mut.

Physischer Einfluss: Verbessert die Funktion von Bauchspeicheldrüse, Leber, Gallenblase, Milz und Magen sowie des Nervensystems, des Verdauungstrakts und der Haut.

Heilkraft: Verstärkt, erhellt und stimuliert Energie.

Anwendung: Im Bereich des Nabelchakras; oder du trägst ihn in Form eines Anhängers oder Rings für eine längere Zeit.

Lapislazuli

- **Farbe** *Ultramarinblau mit goldfarbenen Pyriteinschlüssen*
- **Beschaffenheit** *Opak*
- **Vorkommen** *Leicht erhältlich*
- **Fundort** *Afghanistan*
- **Engel** *Erzengel Michael*

Lapislazuli in seiner natürlichen Form

Gerommelter Lapislazuli

Attribute: In der historischen Stadt Ur blühte im vierten Jahrhundert v. Chr. der Handel mit Lapislazuli. Der Name leitet sich ab von lat. *lapis* „Stein“ und mittellateinisch, ursprünglich arab., *lazuli,* Gen. von *lazulum,* „blau“. Der Lapislazuli ist ein Stein von intensiver, tiefblauer Farbe. Er verkörpert Wahrheit, Wissen, Geduld, Inspiration, Integrität, Loyalität, Offenbarung und Einkehr.

Psychologischer Einfluss: Der Lapislazuli hilft dabei, die Tugenden der Wahrheit, Ehrlichkeit und des Glaubens zu entwickeln. Wenn du sofortigen Schutz vor schädlichen Energien benötigst, du einer psychischen Attacke ausgesetzt bist, verflucht wurdest oder der Meinung bist, der „Böse Blick“ habe dich getroffen, wird dich der Lapislazuli mit einem Mantel des Schutzes und der Sicherheit umhüllen..

Mentaler Einfluss: Lindert Depressionen, sorgt für klare Gedanken und hilft uns dabei, unser Leben in die Hand zu nehmen. Verstärkt die Kraft unserer Gedanken und sorgt für Objektivität. Vertreibt die Angst davor, die Wahrheit zu sagen.

Emotionaler Einfluss: Sorgt für Ausgleich bei emotionalen Konflikten und verhindert Unschlüssigkeit, Zögerlichkeit und Unsicherheit.

Physischer Einfluss: Der Lapislazuli lindert Schmerzen, besonders Kopfschmerzen und Migräne. Er wird benutzt, um Hals-, Lungen-, Schilddrüsen- und Thymusbeschwerden zu heilen und senkt zu hohen Blutdruck.

Heilkraft: Der Lapislazuli senkt Fieber und reguliert Hyperaktivität, Entzündungen und dergleichen. Er bringt Klarheit und Gelassenheit, lindert Ohr- und Halsentzündungen.

Anwendung: Lege den Lapislazuli auf dein Kehlchakra oder Drittes Auge. Trage ihn in Form eines Anhängers oder Rings für eine längere Zeit, um den vollen Nutzen dieses besonderen Edelsteins zu genießen. Trage ihn jedoch niemals für längere Zeit, falls du unter niedrigem Blutdruck leiden solltest.

Danburit

- **Farbe** *Klar, Weiß, Gelb oder Rosa*
- **Beschaffenheit** *Transparent mit Streifenbildung*
- **Vorkommen** *Leicht erhältlich*
- **Fundort** *Mexiko, USA, Japan, Burma, Schweiz*
- **Engel** *Erzengel Gabriel*

Danburit in seiner natürlichen Form

Klingenförmiger Danburit

Attribute: Der Danburit erhielt seinen Namen von dem Ort, wo er erstmalig gefunden wurde – Danbury, Connecticut. Er verfügt über eine extrem hohe Schwingungsrate, die schnell und einfach eine Verbindung zum Engelreich ermöglicht. Er öffnet rasch Herz- und Kronenchakra und reinigt diese. Darüber hinaus sorgt er für bedeutsame Träume. Der Danburit bringt der Aura Licht, Klarheit und Reinheit und besitzt somit die Fähigkeit, alle Beschwerden zu beseitigen, die Unwohlsein oder Krankheiten ausgelöst haben. Er ist von Natur aus ein Allheilmittel.

Psychologischer Einfluss: Der Danburit ruft das Göttliche Licht von oben herab. Er sorgt für Führung, spirituelles Erwachen, Reinigung der Seele, Erkenntnis, Inspiration und bedeutsame Träume. Er gehört zu den Kristallen, die den Übergang in neue Lebensphasen erleichtern. So ist der Danburit hilfreich, wenn du neue Projekte beginnst, beruflich einen anderen Weg einschlägst oder vorhast, eine Familie zu gründen.

Mentaler Einfluss: Macht dich auf Fügungen aufmerksam, die dir den Weg zum Abschluss mit der Vergangenheit ebnen.

Emotionaler Einfluss: Reinigt von emotionalen Miasmen. Verbindet dich mit der Gelassenheit der Engel und dem Engelreich.

Physischer Einfluss: Hilft gegen Allergien, Schadstoffe und bei chronischen Erkrankungen und stärkt somit die Funktion der Leber, der Gallenblase, der Nieren, der Bauchspeicheldrüse und der Haut.

Heilkraft: Ein vielseitiger Kristall, der über ein breites Spektrum von Heilenergien verfügt.

Anwendung: Jedes Chakra. Trage ihn am besten in Form eines Anhängers, eingefasst in Silber oder Gold. Aus Danburit lässt sich eine ausgezeichnete Edelsteinessenz herstellen (siehe S. 283).

Rubin

- **Farbe** *Rot*
- **Beschaffenheit** *Transparent*
- **Vorkommen** *Überall erhältlich*
- **Fundort** *Indien, Mexiko, Madagaskar, Russland, Sri Lanka*
- **Engel** *Erzengel Uriel*

Rubin in seiner natürlichen Form

Polierter Rubin

Attribute: Lange Zeit galt der Rubin als prächtigster Edelstein, den Gott geschaffen hat. Die Griechen hielten ihn für die „Mutter aller Edelsteine" und verarbeiteten ihn in den Brustplatten der Hohepriester. In der Bibel liest man: „Der Wert der Weisheit übertrifft alle Rubine". Im Sanskrit heißt der Rubin *ratnaraj* (König der Edelsteine) oder *ratnanayaka* (Herr der Edelsteine). Der Rubin erweckt in seinem Träger das Verlangen nach Leben, Mut, Beharrlichkeit und positiven Führungsqualitäten. Er ist ein Stein für Pioniere, für diejenigen, die mutig in unbekanntes Gebiet voranschreiten. Der Rubin ist ursprüngliche Kraft und ungebändigter Lebenswille.

Psychologischer Einfluss: Der Rubin fordert spirituelle Hingabe durch selbstlose Taten für andere. Er legt das volle Potenzial der Seele frei.

Mentaler Einfluss: Beseitigt Trägheit, Zögerlichkeit und Lethargie.

Emotionaler Einfluss: Wirkt dynamisch, beseitigt Ängste. Wenn der Mut zum Weiterleben fehlt, sorgt der Rubin für neuen Lebenswillen.

Physischer Einfluss: Löst tief sitzende Energieblockaden. Gibt Prozessen, die vorher schwerfällig und träge verliefen, neuen Schwung. Der Rubin wirkt entgiftend, indem er die Trägheit vertreibt.

Heilkraft: Wärmt den Körper und steigert die physische Energie. Hilft bei niedrigem Blutdruck, Kreislaufproblemen und Anämie. Stimuliert die Adrenalinzufuhr.

Anwendung: Im Bereich des Wurzel- und des Erdensternchakras. Trage keinen Rubin, wenn du unter erhöhtem Blutdruck leidest.

Mondstein

- **Farbe** *Weiß, Cremefarben, Pfirsichfarben, Rosa, Blau, Grün oder Regenbogenfarben*
- **Beschaffenheit** *Transluzent*
- **Vorkommen** *Überall erhältlich*
- **Fundort** *Indien, Sri Lanka*
- **Engel** *Erzengel Auriel*

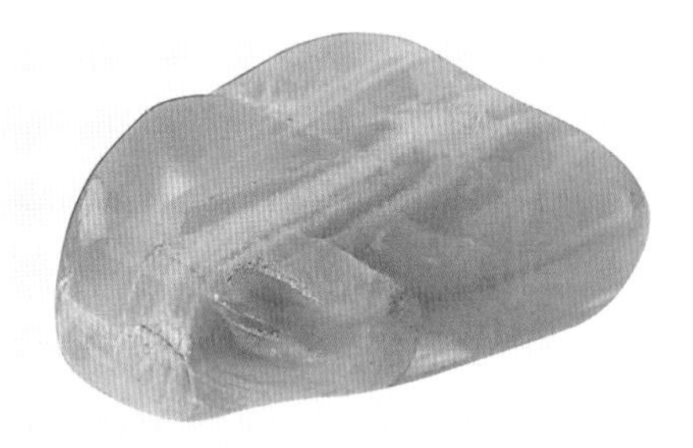

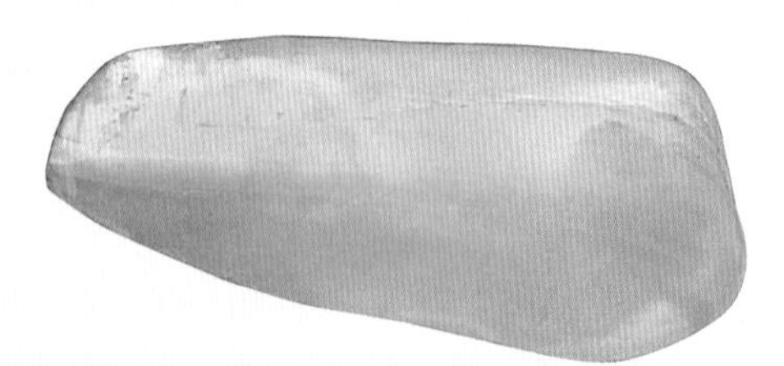

Gerommelte Mondsteine

Attribute: Der Mondstein erscheint mystisch und magisch; ein geisterhaft schimmernder Schein entspringt den Tiefen des Kristalls. Die alten Römer waren davon überzeugt, der Mondstein bestehe aus Mondlicht. Der Mondstein ist, wie sein Name vermuten lässt, stark mit der Energie des Mondes verbunden, und man nimmt an, dass sich auch die Kräfte des Mondsteins mit den Mond phasen verändern. Bei Vollmond erreicht seine Kraft ihren Höhepunkt. Der Mondstein ist besonders gut für Frauen jeden Alters geeignet.

Psychologischer Einfluss: Harmonisiert den weiblichen Aspekt unserer Persönlichkeit. Gewährt Zugang zum Unterbewusstsein. Jeden Monat verstärkt sich unsere psychische Kraft bei Vollmond. Der Schleier zwischen den Welten ist zu dieser Zeit am durchlässigsten, und unsere natürlichen Talente der Hellsicht, Hellhörigkeit und Empathie sind dann am stärksten.

Mentaler Einfluss: Der Mondstein wirkt beruhigend. Er öffnet den Geist für neue Entdeckungen und versteckte Möglichkeiten. Steigert zudem die Intuition.

Emotionaler Einfluss: Wirkt beruhigend auf die Emotionen. Lässt positive Energien fließen und löst schon länger zurückliegende Verletzungen, Schmerzen und Sehnsüchte auf. Lindert Gefühlsschwankungen.

Physischer Einfluss: Der Mondstein wirkt positiv auf das weibliche Fortpflanzungssystem. Er lindert Sodbrennen und Verdauungsbeschwerden, hilft bei einer Überfunktion der Schilddrüse und senkt erhöhten Blutdruck. Auch lindert er Magenkrämpfe und PMS. Er wirkt gegen Toxine; überwacht den Flüssigkeitshaushalt des Körpers und lindert Abdominalbeschwerden.

Heilkraft: Kühlt den Körper, setzt überschüssige Energie frei und hilft gegen Aufregung. Senkt den Adrenalinspiegel.

Anwendung: Herzchakra. Trage den Mondstein in Form eines Rings oder Anhängers für längere Zeit, um das bestmögliche Ergebnis zu erzielen. Der Mondstein darf nur in Silber eingefasst werden. Wickle ihn in ein weißes Seidentuch, wenn du ihn gerade nicht brauchst.

Fulgurit

- **Farbe** *Von Weiß bis Dunkelbraun*
- **Beschaffenheit** *Schwamm-ähnliche Oberfläche*
- **Vorkommen** *Erhältlich in speziellen Geschäften*
- **Fundort** *Sahara, an einigen Stränden in Florida*
- **Engel** *Erzengel Sandalphon*

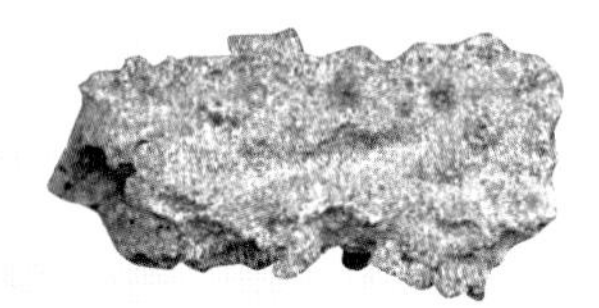

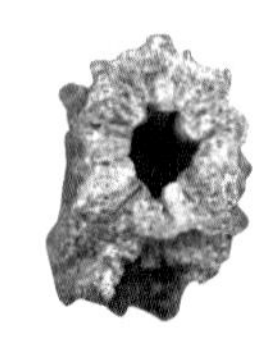

Fulgurit in natürlicher Form

Attribute: Fulgurit ist eine einzigartige Kristallformation, da sie entsteht, wenn ein Blitz in Sand einschlägt. Meist ist der Fulgurit röhrenförmig, da der Sand im Zentrum des Einschlags komplett verdampft und die Bodenpartikel um den Einschlag herum schmelzen. Später erhärtet sich das geschmolzene Material, und ein Fulgurit entsteht. Er schwingt mit der Energie des Blitzes und gehört somit zu den Kristallformationen mit der höchsten Schwingungsrate überhaupt. Der Fulgurit wirkt beschleunigend, da er die Energie eines Sturms in sich trägt, und wird für eine zügige spirituelle Umwandlung benutzt. Legenden behaupten, einige Schamanen hätten den Fulgurit eingesetzt, um ihre Gebete zur Göttlichen Energie hinaufzuschicken.

Psychologischer Einfluss: Sorgt für deine Konzentration und erdet die Kraft, die für Gebete und Rituale im Zusammenhang mit dem Engelreich gebraucht wird. Er wirkt wie ein Blitz und ist ein Katalysator für Veränderungen. Er öffnet das Dritte Auge und wird gebraucht, um andere Realitäten und Dimensionen zu erforschen. Auch ist der Fulgurit hilfreich bei der Aktivierung der *Kundalini*-Energie (psychische Kraft) und bei Reisen in ein früheres Leben.

Mentaler Einfluss: Dieser Stein sorgt für eine kreative Umgebung, begünstigt Manifestationen des höheren Geistes und höherer mentaler Ebenen.

Emotionaler Einfluss: Steigert die Intuition. Hilft dabei, emotionale Ausnahmezustände im Ganzen zu betrachten.

Physischer Einfluss: Lässt einen Wirbel gereinigter Energie entstehen, der die Schwingungsrate des Nutzers erhöht, und verfügt somit über die Kraft, alle physischen Beschwerden zu verbessern.

Heilkraft: Wirkt energetisierend, reinigend und erheiternd. Benutze den Fulgurit, wenn du große Fortschritte machen willst, was die Heilung deiner Psyche angeht.

Anwendung: Lege den Fulgurit in dein Erdenstern- oder Seelensternchakra. Fulgurit ist sehr zerbrechlich, verwende ihn also mit großer Vorsicht.

Aquamarin

- **Farbe** *Himmelblau oder grünlich blau*
- **Beschaffenheit** *Transluzent bis opak*
- **Vorkommen** *Überall erhältlich*
- **Fundort** *Indien, Pakistan, Brasilien, Mexiko, Afghanistan, Russland, USA*
- **Engel** *Erzengel Muriel*

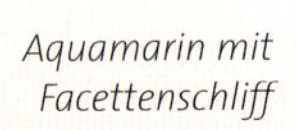

Aquamarin mit Facettenschliff

Aquamarin in natürlicher Form

Attribute: Der Aquamarin, der „Edelstein des Meeres", erhielt seinen Namen nach dem Wasser des Meeres. Legenden behaupten, er sei der Schatz der Meerjungfrauen und verfüge über die Macht, Seeleute auf hoher See zu beschützen. Im Altertum wurde angenommen, der Aquamarin schütze vor der List des Teufels. Ferner glaubten die Menschen daran, man würde neue Freunde treffen, wenn man einen Aquamarin im Traum erblickte. Er befreit von den Eindrücken und der Einflussnahme anderer.

Psychologischer Einfluss: Der Aquamarin hat eine starke Verbindung zu Menschen, die ihrerseits eine starke Verbindung zur feinstofflichen Welt haben. Er spendet Mut, indem er disharmonische und konfliktgeladene Energien beseitigt. Der Aquamarin verbessert die Kommunikation mit dem Engelreich. Er steigert die psychischen Fähigkeiten, besonders die Fähigkeit, Bilder aus der Vergangenheit und aus anderen Dimensionen zu empfangen.

Mentaler Einfluss: Beruhigt den Geist und fördert die Konzentration, was zu einer Verbesserung des Intellekts führt. Der Aquamarin steigert die Wahrnehmung, was uns dabei hilft, Verhaltensursachen zu erkennen, die wir beseitigen könnten, um im Leben weiterzukommen.

Emotionaler Einfluss: Der Aquamarin wirkt beruhigend auf die Emotionen. Er beseitigt Energieblockaden und negative Gefühle wie Ärger, Schuld, Hass, Feindseligkeit und Angst. Lindert auch Trauer und Sorge.

Physischer Einfluss: Der Aquamarin hilft bei Halsschmerzen, Drüsenschwellungen und Schilddrüsenproblemen. Er überwacht den Flüssigkeitshaushalt, lindert Abdominalbeschwerden und übt einen positiven Einfluss auf Nieren, Blase, Augen und das Immunsystem aus. Dieser Stein lindert Panikattacken, Seekrankheit und Phobien. Auch hilft er bei Heuschnupfen und allergischen Reaktionen.

Heilkraft: Beruhigend.

Anwendung: Alle Chakren. Trage den Aquamarin in Form eines Rings oder Anhängers, eingefasst in Silber oder Gold. Ergibt eine fabelhafte Edelsteinessenz und hilft dir, mit dem Strom zu schwimmen (siehe S. 283).

ENGEL UND ÄTHERISCHE ÖLE

Der Gebrauch von Düften bei der Kontaktaufnahme mit Engeln

Eines der wirksamsten Hilfsmittel zur Kontaktaufnahme mit Engeln ist der Einsatz schöner Düfte, besonders in Form von ätherischen Ölen, die sich positiv auf die Stimmung auswirken. Seit einiger Zeit ist ein gesteigertes Interesse an Aromatherapien und deren wohltuender Wirkung zu beobachten. Schon unsere Vorfahren waren sich der Wirkung ätherischer Öle bewusst – diese

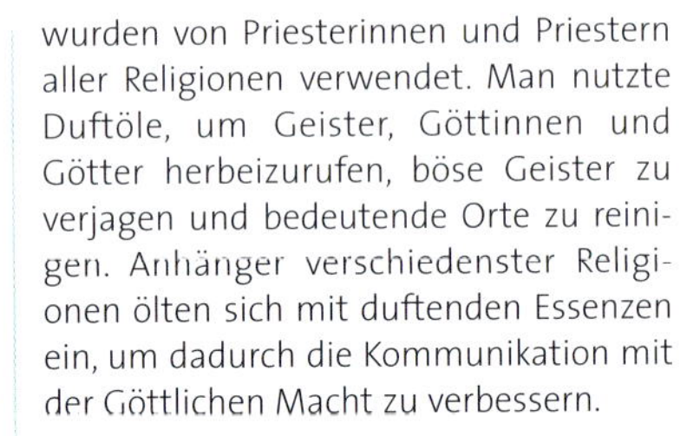

wurden von Priesterinnen und Priestern aller Religionen verwendet. Man nutzte Duftöle, um Geister, Göttinnen und Götter herbeizurufen, böse Geister zu verjagen und bedeutende Orte zu reinigen. Anhänger verschiedenster Religionen ölten sich mit duftenden Essenzen ein, um dadurch die Kommunikation mit der Göttlichen Macht zu verbessern.

Ätherische Öle Ätherische Öle sind hochkonzentrierte, aus der Natur stammende, wohlriechende Substanzen, die aus den verschiedensten Pflanzen hergestellt werden. Diese Öle sind Destillate der unterschiedlichsten Pflanzen. Einige werden aus Blüten hergestellt, andere aus Früchten, Samen, Halmen, Rinden, Zweigen, Wurzeln, Bäumen, Harzen oder Gräsern.

Der Gebrauch von Düften während eines Rituals stellt eine große Hilfe für die spirituelle Entwicklung und die Kontaktaufnahme mit den Engeln dar.

Viele ätherische Öle werden aus Blüten destilliert – somit verkörpern sie die Seele der jeweiligen Pflanze.

Neroliöl macht man beispielsweise aus Blumen, Ingweröl entsteht aus der Wurzel der Pflanze und Patchouliöl wird aus Blättern destilliert. Ätherische Öle stellt man praktisch in jedem Land der Welt her.

Der Duft ist eine subtile ätherische Form der Kommunikation, der unser Bewusstsein verstärkt, da in ihm die Seele der Pflanze schlummert. Wenn wir uns auf unseren Geruchssinn konzentrieren, kommunizieren die Pflanzen auf einer tiefen, instinktiven Ebene mit uns. Unsere Geruchsrezeptoren befinden sich im ältesten Teil unseres Gehirns, der intuitiv reagiert und nicht bewusst gesteuert wird.

Es gibt viele Arten, ätherische Öle für Körper, Geist und Seele zu verwenden. Ebenso gibt es verschiedene Möglichkeiten, ätherische Öle im Körper aufzunehmen. Eine der effektivsten Methoden ist die Aufnahme über die Haut. Ätherische Öle sind wohlriechende, hochkonzentrierte Substanzen. Bewahre sie stets an einem kühlen, dunklen Ort auf und achte darauf, dass die Fläschchen immer gut verschlossen sind, damit nichts verdunstet.

Basisöle und Sicherheitsrichtlinien

Aromatherapeuten nutzen eine große Auswahl von Basis- oder Trägerölen, denen sie ätherische Öle hinzufügen. Die folgenden Basisöle können direkt auf die Haut aufgetragen werden und sind als Basis für die Herstellung von Massageölen, Badeölen und Parfums bekannt: süßes Mandelöl, Kokosnussöl, Aprikosenkernöl, Traubenkernöl, Distelöl, Weizenkeimöl, Jojobaöl, Avocadoöl, Sonnenblumenöl und Nachtkerzenöl. Süßes Mandelöl ist genauso leicht zu bekommen wie Sonnenblumen- und Distelöl. In Indien wird süßes Mandelöl benutzt, um die intellektuellen Fähigkeiten einer Person zu steigern.

Wenn du dich für ein Basisöl entscheidest, solltest du stets darauf achten, biologische Öle zu kaufen oder zumindest ein Öl, das dir rein erscheint. Süße Mandelöle, Kokosnuss-, Aprikosenkern- und Traubenkernöle sind leichte Öle und ziehen aufgrund ihrer Zusammensetzung schnell in die Haut ein. Andere Öle, wie Weizenkeim-, Avocado- und Jojobaöle sind eher reichhaltig und haben eine festere Konsistenz.

Sicherheit Reine ätherische Öle sind hochkonzentrierte Substanzen und müssen mit Vorsicht behandelt werden. Im Folgenden sind einige Sicherheitsrichtlinien aufgelistet, die bei der Arbeit mit ätherischen Ölen eingehalten werden sollten. Wenn du dich dafür interessierst, wie bestimmte Öle anzuwenden sind oder du dir bei einem Öl nicht sicher sein solltest, nimm dir eines der vielen seriösen Bücher zu diesem Thema zur Hand. Diese listen stets alle Charakteristika eines bestimmten Öls auf und weisen bei besonders starken Ölen auf mögliche Nebenwirkungen hin.

- Ätherische Öle dürfen niemals getrunken werden.
- Trage ätherische Öle nie unverdünnt auf die Haut auf.
- Bewahre die Öle außerhalb der Reichweite von Kindern und Haustieren auf. Konsultiere einen Arzt, bevor du Kinder mit ätherischen Ölen behandelst.
- Wenn du ätherische Öle als Badezusatz verwenden willst, verdünne sie erst mit etwas Basisöl.

- Solltest du schwanger sein oder unter Epilepsie, erhöhtem / niedrigem Blutdruck oder ähnlichen Beschwerden leiden, konsultiere einen Arzt, bevor du mit der Behandlung beginnst.
- Trage die Öle niemals im Bereich der Augen auf.
- Nach der Behandlung mit bestimmten Ölen (speziell bei Zitrusölen) solltest du darauf achten, dass die behandelten Hautstellen für einige Zeit keinem direkten Sonnenlicht ausgesetzt werden.
- Vermeide die vermehrte Anwendung ätherischer Öle, da ein zu häufiger Gebrauch über längere Zeit zu Sensibilisierung, Übelkeit und Kopfschmerzen führen kann.
- Einige Öle können bei manchen Menschen Hautreizungen oder Abwehrreaktionen hervorrufen. Sollte dies geschehen, ist der Gebrauch des betreffenden Öls sofort einzustellen.
- Nach einer entspannenden Ölbehandlung, besonders nach der Verwendung von schlaffördernden Ölen, solltest du weder schwere Maschinen bedienen noch Auto fahren.
- Halte die Öle stets von polierten Oberflächen, Plastik und offenem Feuer oder anderen Zündquellen fern.

Bei der Herstellung eigener Parfums und Öle ist eine Auswahl an Fläschchen und Tropfflaschen hilfreich.

Massagen, Bäder und Inhalationen

Es gibt viele Möglichkeiten, ätherische Öle für das Wohlbefinden von Körper, Geist und Seele zu verwenden. Die benötigten Mengen für die Anwendungen mögen winzig erscheinen, und manchmal nimmt man das Aroma der Substanzen kaum wahr, aber dennoch ist der Effekt der Behandlung spürbar. Unsere Geruchsrezeptoren gewöhnen sich sehr schnell an den Duft. Deshalb kann es uns so vorkommen, als sei er nicht länger vorhanden.

Massage Eine der gängigsten Methoden unter Aromatherapeuten ist eine Massage mit ätherischen Ölen, da diese den physischen Körper entspannt und sowohl Stress als auch Verspannungen abbaut. Der Duft wirkt direkt auf die tieferen Schichten der Emotionen, während die Haut die therapeutischen Elemente des Öls aufnimmt.

Ein Massageöl kannst du leicht selbst herstellen: Mische 5 Tropfen eines ätherischen Öls mit einem Esslöffel Basisöl, wie zum Beispiel Mandel-, Aprikosenkern-, Traubenkern-, Soja- oder Sonnenblumenöl. Wenn du für deine Mischung mehr als ein ätherisches Öl verwenden möchtest, mische diese zuerst untereinander, bevor du sie zum Basisöl hinzufügst und wähle dementsprechend die Anzahl der Tropfen. Es ist zu emp-

Man verwendet ätherische Öle bei Massagen, um den physischen Körper zu entspannen und eine Entgiftung anzuregen.

fehlen, das Öl etwa 24 Stunden vor der geplanten Massage an einer verdeckten Hautstelle auf seine Verträglichkeit zu testen, besonders wenn du zu Allergien neigst (beachte hierzu die Sicherheitsrichtlinien bei der Verwendung von ätherischen Ölen auf den Seiten 338-339).

Bäder Ein Bad mit ätherischen Ölen ist eine altbewährte Methode zur persönlichen Reinigung. Es berührt die Sinne und fördert die Einstimmung auf subtile Energien. Mixe 8 Tropfen eines ätherischen Öls mit 1 Esslöffel Basisöl und gebe diese Mischung in ein Vollbad. Verteile die Mischung gut im Wasser. Denke daran, die Badezimmertür zu schließen, damit du den Duft möglichst lange genießen kannst. Bleibe mindestens 15 Minuten im Wasser, atme die ätherischen Dämpfe tief ein und entspanne dich. Manche ätherischen Öle sollten allerdings nicht zum Baden verwendet werden, darunter Ingwer-, Thymian-, Pfefferminz-, Eukalyptus-, Basilikum-, Zimt- und Nelkenöl.

Auch beim Duschen lassen sich ätherische Öle verwenden. Dusche dich normal ab, träufle dann 2 Tropfen ätherisches Öl auf einen Schwamm und trage das Öl unter fließendem Wasser auf den Körper auf. Atme dabei tief durch die Nase ein.

Inhalation Einige ätherische Öle können in Form von Dampf inhaliert werden. Gieße dafür heißes Wasser in eine Schüssel und füge 2 Tropfen ätherisches Öl hinzu. Halte dein Gesicht im Abstand von etwa 25 cm über die Schüssel, bedecke deinen Kopf mit einem Handtuch, schließe die Augen und atme die Dämpfe tief durch die Nase ein. Die Inhalation sollte nicht viel länger als zwei Minuten dauern.

Füge deinem Badewasser eine Mischung aus ätherischen Ölen hinzu. Eine Kombination aus Kamille und Lavendel beispielsweise sorgt für einen tiefen, erholsamen Schlaf.

Düfte im Raum verteilen

Um Duftmoleküle in die Atmosphäre abzugeben gibt es verschiedenste Möglichkeiten. Duftlampen aus Ton z. B.; man kann allerdings mit Wasserschalen, Kerzen und Heizkörpern denselben Effekt erzeugen.

Duftlampen (aus Ton oder anderen Materialien) haben eine Schale, deren Inhalt durch Strom oder eine Kerzenflamme erhitzt wird. Platziere sie in dem Raum, in dem du den Duft verteilen möchtest. Fülle die Schale mit Wasser, bevor du 6 Tropfen ätherisches Öl hineingibst. Stelle das Gerät an oder entzünde die Kerze unter der Schale. Achtung: Kerzen niemals unbeaufsichtigt brennen lassen.

Wasserschale Sorge dafür, dass alle Fenster und Türen geschlossen sind. Fülle nun heißes Wasser in eine hitzebeständige Schale, füge bis zu 8 Tropfen ätherischen Öls hinzu und warte etwa 10 Minuten, bis die Atmosphäre des Raums sich mit dem Duft des Öls vermischt hat.

Kerzen Entzünde eine Kerze und warte, bis das Wachs in der Mitte geschmolzen ist. Lösche die Flamme und gib 2 Tropfen ätherisches Öl auf das angeschmolzene Wachs. Nun zünde die Kerze wieder an.

Ätherische Öle können mithilfe von Öllampen, Kerzen, Wasserschalen und Glühbirnen verdampft werden.

Glühbirnen Es gibt auch spezielle Ringe aus Metall oder Ton, die für die Anwendung in Verbindung mit Glühbirnen konzipiert wurden (für Tischlampen oder Nachttischlampen). Die Ringe sind ausgehöhlt und werden mit dem ätherischen Öl gefüllt. Platziere den Ring oberhalb der ausgeschalteten Glühbirne, gib dann 5 Tropfen ätherisches Öl hinzu. Schalte die Lampe ein, um den Duft im Raum zu verteilen.

Blumen Wenn du Seidenblumen, Papierblumen oder getrocknete Blumen zur Hand hast, gib je einen Tropfen Öl auf jede Blume. Einige Öle sind fast durchsichtig, andere haben eine starke Färbung, also entscheide dich für ein Öl, das die Farbe deiner Blumen nicht beeinträchtigt.

Holzscheite und Heizkörper Benutze pro Holzscheit 1 Tropfen ätherisches Öl. Träufle das Öl etwa eine Stunde bevor du ein Feuer machen möchtest auf das Holz. Wenn du keinen Kamin hast, gibst du bis zu 8 Tropfen ätherisches Öl auf ein Wollknäuel oder ähnliches und legst es auf die Heizung. Du kannst das Öl auch mit Wasser vermischen, das Ganze in einen Luftbefeuchter füllen und diesen an den Heizkörper hängen.

Raumsprays Dies ist eine wunderbare Methode für die Nutzung ätherischer Öle, da dein geheiligter Ort auf rasche Weise gereinigt und gesegnet wird. Gib 5 Tropfen ätherisches Öl in einen 50 ml fassenden Zerstäuber und fülle ihn mit Wasser auf. Schüttle die Flasche vor jedem Benutzen sorgfältig, damit sich Öl und Wasser vermischen. Versprühe das Gemisch im Raum. Achte darauf, dass das Spray keine polierten Oberflächen oder empfindlichen Materialien, wie zum Beispiel Samt oder Seide, benetzt.

Gib 2 Tropfen eines ätherischen Öls auf das geschmolzene Wachs einer Kerze und entzünde die Kerze danach erneut.

Duftendes im Haushalt

Ätherische Öle können auch verschiedene Objekte im Raum mit einem dezenten Duft versehen. Der Geruch breitet sich aus und verleiht dem Raum eine wunderbare, heilkräftige Atmosphäre. Kissen, Kleidung, Bettwäsche und Taschentücher lassen sich alle mit ätherischen Ölen behandeln.

Kissen Ein paar Tropfen ätherischen Öls kannst du direkt auf einige deiner Kissen träufeln. Dies ist besonders hilfreich, wenn du von Engeln inspirierte Träume durchleben möchtest oder wenn du die Kissen in deinem Therapie- oder Meditationsraum aufbewahrst, um die Anrufung der Engel zu erleichtern. Einige Öle hinterlassen allerdings Flecken auf Textilien – gib sie deshalb auf ein Stück Stoff oder Wolle und lege dieses zwischen Kissen und Kissenbezug.

Kleidung Ein Tropfen ätherischen Öls kann auch direkt auf die Kleidung gegeben werden; versuche es am Kragen, damit du das Aroma leicht einatmen kannst, oder am Saum deines Kostüms bzw. Jacketts, damit der Duft durch deine Bewegungen freigesetzt wird. Eine weitere Möglichkeit besteht darin, 1 Tropfen ätherischen Öls auf ein Taschentuch zu träufeln und den Duft je nach Bedarf einzuatmen.

Lotionen und Blütenwasser Besorge dir eine reine und parfümfreie Creme oder Lotion und gib ein paar Tropfen ätherisches Öl hinein.

Blütenwasser hilft dabei, einen magischen Raum vor einem Ritual oder einer Meditation zu reinigen und zu weihen. Es kann auch verwendet werden, um geheiligte Objekte und Kerzen zu segnen und zählt zu den ältesten Hautpflegemitteln. Rose, Lavendel, Neroli und Jasmin sind für die Hautpflege besonders geeignet und werden oft auch für Parfums verwendet. Obwohl sich Öl in Wasser nicht löst, werden während des Mischvorgangs Energie und Duft des Öls auf das Wasser übertragen. Mische 30 Tropfen ätherisches Öl mit 100 ml reinem Wasser. Lasse die Mischung einige Tage an einem kalten, dunklen Ort ziehen.

Gieße das Gemisch dann durch einen Kaffeefilter. Anschließend kannst du es in einem Zerstäuber als Parfum oder Raumspray benutzen.

Das älteste und traditionellste Anwendungsgebiet von ätherischem Öl ist die Weihung von Personen, Räumen oder Gegenständen. Verdünne es zu diesem Zweck nach dem gleichen Prinzip wie bei der Herstellung von Bade- oder Massageöl. Nutze das hergestellte Gemisch als Parfum oder als Schutz vor schädlichen Einflüssen. Du kannst es auch auf geheiligte Gegenstände wie Kerzen oder Kristalle auftragen.

Setze Düfte ein, um die Kontaktaufnahme mit Engeln zu erleichtern. Gib zum Beispiel ätherisches Öl auf deine Bettwäsche, um von Engeln inspirierte Träume zu erleben

Ätherische Öle zur Behandlung spezifischer Beschwerden

Bestimmte Beschwerden sprechen auf die Behandlung mit ätherischen Ölen an. Auf den folgenden Seiten findest du eine Auflistung von Ölen zur Anwendung bei spezifischen Problemen oder Situationen. Diese Liste ist flexibel und erweiterungsfähig.

Die Zusammensetzung ätherischer Öle ist sehr kompliziert: Im Durchschnitt besteht ein ätherisches Öl nämlich aus über 100 Komponenten, wie Estern, Aldehydverbindungen, Ketonen, Phenolen, Terpenen und Alkohol. Suche dir eines der Öle aus der Liste aus oder stelle in Verbindung mit einem Basisöl deine eigene Mischung her. Indem du mehrere Öle miteinander kombinierst, kannst du deinen eigenen Duft kreieren.

Mithilfe eines Pendels kannst du aus einer der Listen das Öl auspendeln, welches für dich und deine momentane Lebenssituation am ehesten in Frage kommt. Wenn du in einen Laden gehst, um dir neue Öle zu kaufen, vertraue deiner Nase und wähle diejenigen aus, die dir gefallen. Achte aber darauf, nur reine ätherische Öle zu kaufen.

Einige Öle sind unter verschiedenen Überschriften aufgelistet, da sie mehr als eine Funktion erfüllen. Zum Beispiel sorgt Zitrone für Ausgeglichenheit, da sie direkt auf das Nervensystem wirkt. Entsprechend deiner Bedürfnisse kann das Öl stimulierend oder entspannend wirken.

__Zitrone__ sorgt für Ausgeglichenheit, wirkt positiv auf den Intellekt und hilft beim Lernen und Kommunizieren.

Muskatellersalbei *hilft beim Meditieren, indem es innere Konflikte beseitigt.*

Kamille *öffnet die höheren Chakren, unterstützt die Meditation und sorgt für einen erholsamen Schlaf.*

Wenn du Öle für Meditationen, die Hellseherei oder die Traumarbeit verwenden möchtest, achte darauf, stets dasselbe Öl oder dieselbe Ölmischung für den jeweiligen Zweck zu verwenden, da deinem Unterbewusstsein durch den gewohnten Geruch signalisiert wird, dass du nun in einen anderen Bewusstseinszustand übergehst.

Heilung – Erzengel Raphael Nutze ein Öl mit einem der folgenden ätherischen Inhaltsstoffe, um dein Herzchakra zu öffnen und die Engel der Heilung, der Verjüngung, der Regeneration und Erneuerung herbeizurufen:
Gewürznelke • Kamille • Lavendel • Mimose • Minze • Nelke • Neroli • Palmarosa • Piment • Pinie • Rose • Sandelholz • Thymian • Wacholder • Zitrone

Meditation – Erzengel Tzaphkiel Um dein Kronenchakra und dein Drittes Auge zu öffnen und um die Engel der Meditation, Kontemplation, Reflexion, Einsicht und Selbstanalyse herbeizurufen, nutze ein Öl mit einem der nachfolgend aufgelisteten ätherischen Wirkstoffe:
Fenchel • Lavendel • Lindenblüten • Muskatellersalbei • Veilchenblüten • Weihrauch

Spirituelles Wissen – Erzengel Zadkiel Um die höheren Chakrazentren zu öffnen und den Beistand der Engel des spirituellen Wissens, der Weisheit, der Einsicht und des göttlichen Verständnisses zu erhalten, solltest du ein Öl mit einem der folgenden Inhaltsstoffe wählen:
Benzoe • Kamille • Karottensamen • Lindenblüten • Muskatellersalbei • Myrrhe • Rosenholz • Rosmarin • Salbei • Sandelholz • Weihrauch • Zypresse

***Jasmin** verfügt über ein exquisites Aroma, das unser Bewusstsein für die Reiche des Himmels öffnet.*

*Die **Narzisse** wird für die Inspiration, prophetische Träume und Trance benutzt.*

Visionen – Erzengel Raziel Um dein Drittes Auge zu reinigen, die Geheimnisse des Universums zu erkunden und die Engel der spirituellen Visionen, der Prophezeiung und der Offenbarung herbeizurufen, nutze ein Öl mit einem der folgenden Inhaltsstoffe:
Benzoe • Galbanum • Jasmin • Karottensamen • Limette • Lorbeer • Mimose • Myrrhe • Narzisse • Neroli • Rose • Rosenholz • Salbei • Sandelholz • Tuberose • Zimt • Zitronenverbene

Von Engeln inspirierte Träume – Erzengel Gabriel Die Öle mit einem der folgenden ätherischen Wirkstoffe schwingen auf einer hohen Frequenz und rufen die Engel des Schicksals herbei, die dein Bewusstsein auf Reisen schicken, während du schläfst. Sie bringen dir inspirierende Träume und Führung:
Angelikasamen • Basilikum • Benzoe • Dillsamen • Elemi • Koriander • Lindenblüten • Lorbeer • Melisse • Mimose • Minze • Muskatellersalbei • Myrrhe • Narzisse • Neroli • Ravensara • Rose • Sternanis • Strohblume • Zimt • Zitronenverbene

Kommunikation mit Engeln – Erzengel Haniel Um über längere Zeit die Inspiration der Engel zu erhalten und deine Kommunikationsfähigkeit durch die Reinigung deines Kehlchakras zu verbessern, nutze ein Öl mit einem der folgenden Inhaltsstoffe:
Grapefrucht • Kamille • Lindenblüten • Lorbeer • Myrrhe • Nelke • Neroli • Orange • Rose • Sandelholz • Tangerine • Zitrone

Hellsicht – Erzengel Raziel Wenn du dir einen leichteren Zugang zu göttlicher Führung wünschst und höhere Bewusstseinsebenen leichter erreichen möchtest, was zur Stärkung deiner hellseherischen Fähigkeiten beiträgt und dich auf eine höhere spirituelle Ebene bringt, solltest du ein Öl mit einem der folgenden Wirkstoffe benutzen:
Angelikasamen • Benzoe • Galbanum • Gewürznelke • Karottensamen • Lindenblüten • Lorbeer • Mimose • Muskatellersalbei • Myrrhe • Narzisse • Pfefferminze • Rosenholz • Salbei • Sandelholz • Tuberose • Weihrauch • Zimt • Zitronenverbene

Das Innere Kind – Erzengel Chamuel Diese Öle rufen diejenigen Engel zu uns, die uns helfen, unsere Beziehungen zu stärken, zu heilen und zu lösen. Diese liebevollen Engel stellen die Verbindung zu unserem Inneren Kind wieder her, um uns Heilung, Vergebung und Wohlgefühl zu bringen. Sie helfen uns dabei, vergangene Erfahrungen des Missbrauchs, des Verlusts und der Ablehnung zu verarbeiten. Ätherische Inhaltsstoffe:
Benzoe • Geranie • Hyazinthe • Kamille • Lavendel • Mandarine • Melisse • Neroli • Rose • Weihrauch

***Myrrhe** gehört zu den heiligsten Pflanzen und wird zur Reinigung und zur Bewältigung der Vergangenheit benutzt.*

***Geranien** wirken ausgleichend auf die Emotionen und machen es den Engeln der Liebe einfacher, uns näherzukommen.*

Übergang – Erzengel Metatron Schon immer haben die Menschen Räucherwerk verbrannt, um Sterbenden den Übergang zum Tod zu erleichtern. Man glaubte, die schönen Gerüche würden die Engel herbeirufen, und der Rauch des Räucherwerks bzw. der geheiligten Kräuter würde die Seele ins Himmelreich tragen. Wähle ein Öl mit einem der folgenden Inhaltsstoffe, um die Engel des Aufstiegs unter dem Befehl des Erzengels Metatron herbeizurufen. Sie mögen die Seelen schnell in die göttlichen Sphären bringen, ihnen helfen, sich von der physischen Welt zu lösen und ihnen einen friedvollen Übergang gewähren:

Benzoe • Geranie • Jasmin • Kamille • Lavendel • Lindenblüten • Mandarine • Neroli • Patchouli • Rose • Sandelholz • Vetivergras • Wacholder • Weihrauch • Zedernholz • Zypresse

Einsamkeit – Erzengel Jophiel Depressionen, Einsamkeit, Kummer und Melancholie können uns während unseres ganzen Lebens heimsuchen. Oft werden sie durch Einflüsse von außen ausgelöst, zum Beispiel durch einen Trauerfall, einen Verlust des Arbeitsplatzes oder das Ende einer Beziehung. Dieser Zustand kann Tage, Wochen, Monate und sogar Jahre anhalten. Bei depressiven Verstimmungen sollte man auf jeden Fall einen Arzt aufsuchen, da dies auch hormonelle Ursachen haben kann. Öle mit folgenden Wirkstoffen reinigen Körper, Geist und Seele und rufen die Engel der Erleuchtung, des Sonnenscheins und der Freude herbei:

Benzoe • Bergamotte • Helichrysum • Kamille • Narzisse • Neroli • Zitrone

***Wacholder** wird zum Zwecke der Reinigung, des Schutzes und zur Abwehr negativer Energien benutzt. Er hilft bei der Verarbeitung eines Traumas.*

***Bergamotte** hebt die Stimmung, baut das Selbstbewusstsein auf und befreit den Geist.*

Reinigung – Erzengel Zadkiel Durch die Umwandlung von negativer in positive Energie werden Körper und Aura gereinigt. Rufe dazu den Erzengel Zadkiel herbei, den Hüter der Violetten Flamme. Lavendelöl hilft besonders gut dabei, negative Emotionen wie Ärger, Hass, Feindseligkeit oder Verbitterung zu vertreiben und Schäden in der Aura zu reparieren. Negative Emotionen senken deine Schwingungsrate und ziehen negative Energien an wie ein Magnet. Nutze ein Öl mit einem der folgenden Wirkstoffe:
Baldrian • Basilikum • Cajeput • Eisenkraut • Eukalyptus • Galbanum • Kampfer • Lavendel • Limone • Lorbeer • Melisse • Mimose • Minze • Muskatellersalbei • Myrrhe • Neroli • Niaouli • Pfefferminze • Pinie • Rose • Rosmarin • Salbei • Sandelholz • Spikenard • Teebaum • Thymian • Wacholder • Weihrauch • Ysop • Zedernholz • Zitrone • Zitronell • Zitronengras • Zypresse

Weihe – Erzengel Zadkiel Rufe den Erzengel Zadkiel herbei, um einen Ort für die Meditation, für Rituale, für die Traumarbeit oder um heilige Objekte zu weihen. Wähle hierzu ein Öl mit einem der folgenden Inhaltsstoffe:
Basilikum • Eisenkraut • Fenchel • Lavendel • Niaouli • Pfefferminze • Pinie • Rosmarin • Salbei • Sternanis • Weihrauch • Ysop • Zedernholz • Zitronenmelisse

__Eukalyptus__ wird bei Ritualen der Heilung verwendet, wenn negative Energien vertrieben werden müssen.

__Sternanis__ findet Verwendung bei Weihen und Reinigungsritualen.

Schutz – Erzengel Michael Rufe den Erzengel Michael und seine himmlischen Legionen an, wenn du Schutz, Sicherheit und Kräftigung benötigst, wenn du Hindernisse und Ängste überwinden musst oder auch, wenn Selbstzweifel an dir nagen. Nutze dafür ein Öl mit einem der hier aufgeführten Wirkstoffe:
Anis • Baldrian • Cajeput • Eichenmoos • Elemi • Fenchel • Geranie • Gewürznelke • Galbanum • Ingwer • Kreuzkümmel • Lavendel • Limone • Melisse • Mimose • Muskatellersalbei • Myrrhe • Nelke • Niaouli • Palmarosa • Piment • Pinie • Rosmarin • Salbei • Schafgarbe • Schwarzer Pfeffer • Spikenard • Sternanis • Teebaum • Thymian • Vetivergras • Wacholder • Weihrauch • Ysop

Zentrieren – Erzengel Jophiel Er hilft uns dabei, uns zu zentrieren, sorgt für Ausgeglichenheit, stellt Harmonie und das innere Licht wieder her. Wähle ein Öl mit einem der folgenden Inhaltsstoffe, um mit dem Erzengel Jophiel Kontakt aufzunehmen:
Amyris • Geranie • Grapefrucht • Lavendel • Mandarine • Orange • Rosenholz • Ylang-Ylang • Zedernholz • Zitrone

Zielstrebigkeit – Erzengel Jophiel Nutze ein Öl mit einem der folgenden Wirkstoffe, um deine Zielstrebigkeit zu verbessern, deinen Gedanken Klarheit zu bringen und deinem Gedächtnis auf die Sprünge zu helfen:
Basilikum • Cajeput • Eichenmoos • Fenchel • Mandarine • Minze • Neroli • Orange • Palmarosa • Rosmarin • Spikenard • Teebaum • Wacholder • Weihrauch • Zedernholz

Ysop *wird für den Schutz und die Weihung von rituellen Objekten und Plätzen benötigt. Nicht während der Schwangerschaft anwenden!*

Lavendel *unterstützt bei der Meditation, sorgt für Schutz und hilft dabei, Schäden in der Aura zu reparieren.*

Pfefferminze vertreibt negative Gedankenmuster und reinigt rituelle Objekte und geheiligte Plätze.

Hyazinthen kommen zum Einsatz, um inneren Frieden zu bringen und helfen dabei, zwanghafte Verhaltensmuster abzulegen.

Negativität vertreiben – Erzengel Michael Um Negativität zu vertreiben und gegen Anspannung, Phobien und Sorgen vorzugehen, nutze ein Öl mit einem der folgenden Wirkstoffe:
Bergamotte • Eukalyptus • Kamille • Kampfer • Lavendel • Limette • Majoran • Mandarine • Neroli • Pfefferminze • Rose • Salbei • Sandelholz • Ylang-Ylang • Ysop

Innerer Frieden – Erzengel Uriel Um deinen inneren Frieden wiederzuerlangen, eine Harmonie der Seele zu erreichen und den Weg zurück in die Realität zu finden, wähle ein Öl mit einem der unten aufgeführten Inhaltsstoffe. Der Erzengel Uriel wird schnell darauf antworten:
Hyazinthe • Kamille • Lavendel • Mandarine • Melisse • Myrte • Nelke • Neroli • Petitgrain • Rose • Sandelholz

Zuversicht – Erzengel Jophiel Wenn du Selbstvertrauen, Selbstbewusstsein und eine Steigerung deiner persönlichen Kreativität benötigst, rufe den Erzengel Jophiel herbei und nutze dafür ein Öl mit einem der folgenden Inhaltsstoffe:
Basilikum • Bergamotte • Grapefrucht • Jasmin • Kamille • Limette • Litsea-Cubeba • Mandarine • Orange • Rosmarin • Ylang-Ylang • Zitrone

Mut – Erzengel Uriel Rufe den Erzengel Uriel herbei, wenn du Mut, Stärke, Ausdauer und Durchhaltevermögen benötigst und auch, wenn du irrationale Angstzustände, Paranoia oder Panikattacken bekämpfen willst. Wähle ein Öl mit einem der folgenden Inhaltsstoffe, um den Erzengel Uriel herbeizurufen und dein Wurzelchakra zu stimulieren:
Basilikum • Fenchel • Gewürznelke • Grapefrucht • Ingwer • Majoran • Nelke • Ravensara • Schafgarbe • Schwarzer Pfeffer • Thymian • Weihrauch

Aphrodisiakum – Erzengel Chamuel Ätherische Öle mit den unten aufgeführten Wirkstoffen gelten als aphrodisierend und steigern die Sinnlichkeit. Rufe den Erzengel Chamuel herbei, damit er dir bei deinen Beziehungen hilft; außerdem steigert er deine Wahrnehmung für die Kundalini-Energie. In tantrischen Ritualen wird traditionell Jasmin verwendet:
Ingwer • Jasmin • Kardamon • Karottensamen • Kreuzkümmel • Patchouli • Rose • Tuberose • Vanille • Ylang-Ylang

Majoran *wird benutzt, um das Herzchakra zu öffnen und Furcht zu bekämpfen. Auch bringt er Glück.*

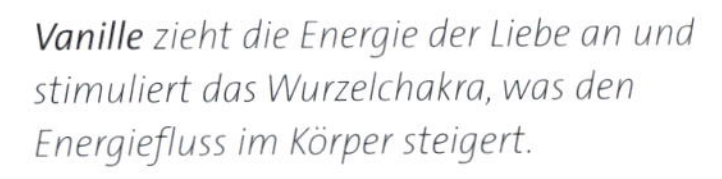

Vanille *zieht die Energie der Liebe an und stimuliert das Wurzelchakra, was den Energiefluss im Körper steigert.*

Gewinne Liebe, Freude, Fröhlichkeit oder einen Seelenverwandten – Erzengel Chamuel Rufe den Erzengel Chamuel herbei, um dein Herzchakra zu öffnen und zu heilen und Liebe in dein Leben zu lassen. Er hilft dir dabei, in deinem Leben glückliche Beziehungen voller Liebe aufzubauen und vielleicht sogar deinen Seelenverwandten zu finden. Benutze ein Öl mit einem der folgenden Wirkstoffe, damit dich der Erzengel Chamuel bei deinen Vorhaben unterstützt:

Gewürznelke • Jasmin • Koriander • Lindenblüten • Mimose • Myrte • Orange • Palmarosa • Rose • Schafgarbe • Vanille • Ylang-Ylang • Zimt

Glück – Erzengel Jophiel Einige Menschen ziehen das Glück magisch an. Oft haben sie ein Gefühl für den Erfolg entwickelt. Um diesen Zustand ebenfalls zu erreichen, rufe den Erzengel Jophiel herbei, indem du ein Öl herstellst, das zwei bis drei der hier aufgeführten Inhaltsstoffe enthält. Es löst Energieblockaden im Wurzel-, im Sakral- und im Nabelchakra.

Eichenmoos • Gewürznelke • Kreuzkümmel • Melisse • Myrte • Piment • Pinie • Sandelholz • Spikenard • Vetivergras • Zimt

***Schafgarbe** vertreibt negative Energien, stärkt die Kräfte der Liebe, Freundschaft und Psyche.*

***Zimt** stimuliert die mentalen Fähigkeiten und hilft bei der Konzentration.*

ENGEL UND ASTROLOGIE

Planetarische Engel

Die sieben Himmelskörper unseres Sonnensystems, die den Menschen schon zu Zeiten des Römischen Imperiums bekannt waren, wurden je einem archetypischen Energiewesen zugeordnet ebenso wie die Wochentage.

Im von den Mauren besetzten Teil Spaniens entstand im 12. Jahrhundert durch die interkulturellen Einflüsse christlichen, arabischen und jüdischen Gedankenguts ein neues Goldenes Zeitalter, das das Ende des Mittelalters einläutete. Aus Spanien stammen auch die ersten Dokumentationen über planetarische Engel.

Dieser Glaube wurde jedoch von den Puritanern im Europa des 16. Jahrhunderts verdammt. Die Synthese aus Astrologie, Religion, Mystik und alchemistischer Magie tauchte allerdings in späteren Zeiten wieder auf. Als weitere Planeten entdeckt wurden – Uranus, Neptun und Pluto – ordnete man auch ihnen Engel zu.

In alten Zeiten wurden die damals sieben bekannten Himmelskörper als himmlische Wesen oder Gottheiten betrachtet.

Jeder der sieben schon im Altertum bekannten Himmelskörper ist einem Engel zugeordnet, der die Träume und Hoffnungen der Menschheit manifestieren soll.

Die Himmelskörper und ihre Engel

Himmelskörper	Engel	Himmelskörper	Engel
Sonne	Erzengel Michael	Venus	Erzengel Hagiel
Mond	Erzengel Gabriel	Saturn	Erzengel Cassiel
Mars	Erzengel Camael	Uranus	Uriel
Merkur	Erzengel Raphael	Pluto	Azrael
Jupiter	Erzengel Zadkiel	Neptun	Asariel

Die Engel des Tierkreises

Die planetarischen Engel herrschen auch über den Tierkreis: 12 astrologische Zeichen werden den 12 bekannten Sternenkonstellationen zugeordnet. Die Engel des Tierkreises können dir dabei helfen, dein Geburtshoroskop und deine Persönlichkeit zu verstehen. Wenn du dein Geburtsbild kennst, kannst du auch mit anderen Engeln arbeiten: mit den Engeln, die deinem Mondzeichen zugeordnet sind oder deinem Wesensengel zum Beispiel.

Engel des Tierkreises

Zeichen	*Engel*	*Eigenschaften*
Widder	*Camael*	*durchsetzungsfähig und selbstsicher*
Stier	*Hagiel*	*zuverlässig und pragmatisch*
Zwilling	*Raphael*	*anpassungsfähig und gesellig*
Krebs	*Gabriel*	*sensibel und sympathisch*
Löwe	*Michael*	*großzügig und offen*
Jungfrau	*Raphael*	*leistungsstark und analytisch*
Waage	*Hagiel*	*harmonisch und diplomatisch*
Skorpion	*Azrael und Camael*	*stark und leistungsfähig*
Schütze	*Zadkiel*	*optimistisch und abenteuerlustig*
Steinbock	*Asariel*	*umsichtig und verantwortungsbewusst*
Wassermann	*Uriel und Cassiel*	*idealistisch und menschenfreundlich*
Fische	*Asariel und Zadkiel*	*künstlerisch und emotional*

Die Engel der Jahreszeiten

Die folgenden Tabellen zeigen die Engel der vier Jahreszeiten, der 12 Monate und die 28 Engel, die über die Phasen des Mondes gebieten. Diese Aufstellungen sollen dir dabei helfen, die Kräfte der Engel für deine Belange nutzbar zu machen, damit du deine Ziele erreichen und deine Wünsche erfüllen kannst.

Engel der vier Jahreszeiten

Jahreszeit	*Himmelsrichtung*	*Erzengel*	*Element*
Frühling	*Osten*	*Raphael*	*Luft*
Sommer	*Süden*	*Michael*	*Feuer*
Herbst	*Westen*	*Gabriel*	*Wasser*
Winter	*Norden*	*Uriel*	*Erde*

Engel, die den 12 Monaten zugeordnet sind

Monat	*Engel*	*Monat*	*Engel*
Januar	*Gabriel*	*Juli*	*Verchiel*
Februar	*Barchiel*	*August*	*Hamaliel*
März	*Machidiel*	*September*	*Zuriel*
April	*Asmodel*	*Oktober*	*Barbiel*
Mai	*Ambriel*	*November*	*Adnachiel*
Juni	*Muriel*	*Dezember*	*Anael*

Engel des Mondes

Jeder Tag des 28-Tage-Zyklus des Mondes wird einem Engel zugeordnet. Reihenfolge nach Tagen:

1. Geniel
2. Enediel
3. Anixiel
4. Azariel
5. Gabriel
6. Dirachiel
7. Scheliel
8. Amnediel
9. Barbiel
10. Ardifiel
11. Neciel
12. Abdizuel
13. Jazeriel
14. Ergediel
15. Atliel
16. Azeruel
17. Adriel
18. Egibiel
19. Amutiel
20. Kyriel
21. Bethnael
22. Geliel
23. Requiel
24. Abrinael
25. Aziel
26. Tagriel
27. Atheniel
27. Amnixiel

Zunehmender und abnehmender Mond Die Kraft des Mondes bildet die Grundlage der Naturmagie. Bereits seit Jahrtausenden nutzen Anhänger des Okkultismus die mysteriösen Energien des Mondes, die die Gezeiten des Lebens und das Unterbewusstsein steuern, um ihren Geist zu erweitern.

Die Magie ist bei Neumond und Vollmond besonders stark. Noch heute begleiten tibetische Buddhisten den aufsteigenden Neu- oder Vollmond mit stiller Meditation. In Synagogen werden am Sabbat vor Eintritt des Neu- oder Vollmondes spezielle Gebete gesprochen. Anhänger des Wicca-Glaubens halten zu dieser Zeit den *Esbat* ab, und die Christen kalkulieren das Osterdatum in Abhängigkeit zum Vollmond nach der Frühlingstagundnachtgleiche.

Zunehmender Mond Die Zeit des zunehmenden Mondes dauert etwa 15 Tage und reicht von Neumond bis Vollmond. „Zunehmender Mond" bedeutet, dass die Größe des Mondes anwächst. Deshalb solltest du dich in dieser Zeit mit allem beschäftigen, was du zu vermehren suchst.

Abnehmender Mond Auch die Zeit des abnehmenden Mondes dauert etwa 15 Tage, sie reicht von Vollmond bis Neumond. „Abnehmender Mond" bedeutet, dass die Größe des Mondes schwindet. Deshalb solltest du dich in dieser Zeit mit allem beschäftigen, was du loswerden oder vermindern möchtest.

Der Mond wird mit Selbstreflexion, Traumarbeit und Astralreisen in Verbindung gebracht.

Engel der Tage und Stunden

Jeder Tag der Woche und jede Stunde eines jeden Tags wird von einem eigenen Engel regiert. Die folgenden Tabellen geben einen Überblick.

„Die Mäßigkeit", der geflügelte Engel der Zeit aus dem Tarot, trägt das Zeichen der Sonne auf seiner Stirn. Er gießt die Essenz des Lebens von einem Kelch in den anderen.

Engel der Wochentage

Engel	*Tag*
Erzengel Michael	*Sonntag*
Erzengel Gabriel	*Montag*
Erzengel Camael	*Dienstag*
Erzengel Raphael	*Mittwoch*
Erzengel Zadkiel	*Donnerstag*
Erzengel Hagiel	*Freitag*
Erzengel Cassiel	*Samstag*

Engel der Tag- und Nacht-Stunden

TAG	*Sonntag*	*Montag*	*Dienstag*	*Mittwoch*
Stunden				
1	*Michael*	*Gabriel*	*Samael*	*Raphael*
2	*Anael*	*Cassiel*	*Michael*	*Gabriel*
3	*Raphael*	*Sachiel*	*Anael*	*Cassiel*
4	*Gabriel*	*Samael*	*Raphael*	*Sachiel*
5	*Cassiel*	*Michael*	*Gabriel*	*Samael*
6	*Sachiel*	*Anael*	*Cassiel*	*Michael*
7	*Samael*	*Raphael*	*Sachiel*	*Anael*
8	*Michael*	*Gabriel*	*Samael*	*Raphael*
9	*Anael*	*Cassiel*	*Michael*	*Gabriel*
10	*Raphael*	*Sachiel*	*Anael*	*Cassiel*
11	*Gabriel*	*Samael*	*Raphael*	*Sachiel*
12	*Cassiel*	*Michael*	*Gabriel*	*Samael*

NACHT				
Stunden				
1	*Sachiel*	*Anael*	*Cassiel*	*Michael*
2	*Samael*	*Raphael*	*Sachiel*	*Anael*
3	*Michael*	*Gabriel*	*Samael*	*Raphael*
4	*Anael*	*Cassiel*	*Michael*	*Gabriel*
5	*Raphael*	*Sachiel*	*Anae*	*Cassiel*
6	*Gabriel*	*Samael*	*Raphael*	*Sachiel*
7	*Cassiel*	*Michael*	*Gabriel*	*Samael*
8	*Sachael*	*Anael*	*Cassiel*	*Michael*
9	*Samael*	*Raphael*	*Sachiel*	*Anael*
10	*Michael*	*Gabriel*	*Samael*	*Raphael*
11	*Anael*	*Cassiel*	*Michael*	*Gabriel*
12	*Raphael*	*Sachiel*	*Anael*	*Cassiel*

TAG	*Donnerstag*	*Freitag*	*Samstag*
Stunden			
1	Sachiel	Anael	Cassiel
2	Samael	Raphael	Sachiel
3	Michael	Gabriel	Samael
4	Anael	Cassiel	Michael
5	Raphael	Sachiel	Anael
6	Gabriel	Samael	Raphael
7	Cassiel	Michael	Gabriel
8	Sachiel	Anael	Cassiel
9	Samael	Raphael	Sachiel
10	Michael	Gabriel	Samael
11	Anael	Cassiel	Michael
12	Raphael	Sachiel	Anael

NACHT			
Stunden			
1	Gabriel	Samael	Raphael
2	Cassiel	Michael	Gabriel
3	Sachiel	Anael	Cassiel
4	Samael	Raphael	Sachiel
5	Michael	Gabriel	Samael
6	Anael	Cassiel	Michael
7	Raphael	Sachiel	Anael
8	Gabriel	Samael	Raphael
9	Cassiel	Michael	Gabriel
10	Sachiel	Anael	Cassiel
11	Samael	Raphael	Sachiel
12	Michael	Gabriel	Samael

Die Engel der vier Himmelsrichtungen

Wenn wir mit den Engeln der vier Himmelsrichtungen zusammenarbeiten, um einen heiligen Zirkel einzurichten, der unserem Leben Ausgeglichenheit und Harmonie bringen soll, orientieren wir uns damit an dem Medizinrad der Ureinwohner Nordamerikas oder dem Keltischen Kreuz.

Erzengel Raphael Er ist verantwortlich für den Osten, das Tor zum Geist, zur Erleuchtung und zur Klarheit. Dies ist die Richtung der Neuanfänge, der Inspiration, Erleuchtung und Kreativität, des Sonnenaufgangs und des Frühlings, der Geburt und der Kindheit.
Ihm zugeordnete Gegenstände für deinen Altar: Räucherstäbchen, Federn oder Glöckchen.

Erzengel Michael Er ist verantwortlich für den Süden, das Tor zum Physischen, zum Vertrauen und zur Unschuld. Dies ist die Richtung der Vitalität, des Mittags und der heißen Sonne, des Sommers und des starken Wachstums von Jugend und Leidenschaft.
Ihm zugeordnete Gegenstände für deinen Altar: Kerzen, Öllampen für ätherische Öle oder ein Bild der Sonne.

Erzengel Gabriel Er ist verantwortlich für den Westen, das Tor zu den Emotionen, der Inspiration, Intuition und der

Veränderung. Dies ist die Richtung der Selbstprüfung, des Abends, des Herbstes und der Reife, der Vertiefung und des Sonnenuntergangs.

Ihm zugeordnete Gegenstände für deinen Altar: Wasser, Spiegel oder ein Bild des Mondes.

Erzengel Uriel Er ist verantwortlich für den Norden, das Tor zum Geist, zum Wissen, zu Weisheit, Philosophie, Religion und Wissenschaft. Dies ist die Richtung der Nacht, des Winters, der Weisheit und Umwandlung. Das Unwesentliche wird abgestreift, der Kern freigelegt.

Ihm zugeordnete Gegenstände für deinen Altar: Kristalle oder religiöse Bilder, die dich inspirieren.

ENGEL DES BEISTANDS

Wenn du schnell Hilfe brauchst

Dies ist eine Schnellanleitung für den Fall, dass du von den Engeln Soforthilfe benötigst. Gott ist omnipotent und omnipräsent, was bedeutet, dass er allmächtig und überall ist. Es gibt nichts, das nicht Gott ist, aber wir vergessen das manchmal. Also setzt Gott seine Engel ein, um uns wieder daran zu erinnern. Deshalb sind Engel die aktive Präsenz Gottes in unserem Leben und unterstützen alles und jeden im Universum, egal ob offenbar oder im Verborgenen. Die Energie der Engel trägt, unterstützt und schützt die Menschheit. Für jede bekannte Situation gibt es einen Engel. Alles, was wir tun müssen, ist fragen.

Wenn du um den Beistand von Engeln bittest, betrachte diese Bitte als Anfrage oder Einladung. Anrufungen oder Briefe an Engel können formell oder formlos gestaltet sein, beide Methoden sind wirksam. Genauso wie das „Channeling" mit Engeln. Es ist stets vom Ego der Person geprägt, deshalb sind die Vorgehensweisen entweder sehr formell oder eher „blumig" – es gibt keine richtige oder falsche Methode. Folge einfach deinem Herzen.

Physische Heilung Der Erzengel Raphael ist der Arzt des Engelreichs. Du kannst ihn darum bitten, dich zu heilen und dir die innere Führung und Inspiration zu gewähren, damit du auch andere heilen kannst. Der Name Raphael bedeutet „Gott heilt". Raphael trägt ein Gefäß mit Heilsalbe bei sich.

Für die Kontaktaufnahme mit dem Erzengel Raphael braucht man ätherische Öle aus Sternanis oder Lavendel. Lavendel sorgt für Regeneration und heilt Schäden in der Aura, während Sternanis bei Segnungen eingesetzt wird und vor dem Einfluss negativer Energien schützt.

Raphaels Element ist die Luft, sein Planet der Merkur. Außerdem ist ihm der Mittwoch gewidmet. Der Raphael zugeordnete Kristall ist der Smaragd, und er gebietet über den Grünen Strahl. Seine Himmelsrichtung ist der Osten. Ihm ist das physische Herzchakra zugeordnet. Ferner symbolisieren einige Gewächse, wie der Haselnussstrauch, verschiedene

Myrten und der Maulbeerbaum die Kraft Raphaels. Ein gutes Omen dafür, dass deine Bitte erhört worden ist, ist die Sichtung eines Raben oder Ibises, allgemein von Vögeln oder auch nur weißen Federn.

Benutze grüne oder gelbe Kerzen und gehe von recht zügigen Resultaten aus, normalerweise innerhalb von sieben Tagen. Benutze blassgrünes Papier, um dein Heilgesuch niederzuschreiben.

Die ätherischen Essenzen des Maulbeerbaumes helfen bei der Überwindung schmerzvoller Emotionen.

Emotionale Heilung Der Erzengel Chamuel hilft dir dabei, emotionale Erkrankungen zu heilen und die höheren Emotionen deines Herzchakras weiterzuentwickeln. Seine Farbe ist Rosa (alle Schattierungen). Er gebietet über die vierte Dimension des Herzchakras. Chamuels Element ist die Luft.

Zur Kontaktaufnahme mit dem Erzengel Chamuel setzt man ätherisches Rosenöl ein. Es öffnet dein Herzchakra, bringt Liebe, inneren Frieden und emotionale Ausgeglichenheit. Chamuels Kristall ist der Rosenquarz. Der beste Tag, um mit diesem Engel Kontakt aufzunehmen, ist der Freitag, der vom Planeten Venus bestimmt wird. Folgende Tiere sind Chamuel zugeordnet: Rotwild, Taube, Schmetterling und Kaninchen. Ferner symbolisieren der Apfel- und der Kirschbaum seine Kraft.

Benutze rosafarbene Kerzen und Orchideen oder rosafarbene Rosen, um eine schnelle Antwort zu erhalten. Wenn du einen Brief schreiben möchtest, um den Erzengel Chamuel auf dich aufmerksam zu machen, nutze dafür rosafarbenes Papier und warte 28 Tage lang, dann verbrenne den Brief.

Die Energie der Elefanten symbolisiert Langlebigkeit, Weisheit und die Überwindung von Hindernissen auf deinem spirituellen Pfad.

Spirituelle Heilung Der Erzengel Zadkiel ist der Engel der himmlischen Freuden. Sein Name bedeutet „Rechtschaffenheit Gottes“. Er ist der Hüter der Violetten Flamme der spirituellen Umwandlung und Heilung. Zadkiel ist der Erzengel der Gnade, der uns das Vertrauen in Gott und das Wohlwollen Gottes lehrt. Er bringt uns Trost in Stunden der Not.

Das ätherische Benzoeöl wird benutzt, um Kontakt zum Erzengel Zadkiel herzustellen und so spirituelles Wissen, Verständnis und Abstand zu erlangen. Er lehrt uns auch, schmerzliche Emotionen zu überwinden. Zadkiels Element ist das Feuer, und seine Domäne ist das Kronenchakra. Zadkiels Kristall ist der Amethyst. Er ist der Regent des Jupiter, sein Wochentag ist der Donnerstag. Lila- oder lavendelfarbene Blumen werden mit Zadkiel in Verbindung gebracht; die ihm zugeordneten Bäume sind Eiche, Esche und Zeder. Elefanten, Wale, Schwäne oder Enten sind die Tiere, die man mit Zadkiel assoziiert.

Zur Kontaktaufnahme mit Zadkiel sollten violette, lavendel- oder amethystfarbene Kerzen benutzt werden. Ein Ergebnis ist innerhalb einiger Tage oder Wochen zu erwarten.

Erziehung Bitte den Erzengel Jophiel und die Engel der Erleuchtung darum, dir beim Lernen und beim Bestehen von Prüfungen zu helfen. Sie können dich auch dabei unterstützen, neue Fähigkeiten zu erlernen. Zudem bieten sie dir Inspiration und Wissen, um deine Kreativität zu steigern. Jophiel ist der Erzengel des Wissens. Sein Name bedeutet so viel wie „Schönheit Gottes". Er verbindet dich mit deinem Höheren Selbst. Rufe den Erzengel Jophiel herbei, wenn du dich blockiert fühlst oder du einen Kreativitätsschub brauchst. Wenn du ihn darum bittest, wird er deinen Mentalkörper heilen, reinigen, aktivieren und ausgleichen. Dies steigert dein Selbstbewusstsein und beseitigt Denkblockaden.

Zur Kontaktaufnahme mit dem Erzengel Jophiel kannst du ätherisches Zitronenöl verwenden: Es wirkt energetisierend, sorgt für klare Gedanken, erfrischt den Geist und beseitigt Apathie und Trägheit. Gelbe Speisen, wie Maiskolben, gelber Pfeffer, Bananen, Zitronen und Grapefrucht, Honig und Haselnüsse werden Jophiel zugeordnet, genauso wie Lachs und Turmfalke.

Jophiel gebietet über den Gelben Strahl, also zünde gelbe Kerzen an und nimm gelbe Blumen, zum Beispiel Sonnenblumen, dazu. Rechne mit schnellen Resultaten – schreibe deine Bitte an ihn auf gelbes Papier und verbrenne es nach sieben Tagen.

Romantik Siehe dazu auch „Erzengel Chamuel" auf S. 122. Er ist sowohl auf Beziehungen als auch auf die Heilung von Emotionen spezialisiert. Wenn du ihn darum bittest, hilft er dir dabei, deinen Seelenverwandten zu finden. Er führt die Engel der Liebe an – diejenigen Engel, die sich damit befassen, dein Leben mit Harmonie zu erfüllen. Keine Aufgabe ist ihnen zu unwichtig oder zu schwierig: Sie helfen dir in jeder Situation, die einer gefühlvollen Kommunikation bedarf.

Das Bestehen von Prüfungen und die Anhäufung von Wissen sind Riten des Übergangs und der Initiation.

Hochzeit Siehe hierzu Erzengel Chamuel (S. 122) und die Engel der Liebe, die für die harmonische Verbreitung der Liebe im ganzen Kosmos sorgen.

Schutz Erzengel Michael ist der Schutzpatron der Menschheit. Rufe ihn herbei, wenn du Kraft und Stärke brauchst. Der Name Michael bedeutet „der ist wie Gott". Seine Hauptfarbe ist Gelb. Das Feuer des Solarplexus ist seine erste Domäne, jedoch wird er oft mit dem Kehlchakra, der Farbe Blau und dem Element Äther in Verbindung gebracht, da er ein Schwert mit blauer Flamme bei sich trägt. Michael ist der Befehlshaber der Erzengel und führt die himmlische Streitmacht gegen die Dämonen. Der Blaue Strahl repräsentiert die Kraft und den Willen Gottes, genauso wie Zuversicht, Schutz und Wahrheit.

Weihrauch und Myrrhe sind die ätherischen Essenzen, die zur Kontaktaufnahme mit dem Erzengel Michael benötigt werden. Weihrauch sorgt für Reinigung, Schutz, Mut und Segen. Ferner unterstützt Michael die Meditation und hilft dabei, Ängste und negative Gefühle zu überwinden. Myrrhe zählt zu den heiligsten ätherischen Essenzen. Sie wird für die Reinigung, die Abwehr von schädlichen oder negativen Energien und zur Überwindung von Sorgen und Kummer verwendet. Gold ist das Michael zugeordnete Metall. Die mit ihm verbundenen Tiere sind alle Arten von Katzen: Löwen und Tiger bis hin zu domestizierten Hauskatzen. Dazu kommen noch Hermeline und Vögel mit schwarzem Gefieder. Michaels Himmelskörper ist die Sonne. Deshalb ist der Sonntag der perfekte Tag, um seine Hilfe zu erflehen. Sein Baum ist der Lorbeerbaum.

Benutze ein weißes Blatt Papier und einen goldenen Stift, um an den Erzengel Michael zu schreiben. Bewahre den Brief von Sonntag bis Sonntag auf, dann verbrenne ihn.

Geburt eines Kindes Der Erzengel Gabriel leitet die Hebammen und kümmert sich um alles, was mit der Geburt zu tun hat. Ihm assistieren Armisael (der Engel des Mutterleibs) und Temeluch (Schutzpatron der Kinder bei der Geburt und in der frühen Kindheit). Gabriel ist der Erzengel des Erwachens, der Wächter der Seele. Sein Name bedeutet so viel wie „Gott ist meine Stärke". Er hilft dir bei der Interpretation deiner Träume und Visionen. Außerdem ist Gabriel der Engel der Verkündigung, Auferstehung, Gnade und Offenbarung. Er führt unsere Seele zurück ins Paradies. Gabriel trägt eine Trompete bei sich, um deinen inneren Engel zu wecken und gute Neuigkeiten zu verkünden.

Ätherische Öle mit Jasmin und Kampfer bieten sich an, um mit dem Erzengel Gabriel Kontakt aufzunehmen.

Jasmin fördert den Optimismus, vertreibt die Traurigkeit und öffnet uns

Rufe den Erzengel Gabriel herbei, damit er bei der Geburt die Hebammen leitet.

für das Reich der Engel. Kampfer vertreibt negative Energien, entschlackt und kann für die Reinigung von Kristallen benutzt werden. Der Gabriel zugeordnete Himmelskörper ist der Mond, sein Tag ist der Montag, sein Metall das Silber. Er wird mit weißen Lilien, Wölfen, Eulen, Birnenbäumen und Trauerweiden in Verbindung gebracht.

Um die Geburt eines Kindes zu unterstützen, entzünde eine leuchtend grüne Kerze für Armisael, sobald die Geburt beginnt. Im Talmud heißt es, die Mutter oder jemand anderes in ihrem Namen solle den Psalm 20 neunmal rezitieren. Als Alternative kannst du Armisael auch einen Brief schreiben, bevor die Geburt beginnt. Sollte weiter Hilfe vonnöten sein, rufe den Erzengel Gabriel herbei, um dir beizustehen.

Das Geschlecht eines Kindes auswählen Vom Erzengel Sandalphon, dem Engel des Gebets, wird behauptet, er könne das Geschlecht eines Kindes bei der Empfängnis bestimmen. Lailah ist der Engel der Empfängnis (Richte deine Bitte an sie, wenn du Probleme hast, schwanger zu werden, und es dir egal ist, welches Geschlecht dein Kind haben wird).

Entzünde eine weiße Kerze, um bei der Empfängnis eines Kindes die Hilfe Sandalphons zu erflehen.

Verwende ätherisches Sandelholzöl oder Räucherwerk, um mit dem Erzengel Sandalphon in Kontakt zu treten. Dies sorgt für spirituelles Bewusstsein und inneren Frieden und stellt die Verbindung zu den höheren Energien und spirituellen Zielen her.

Es ist sehr wichtig, sich darauf zu konzentrieren, aus welchem Grund du dir ein Kind eines bestimmten Geschlechts wünscht. Schreibe an einem Freitagabend (Energie der Venus und der Liebe) einen Brief an Sandalphon, in dem du deine Gründe für das bestimmte Geschlecht deines zu erwartenden Kindes darstellst. Entzünde in der Nacht der Empfängnis eine weiße Kerze, verbrenne etwas Räucherwerk mit Sandelholz, nimm ein entspannendes Bad und trage ein weißes Nachthemd.

Übergang Der Erzengel Gabriel ist der Engel des Todes. Er begleitet die Seele auf ihrem Weg ins Paradies. Auch andere Führungsengel können auf dieser Reise Hilfestellung geben. Wenn der Tod plötzlich eingetreten ist, zum Beispiel durch von Menschenhand geschaffene oder natürlich entstandene Katastrophen wie Erdbeben oder Bombenanschläge, und dabei viele Menschen den Tod gefunden haben, solltest du trotzdem um Gabriels Hilfe bitten. Und ebenso um die Hilfe anderer Führungsengel wie Suriel, Cassiel, Azrael, Kafziel, Metatron, Yehudiah und Michael. Beim Tod eines

In vielen verschiedenen Kulturen ist das Verbrennen von Räucherwerk zur Unterstützung von Ritualen bekannt.

geliebten Tieres kannst du den Engel Meshabber herbeirufen.

Wenn du einer sterbenden Person Beistand leisten willst, bleibe ruhig und strahle Frieden, Beruhigung und Trost aus. Stelle dir eine Leiter aus goldenem Licht vor und sieh, wie die Engel herabsteigen, um die Person zu empfangen und sie mit sich in den Himmel zu nehmen.

Trauer Laut dem Sohar ist Yehudiah der Engel der Trauer. Wenn ein Mensch im Sterben liegt, steigt Yehudiah zusammen mit tausenden anderen Engeln herab, um die Seele in den Himmel zu geleiten. Deshalb ist Yehudiah als segensreicher Engel des Todes bekannt. Der Tod eines geliebten Menschen, eines guten Freundes oder Verwandten ist stets eine schmerzhafte Erfahrung. Wir fühlen uns traurig und allein gelassen und oft gerät dabei unser Vertrauen in Gott ins Wanken, besonders dann, wenn der Tod plötzlich eintrat oder wir das Gefühl haben, dass ein Mensch gestorben ist, bevor seine Zeit gekommen war. Vielleicht denken wir dann, das Leben sei bedeutungslos oder zwecklos, und es fällt uns schwer, mit der schmerzlichen Leere in unserem Herzen weiterzuleben.

Verschiedene Religionen haben unterschiedlich lange traditionelle Trauerzeiten. Rufe Yehudiah herbei und bete so lange zu Gott, wie du es für angemessen hältst. Vielleicht möchtest du jedes Jahr am Geburts- oder Todestag des Verstorbenen für ihn beten. Stelle ein Foto des geliebten Menschen auf deinen Engelaltar (oder richte einen separaten Altar ein). Dann kannst du vor dem Foto des Verstorbenen eine weiße Kerze entzünden und Räucherwerk verbrennen.

GLOSSAR

GLOSSAR

DIE AKASHA

Ein Archiv, das jenseits von Zeit und Raum existiert und alle Informationen darüber enthält, was war, was ist und was sein wird (die Akasha-Chronik). Diese Informationen werden in Form von Lichtcodierungen aufbewahrt und können mit der Hilfe von Wesen höherer Ebenen oder durch die Steigerung unserer Schwingungsrate entschlusselt werden.

ANAMCHARA

Ein Engel aus der Tradition der Kelten – oder ein Seelenfreund.

ANGELOLOGIE

Das Studium der Engel. Im Laufe der Jahrhunderte sind neben zahlreichen Manuskripten viele umfangreiche Arbeiten über Engel und Engelhierarchien verfasst worden – diese stellen die Quellen für die Engelforschung dar.

AURA

Auch bekannt als biomagnetisches oder subtiles Energiefeld, das den menschlichen Körper umgibt. Sie besteht aus sieben Ebenen bzw. Schichten, die den sieben Hauptchakren zugeordnet sind. Das Wort „Aura" leitet sich vom griechischen Wort *avra* ab und bedeutet so viel wie „Brise".

CHAKREN

Als Zentren der subtilen Körperenergie sind die Chakren besonders wichtig sowohl für das physische und emotionale Wohlbefinden als auch für das spirituelle Wachstum. Es gibt sieben Hauptchakren, die spezifischen Organen zugeordnet sind, die die subtile Körperenergie verarbeiten. Diese Chakren liegen alle auf der Längsachse des Körpers. Das Wort Chakra leitet sich von *Chakram* ab, welches im Sanskrit „Rad" bedeutet.

CHANNELING

Eine sehr direkte Methode, um mit dem Engelreich Kontakt aufzunehmen. Vor dem Channeling solltest du deine Schwingungsrate erhöhen, damit du mit deinem Schutzengel in Kontakt treten kannst. Dieser kann dir dann einen „Kanal" öffnen, und du kannst niederschreiben, was dir mitgeteilt wird.

DHARMA

Den Zustand der Erleuchtung erreichen, indem man sich von seinen Illusionen frei macht.

EDELSTEINESSENZ

Destilliertes Wasser, das mit der Energie von Edelsteinen erfüllt ist.

ENGEL

Das Wort „Engel" leitet sich vom altgriechischen Wort *angelos* ab, welches so viel wie „Bote" oder „Gesandter" bedeutet. Engel folgen den kosmischen Gesetzen, funktionieren als eine Art Kanal zwischen Gott und der physischen Welt und sind auf ewig an die immerwährende, glückselige Energie gebunden, die von Gott ausgesendet wird. Es gibt sie in allen Formen – einige sind vielschichtig und mächtig – andere bringen Trost, Inspiration oder Freude, und wieder andere weichen niemals von unserer Seite.

ENGEL DER STRAHLEN

Jeder Erzengel wird mit einem bestimmten farbigen Strahl der spirituellen Erleuchtung in Verbindung gebracht. Diese Strahlen haben sowohl einen Einfluss auf den physischen als auch auf den Mentalkörper und können somit bei der Heilung verschiedener Beschwerden und zur ganzheitlichen Harmonisierung eines Menschen eingesetzt werden.

ERZENGEL

Es gibt sieben Erzengel, deren Namen laut dem Buch Henoch wie folgt lauten: Uriel, Raguel, Gabriel, Michael, Seraquel, Haniel und Raphael. Sie kontrollieren und harmonisieren die Schöpfung Gottes.

HENOCHBÜCHER

Die drei Henochbücher sind aus dem Kanon der Bibel ausgesondert worden und sind dem Urgroßvater Noahs gewidmet. Verfasst wurden sie von verschiedenen Autoren zwischen 200 v. Chr. und 100 n. Chr. Die Bezeichnung „Henochbuch" verweist auf das erste der drei Bücher, das nur noch in äthiopischer Sprache überliefert ist (Äthiopisches Henochbuch). Weitere Fragmente dieses Buches sind in den Schriftrollen vom Toten Meer (Schriftrollen von Qumran) gefunden worden. Zwei weitere Bücher wurden überliefert: das zweite Henochbuch oder auch „Testament des Levi" in altslawischer Sprache (Slawisches Henochbuch) und das dritte Henochbuch in Hebräisch (Hebräisches Henochbuch).

DIE HIMMLISCHE HIERARCHIE

Es gibt verschiedene Kategorisierungen der himmlischen Wesen. Sie umfassen das Alte und das Neue Testament, die Himmlische Hierarchie des Dionysius und die Arbeiten von Thomas von Aquin. Die erste Sphäre enthält die drei höchsten Engelchöre: die Seraphim, die Cherubim und die Throne. In der zweiten

Sphäre weilen die Herrschaften, Mächte und Gewalten, und in der dritten die Fürstentümer, Erzengel und Engel (inklusive Schutzengel).

DIE KABBALA

Eine mystische Tradition des Judentums und eine reichhaltige Quelle für die Engelforschung. Das Wort *Kabbala* bedeutet „innere Weisheit erlangen“ und wird als mündliche Tradition von Generation zu Generation weitergegeben. Es gibt zwei Quellentexte – den *Sohar*, das „Buch des Glanzes“ und das *Sepher Jesirah*, das „Buch der Schöpfung“. Das Kernelement der Kabbala ist der Baum des Lebens, eine Art Karte, die den Weg zu Gott über die zehn Sephiroth darstellt, die aus göttlicher Energie bestehen und von oben herabkommen.

LEBENSKRAFT (QI)

Vitale Energie, die über die Chakrazentren durch den ganzen Körper geleitet wird. Sie wird auch *Chi* oder Ki genannt. Das *Qi* durchdringt alles – Therapeuten können diese Energie gezielt durch den Körper leiten, um einen Heileffekt zu erreichen.

LICHTARBEITER

Ein Mensch ist dann ein Lichtarbeiter, wenn er sich dessen bewusst wird, dass er einem höheren spirituellen Zweck dient. Er strebt danach, sich selbst und andere zu heilen, genauso wie seine Umwelt.

MIASMA

Eine Verunreinigung auf der Ebene der subtilen Energien. Diese Verschmutzungen können die Chakren oder die Aura betreffen und lösen emotionale oder physische Erkrankungen aus. Es gibt vier Arten: karmische, erworbene, vererbte und planetarische Miasmen.

NATURGEISTER

Diese Wesen erschaffen die große Vielfalt der Natur und deren Gleichgewicht auf Erden. Zu ihnen gehören Feen (Erdgeister), Meerjungfrauen (Wassergeister), Salamander (Feuergeister), Sylphen (Luftgeister) und Devas. Devas arbeiten oft mit den Menschen zusammen und haben einen engeren Kontakt zu ihnen als die anderen Naturgeister. Manchmal halten sie sich in Bergkristallen auf und geben ihr Wissen über die Heilkunst weiter.

SCHUTZENGEL

Jeder Mensch hat einen Schutzengel, der ihm bei seiner ersten Inkarnation zugeteilt wird und der ihm stets zur Seite steht. Seine Aufgabe ist es, den Menschen zu führen und ihn gegen die Kraft des Bösen zu stärken. Schutzengel bringen den Menschen das Licht der Engel durch Channeling. Sie trösten sie und stehen ihnen während ihres ganzen Lebens hilfreich zur Seite.

SCHWINGUNGSRATE

Auch bekannt als Schwingungsfrequenz

oder Bewusstseinszustand. Diese Begriffe bezeichnen die Frequenz der Gehirnaktivität in der Großhirnrinde. Eine erhöhte Schwingungsrate (der Zustand, wenn beide Gehirnhälften komplett ausbalanciert sind) führt zu einem Gefühl der Glückseligkeit. Indem wir unsere Schwingungsrate erhöhen, streben wir nach einer erweiterten Auslastung bestimmter Hirnareale (Spiritualität) und nach der Einheit mit Gott.

SPIRITUELLE HIERARCHIE

Diese Hierarchie besteht aus aufgestiegenen Seelen, zum Beispiel aus Aufgestiegenen Meistern, Heiligen und Bodhisattvas, die die spirituelle Entwicklung der Menschheit beobachten.

STERNENTOR

Eine Öffnung in eine andere Realität oder Dimension.

SUBTILE ENERGIE

Unser Leben wird von verschiedenen Energien beeinflusst, von denen einige – zum Beispiel die subtilen Energien – von den meisten Menschen weder gesehen noch anders wahrgenommen werden. Der menschliche Körper ist von einem Energiefeld umgeben (der Aura), und jedes unserer Chakren ist von subtiler Energie erfüllt.

TEMPEL DES LICHTS

Jeder Erzengel verfügt über einen Tempel, der im Ätherreich (der physischen Welt) „verankert“ ist. Üblicherweise befinden sich diese Tempel über den Energiewirbeln der Erde – zum Beispiel da, wo sich Leylinien kreuzen, oder über abgelegenen Bergketten. Sie können sich auch über geheiligten Plätzen auf der Erde befinden, wie beispielsweise dem ägyptischen Tempel in Luxor. Die Tempel des Lichts wurden von der Spirituellen Hierarchie unter der Leitung der Erzengel errichtet. Jeder Tempel dient einem bestimmten Zweck: Wenn Suchende spiritueller Erkenntnis im Schlaf oder während einer Meditation einen der Tempel aufsuchen, werden sie von dieser bestimmten kosmischen Tugend inspiriert.

WASSERMANNZEITALTER

Astrologisch gesehen gleitet die Welt gerade vom Fischezeitalter – einer Zeit der Fremdbestimmung, in der wir die Verantwortung für unser Verhalten, für unsere Weiterentwicklung und unser spirituelles Wachstum an andere übergaben – ins Wassermannzeitalter hinüber, in dem wir diese Verantwortung selbst übernehmen. Die Anhänger der New-Age-Bewegung glauben, dass ein neues Goldenes Zeitalter anbrechen wird, in dem alle Formen der Diskriminierung enden.

INDEX & DANKSAGUNGEN

Index

Zahlen in *kursiver* Schrift verweisen auf Bilder.

DANKSAGUNGEN

DANKSAGUNGEN DER AUTORIN

Ich möchte dem Engelreich für die Unterstützung und Führung während meiner Arbeit an diesem Buch und der Arbeit an meinen anderen Büchern über Engel danken. Darüber hinaus danke ich meinen Freunden, die mein Interesse an der Welt der Engel teilen, besonders Glennyce Eckersley und Diana Cooper. Ein spezieller Dank geht auch an die vielen tausend Menschen, die in den letzten 16 Jahren an meinen Engelseminaren teilgenommen und ihre Erfahrungen, Geschichten und Sichtweisen über Engel so großzügig mit mir geteilt haben. Abschließend möchte ich noch meiner Familie danken für ihre bedingungslose Liebe und Unterstützung.

Lektorat: Sandra Rigby, Jessica Cowie
Künstlerische Leitung: Sally Bond
Design: Annika Skoog, Cobalt Ltd.
Bildauswahl: Jennifer Veall
Produktionsleitung: Simone Nauerth

BILDNACHWEIS

Andrew Alden, geology.about.com 330. **AKG, London**/British Library 68. **Alamy**/Eddie Gerald 83, 377. **BananaStock** 217. **Bridgeman Art Library**/British Library, London, England 175, 198; /Collegiale Saint-Bonnet-le-Chateux, Frankreich, 356; /The De Morgan Centre, London, England 100; /The Detroit Institute of Arts, USA, Nachlass von Eleanor Clay, 148; /Galleria degli Uffizi, Florenz, Italien, Alinari, 196; /Galleria dell' Accademia, Venedig, Italien, 370: /Louvre, Paris, Frankreich, Peter Willi, 15, 193; /MAK, Wien, Österreich, 71; /Musée des Beaux-Arts, Rennes, Frankreich, Giraudon, 61; /Musée du Petit Palais, Avignon, Frankreich, 91; /Museo del Castelvecchio, Verona, Italien, 59; /Art Gallery of New South Wales, Sydney, Australien, 11; /Padua Baptistery, Padua, Italien, Alinari, 181; /Palazzo Ducale, Urbino, Italien, 177; /Privatsammlung, aus dem Besitz von Julian Hartnoll, 212; /Privatsammlung, Dinodia, 183; /San Marco, Venedig, Italien, Cameraphoto

Arte Venezia, 55; /Altarbild, Santa Maria delle Grazie, Saronno, Italien, 53; /Altarbild, Gesegnete Jungrau der Wunder, Saronno, Italien, 334; /Stiftung der Royal Watercolour Society, London, England, 57. **Corbis UK Ltd**, 352 oben rechts, 355 oben; /Archivo Inconografico, S.A., 199; /The Dead Sea Scrolls Foundation, Inc., 12; /Digital Vision, 362 unten links; /Emely, 214; /LWA-Stephen Welstead, 42; /Ron Watts, 191. **Getty Images**, 202; /Amanda Hall, 82; /Gavin Hellier, 41; /Jasper James, 96; /LaCoppola-Meier, 345; /LWA, 375; /Manchan, 268; /Ralph Mercer, 156; /Sasha, 189; /Jean-Marc Scialom, 211; /Elizabeth Simpson, 103; /Siri Stafford, 247; /Peter Teller, 206; /Vega, 161; /Simon Watson, 39; /Toyohiro Yamada, 162; /Mel Yates, 248. **ImageSource**, 21, 94, 215, 264, 379. **Octopus Publishing Group Limited** 18, 144, 146, 220, 281 oben rechts, 286, 288, 290, 292, 294, 296, 298 oben, 298 unten, 300 oben, 300 unten, 304 oben, 304 unten, 306 oben, 306 unten, 308, 310, 312, 314, 316 oben, 316 unten, 318 oben, 318 unten, 320, 322 oben, 322 unten, 324 oben, 324 unten, 326 oben, 326 unten, 328, 332, 332 unten, 342, 347 oben links, 348 oben links, 348 oben rechts, 349 Mitte, 350, 350 Mitte, 351 unten links, 353 oben links, 353 oben rechts; /Frazer Cuningham, 27, 31, 221, 228, 231, 285; /W.F. Davidson, 352 unten links; /Walter Gardiner Photography, 241; /Janeanne Gilchrist, 270; /Marcus Harpur, 354 unten links, /Mike Hemsley, 368; /Ruth Jenkinson, 340, 347 oben rechts; /Andrew Lawson, 349 unten; /William Lingwood, 355 unten; /David Loftus, 147; /John Miller, 179; /Peter Myers, 232, 237, 238; /Sean Myers, 351 unten rechts; /Ian Parsons, 378; /Mike Prior, 234, 256, 336, 339; /Peter Pugh-Cook, 38; /William Reavell, 337; /Russell Sadur, 16 - 17, 24, 25, 28, 29, 33, 34, 36, 99, 153, 194, 258, 266, 272, 341; /Gareth Sambidge, 86, 354 unten rechts; /Unit Photographic, 19, 224, 283, 365 /Ian Wallace, 35, 145, 343, 346; /Mark Winwood, 26, 246; **Lo Scarabeo** 261. **Photolibrary Group**/Botanica, 23; /Francois De Heel, 373, /Meyer Richard 254; /Bibikow Walter, 165. **PhotoDisc**, 9, 22, 49, 50, 62, 64, 118, 136, 140, 141, 155, 158, 164, 168, 170, 242, 358, 359, 374. **The Picture Desk Ltd./The Art Archive**/Dagli Orti, 46; /Türkisch und Islamisches Kunstmuseum Istanbul, Türkei/Harper Collins Publishers, 184; /Türkisch und Islamisches Kunstmuseum Istanbul, Türkei /Dagli Orti, 172; /Eileen Tweedy, 200. **Scala Art Resource**/Smithsonian American Art Museum, Washington DC, USA, 278. **Werner Forman Archive** 280